Rudolf Heidemann
Körpersprache im Unterricht

Rudolf Heidemann

Körpersprache im Unterricht

Ein praxisorientierter Ratgeber

5., überarb. Auflage

Quelle & Meyer · Wiesbaden

Die Deutsche Bibliothek - CIP - Einheitsaufnahme

Heidemann, Rudolf:
Körpersprache im Unterricht: ein praxisorientierter Ratgeber
Rudolf Heidemann.
- 5., überarb. Aufl. - Wiesbaden: Quelle & Meyer, 1996
   ISBN 3-494-01246-6
Früher u.d.T.: Heidemann, Rudolf: Körpersprache vor der Klasse

© 1996, by Quelle & Meyer Verlag, Wiesbaden
Das Werk einschließlich aller seiner Teile ist urheberrechtlich geschützt. Jede Verwertung außerhalb der engen Grenzen des Urheberrechtgesetzes ist ohne Zustimmung des Verlags unzulässig und strafbar. Dies gilt insbesondere für Vervielfältigungen auf fotomechanischem Wege (Fotokopie, Mikrokopie), Überseztungen, Mikroverfilmungen und die Einspeicherung und Verarbeitung in elektronischen Systemen.

Einbandgestaltung: Klaus Neumann, Wiesbaden
Druck und Verarbeitung: Zechnersche Druckerei, Speyer
Printed in Germany/Imprimé en Allemagne
ISBN 3-494-01246-6

Inhaltsverzeichnis

Vorwort 3

Einleitung 4

1 Theoretische Grundlagen 9
1.1 Unterrichtsbeobachtungen in der Alltagssituation 9
1.2 Geisteswissenschaftliche Lehrerbildung 12
1.3 Lehrertypologien und Tugendkatalog 15
1.4 Lehrerpersönlichkeit: Der Lehrer als Person 20
1.5 Der Lehrer als Erzieher 25
1.6 Überblick: Möglichkeiten systematischen Lehrertrainings 29

2 Beobachtungskonzepte 33
2.1 Wissenschaftsmethodische Vorbemerkungen 33
2.2 Ansätze zur Persönlichkeitsentwicklung 37
2.3 Verfahren zum beruflichen Skill-Training 45
2.4 Systematische Unterrichtsbeobachtung und Unterrichtsanalyse 53
2.5 Zusammenfassung 62

3 Die Konzeption des Trainingsprogramms 65
3.1 Merkmale des praxisnahen Trainingsverfahrens 66
3.2 Aufbau und Durchführung des Trainings 75
    Praxisnahe Fortbildungskonzeption 81
3.3 Nichtverbales Lehrerverhalten in oder vor der Klasse 84
    3.3.1 Blickkontakt 86
    3.3.2 Körperstellung vor der Klasse 90
    3.3.3 Proxemisches Verhalten 96
    3.3.4 Körperhaltung 100
    3.3.5 Gestik, Mimik 106
    3.3.6 Sicherheit 113
    3.3.7 Kleidung, äußere Erscheinung, Pünktlichkeit 116
3.4 Lehrersprache 119
    3.4.1 Schweigen 120
    3.4.2 Fragen nachschieben 125
    3.4.3 Lehrer- bzw. Schülerecho 131

3.4.4	Reflektierendes Sprechen	135
3.4.5	"Wir Wollen..." Bemerkung des Lehrers	140
3.4.6	Fragetechnik	144
3.4.7	Sprachstil	151
3.5.	Der Lehrer im Umgang mit der Klasse	155
3.5.1	Lob, Zustimmung	157
3.5.2	Aktivierung stiller Schüler	162
3.5.3	Schüler-Schüler-Interaktion	168
3.5.4	Wärme/Wertschätzung	175
3.5.5	Disziplinieren	182
3.5.6	Flexibilität	190
3.5.7	Führungsstil	194

Anhang: Beobachtungs- bzw. Trainingsbogen   199

Literaturverzeichnis   208

Sachregister   213

Vorwort zur 5. Auflage

Inzwischen hat das Buch die 5. Auflage erreicht. Es hat einen festen Platz in der Aus-, Fort- und Weiterbildung von Lehrern gefunden. In zahllosen Seminaren in Deutschland und im deutschsprachigen Ausland seit Erscheinen des Buches konnte diese Konzeption vorgestellt, erprobt und verändert werden. Viele Anregungen, die in den Diskussionen mit Lehrern aller Schularten gegeben wurden, sind in dieser gründlich überarbeiteten Neuauflage berücksichtigt worden. Ebenso wurden neuere Erkenntnisse zur Körpersprache aufgenommen, so daß das Buch auch in der Theorie der Lehrerverhaltensforschung jetzt den aktuellen Stand wiedergibt.
Wiederum habe ich allen herzlich zu danken, die in den letzten Jahren bei der praktischen Umsetzung dieser Trainingskonzeption durch Kritik und Ermutigung hilfreich gewesen sind.

Stuttgart, im Februar 1996   Rudolf Heidemann

Anmerkung zum Aufbau der Marginalspalte:

- Merksätze und Aussagen, die sich der Leser unbedingt einprägen sollte, stehen umrandet und dunkel unterlegt;
- heller unterlegte, nicht umrahmte Zeilen weisen auf eine wichtige Aussage hin;
- nicht unterlegte Zeilen dienen der schnelleren Orientierung im Textteil.

Einleitung

„Die Erfahrung hat mich gelehrt, daß nur das wirkliche körperliche Erleben zum Begreifen und zum Verstehen führt"
S. Molcho

Ist es Ihnen nicht auch schon ähnlich ergangen: Sie stehen vor der Klasse und wissen nicht, wo Sie Ihre Hände lassen sollen? Passiert es Ihnen selbst als gestandenem Lehrer nicht auch immer wieder, daß Sie die Klasse mit Frageketten regelrecht zudecken? Fällt es Ihnen schwer, eine schweigende Klasse zu ertragen? Haben Sie als Redner Schwierigkeiten, Kontakte zu Ihren Zuhörern aufzunehmen? Spüren Sie selbst immer wieder, daß Sie vor Gruppen verspannt sind und Körpersignale wie Mimik und Gestik nicht wirkungsvoll genug einsetzen? Sind Sie nicht häufig auch ratlos, wie Sie vorlauten Schülern wirkungsvoll begegnen können, ohne selbst aggressiv zu werden?

Das sind nur einige Beispiele, auf die in diesem Buch in Form eines *Trainingsprogramms* detailliert und praxisgerecht eingegangen werden soll. Allzusehr war die Lehrerausbildung in der Vergangenheit einseitig auf die Vermittlung fachwissenschaftlicher Kompetenzen zugeschnitten, ganz nach dem Motto: „Wer fachlich gut ist, kann automatisch auch unterrichten." Was in der Persönlichkeitsforschung, der Verkaufspsychologie, in Dialektik- und Rhetorik-Seminaren beinahe schon zum Alltagswissen gehört, ist in der erziehungswissenschaftlichen Lehrerausbildung früher kaum beachtet oder gar zum Gegenstand systematischer Schulung gemacht worden. Und dabei erwachsen für den Anfänger gerade aus diesem Bereich oftmals die größten Probleme. Während er sich fachlich durch das Unterrichten häufig eher unterfordert fühlt, zeigt er sich den Anforderungen an sein Lehrerverhalten nur selten ganz gewachsen. Nicht wenige scheitern völlig. Somit steht die hohe fachliche Kompetenz vielfach in krassem Gegensatz zum dilettierenden Auftreten junger Kollegen vor der Klasse.

Dieses Buch soll einen Beitrag dazu leisten, nach den aufwendigen systematischen Beobachtungskonzepten zum Lehrerverhalten, die so gut wie gar nicht Eingang in die praktische

Ausbildung junger Lehrer gefunden haben, die Sensibilität für körpersprachliche Signale auch in diesem Bereich zu wecken, und zwar in einer Form, die die Chance eröffnet, auch tatsächlich Bestandteil der schulpraktischen Ausbildung zu werden. Was dem Anfänger sonst erst unter bisweilen schmerzlichen Begleitumständen bewußt wird, könnte so von vornherein trainingsmäßig bewältigt werden.

Dazu gehört zunächst die Erfahrung, daß wir innere Bewegungen durch unseren Körper ausdrücken und daß die Körpersprache eine wesentliche Voraussetzung für glaubwürdiges Überzeugen und für wirkliches Verstehen ist. Viele haben verlernt, ihren Körper zu erleben und mit ihm zu leben. Aber gerade für die sehr genau beobachtenden Schüler wird die Kluft zwischen Denken und Erleben sichtbar, wenn ein Lehrer etwas anderes sagt oder tut, als sein Körper signalisiert, z.B. freundliche Worte und gleichzeitige Blockade bei Händeschütteln, oder gekreuzte Beine und Arme bei einem freundlichen Gespräch, gehobene Schultern bei angeblich sicherem Auftreten. Untrügliche Zeichen für die Einheit von Denken und Erleben entstehen auch aus der Bereitschaft des Menschen, angenehme Reize auf den Körper wirken zu lassen und unangenehme anzuwehren. Das äußert sich als Lockerung bzw. als Verkrampfung im Körper. Krämpfe blockieren den Informationsfluß und erscheinen an den Stellen, wo wir die Information vermeiden wollen. Reicht z.B. eine Person aus gesellschaftlicher Verpflichtung jemandem die Hand, mit dem sie nicht in Kontakt treten will, werden die Gelenke an Hand, Ellenbogen und Schulter blockieren. Die Geste wirkt verkrampft. Oder: Beim plötzlichen Aufreißen der Augen während des Gehens wird der Gang gebremst oder zumindest verlangsamt. Dies geschieht in dem Moment, wo die Augen etwas Ungewöhnliches erblicken, wie z.B. beim Anblick einer möglichen Gefahr.

All das sollen nur erste Andeutungen sein, die auf die Einheit von Denken und Erleben aufmerksam machen. Auch beim Lehrer ist die inhaltliche Stoffvermittlung untrennbar mit körpersprachlichen Signalen verknüpft. Seine Glaubwürdigkeit hängt in hohem Maß von der Widerspruchsfreiheit aller Signale und vor allem der Gleichgerichtetheit von Denken bzw. Reden und Handeln ab. Soweit es sich um autonome, psychovegetativ vermittelte Symptome handelt, sind die Möglichkeiten des Trainings natürlich begrenzt. Aber vielfach hilft bereits das Aufmerksamwerden bzw. das Aufmerksamgemachtwerden auf solche Symptome. Zudem lassen sich daraus zumeist kompensatorische Verhaltensweisen ableiten, die dann trainingsmäßig zugänglich sind.

Obwohl das Buch in diesem Sinne in erster Linie eine praxisnahe Trainingshilfe zum richtigen Lehrerverhalten anbieten möchte, ist es doch auch in einem theoretischen Traditionszusammenhang zu sehen. Dieser soll in den beiden ersten Teilen (bis S. 64) entwickelt werden. Er reicht von einem Überblick über die geisteswissenschaftliche Lehrerbildung, über die Darstellung einiger systematischer Trainings- und Beobachtungskonzeptionen bis hin zu neuesten Entwicklungen unter dem Einfluß psycho- und verhaltenstherapeutischer Ansätze. Durch die Darstellung und jeweilige Abgrenzung von diesen Konzeptionen wird der theoretische Standort des eigenen Trainingsverfahrens skizziert. Zugleich haben die grundlegenden Abschnitte die Funktion einer ersten theoretischen Orientierung, auf die man weder in einer primär theoretisch ausgerichteten Seminarübung zum Lehrerverhalten noch in der schulpraktischen Ausbildung an der Schule verzichten sollte. Möglichkeiten und Grenzen systematischer Trainingsverfahren zum Lehrerverhalten lassen sich überzeugend nur durch die Einbeziehung des entsprechenden theoretischen Traditionszusammenhangs darstellen.

Im Kern des Buches jedoch steht die ausführliche Beschreibung des eigenen Trainingsverfahrens (S. 65 ff.), insbesondere die Ausführungen zu den insgesamt 21 Trainingskategorien (S. 86 ff.). Mit diesem Schwerpunkt wendet sich das Buch vor allem an Lehreranfänger und deren betreuende Lehrer (Mentoren). Es vermag aber auch gestandenen Lehrern und vielleicht auch schon Lehrerstudenten während des Studiums Anregungen geben. Im weitesten Sinne wendet es sich an alle, die sich als Erzieher häufig vor Gruppen bewegen bzw. mit Gruppen umgehen. Als ganz eiliger Leser könnten Sie sich auf die Durcharbeitung des ausführlichen dritten Teiles (ab. S. 65 ff.) beschränken. Für ein abgerundetes Bild aber ist die Lektüre des Ganzen unverzichtbar. Auch das Training selbst sollten Sie unbedingt bis zum Ende durchführen. Dann werden Sie mit Sicherheit eine deutliche Verbesserung Ihres Lehrerverhaltens vor und im Umgang mit der Klasse erreichen!

Der Beschreibung der Trainingskategorien angefügt sind einige Beobachtungs- bzw. Trainingsbögen (S. 201 ff.), die bei der schulpraktischen Ausbildung zum Lehrerverhalten, beim Microteaching oder beim Skill Training zugrunde gelegt werden können.

Abschließend möchte ich allen Mentoren, Referendaren und Studenten herzlich danken, die durch ihre Mitarbeit bei der Erprobung und durch ihre wertvollen inhaltlichen Anregungen die Entstehung dieses Projekts ermöglicht haben.

Rudolf Heidemann

1 Theoretische Grundlagen

1.1 Unterrichtsbeobachtung in der Alltagssituation

Um die Möglichkeiten und Grenzen von Trainingsprogrammen zum Lehrerverhalten besser aufzeigen zu können, beginnen wir mit der Beschreibung von Alltagsbedingungen, unter denen die schulpraktische Ausbildung von Lehrerstudenten, Lehramtsanwärtern und Studienreferendaren im allgemeinen und die Ausbildung des Lehrerverhaltens vor bzw. in der Klasse im besonderen an der Schule in der Regel stattfindet. Über einen solchen Einstieg lassen sich möglicherweise Erklärungen finden, warum vorliegende Beobachtungskonzepte zum Lehrerverhalten bislang kaum Eingang in die schulpraktische Ausbildung gefunden haben.

Jedem Mentor wird es so oder ähnlich schon einmal ergangen sein. Er selbst hat an einem Tag fünf Stunden Unterricht zu halten. Für die dritte Stunde hat sich ein Lehrerstudent angesagt. Nachdem dieser zuvor einige Stunden zugehört hatte, möchte er nun selbst eine Unterrichtseinheit zu einem bestimmten Thema übernehmen.

Rolle des Mentors als wichtigstes Element

Da ist die Versuchung für den Mentor groß, daß er sich nach zwei Stunden eigenen anstrengenden Unterrichts unbewußt mit der Einstellung, wenn überhaupt, hinten in die Klasse setzt, nun selbst etwas „abschalten" zu können. Vorgeblich möchte er den Unterrichtsverlauf einmal ganz allgemein auf sich wirken lassen, um zu sehen, wie es denn der junge Kollege macht. Fällt ihm etwas Besonderes auf, macht er sich auf einem Zettel einige flüchtige Notizen. Manchmal registriert er dabei auch nicht ohne Neid, um wieviel besser der junge Kollege mit seiner Klasse fertig wird.

Am Ende der Stunde bleibt zur Besprechung wenig Zeit. Entweder wartet bereits die neue Klasse, oder der Mentor muß noch selbst schnell einige technische Vorbereitungen für seine nächste Stunde treffen. Deshalb beschränkt er sich auf einige aufmunternde Ratschläge, auch um die Zusammenarbeit mit dem jungen Kollegen nicht von vornherein zu belasten. Die Hinweise sind meist mehr oder weniger zufällig, aus der Erinnerung zusammengetragen. In der Regel sind sie auf die relativ unverfänglichen Bemerkungen zu methodischen, fachdidaktischen,

Am Ende der Stunde muß genug Zeit für die Besprechung bleiben

am liebsten nur fachwissenschaftlichen Fragen reduziert. Er nimmt sich zwar vor, zu einem späteren Zeitpunkt in Ruhe mit dem jungen Kollegen alles noch einmal durchzusprechen, was dann aus Zeitgründen meist jedoch unterbleibt.

Die einen lassen es damit genug sein. Die anderen haben vielleicht für den Augenblick ein schlechtes Gewissen, dem Ausbildungsanspruch des jungen Kollegen doch nicht ganz gerecht geworden zu sein. Auf jeden Fall aber wartet die nächste Klasse. Und dort hat der Mentor dann nicht selten dieselben Schwierigkeiten, wie er sie zuvor beim Lehrerstudenten beobachten konnte. Auch soll es nicht gerade selten vorkommen, daß ihm dann dieselben Fehler unterlaufen, wie sie ihm zuvor in der Beobachterrolle beim jungen Kollegen aufgefallen waren. Jetzt bei sich selbst nimmt er sie jedoch nicht mehr wahr.

> *Zu wenig Beratung führt nicht zum "Freischwimmen" des jungen Kollegen*

Was für unseren Zusammenhang aber noch wichtiger ist: Aus den verschiedensten Gründen wurde bei der vorausgegangenen Beratung so gut wie nichts zum Verhalten des Lehrerstudenten vor der Klasse gesagt. Begründet wird das damit, daß der junge Kollege erst seinen eigenen Stil finden solle. Er müsse sich erst vor der Klasse „freischwimmen". Und wenn man zu viele Aspekte am Anfang der Ausbildung anspreche, dann würde das nur verwirren. Und das Wichtigste sei ja wohl, daß der Unterricht zunächst vom Inhalt her fehlerfrei ablaufe.

Unerwähnt bleibt das Lehrerverhalten zudem oft auch aus Gründen des *Taktes*. Man möchte dem andern nicht zu nahe treten, weil man befürchtet, dadurch das persönliche Verhältnis von vornherein unnötig zu belasten. Man hat es ja schließlich mit fertigen Persönlichkeiten zu tun. Es wäre unhöflich und könnte als Eingriff in die unterrichtliche „Intimsphäre" aufgefaßt werden, wenn man dem Anfänger einen bestimmten Stil aufzwingen wollte, der seiner spezifischen Persönlichkeit nicht gerecht wird.

Mögen diese Gründe im Einzelfall auch noch so berechtigt sein, häufig sind sie aber nur Ausdruck unbewußter *Vorurteile*. Dazu gehört in erster Linie die eigene Unsicherheit in diesem Bereich. Die meisten älteren Kollegen haben sich in einem manchmal schmerzlich verlaufenden Prozeß ein Verhaltensrepertoire angeeignet, das weder an einer theoretischen Konzeption orientiert noch aus dem intensiven Erfahrungsaustausch mit anderen Kollegen erwachsen ist. Jeder hat einen mehr oder weniger selbstgestrickten Stil zum Lehrerverhalten entwickelt, der nie begründet, nie hinterfragt wurde. Und obwohl sich jeder über die Jahre dazu auch wohl eine Alltagstheorie zur Rechtfertigung seines Verhaltens vor der Klasse zurechtgelegt hat, bleibt letztlich eine tiefliegende Unsicherheit bestehen. Ein beredtes Zeichen dafür sind die erschreckten Reaktionen vieler Lehrer, wenn jemand unvorbereitet den Unterricht besuchen möchte. Solche Reaktionen sind den Betreffenden aber nicht zum Vorwurf zu machen, sondern sie zielen im Kern gegen eine Form der Lehrerausbildung, die es vielfach immer noch nicht geschafft hat, durch systematisches Training dem Betreffenden seine Unsicherheit zu nehmen, und durch Training die Professionalisierung des Lehrerverhaltens ein Stück voranzubringen.

Durch systematisches Training das Lehrerverhalten professionalisieren

Und wo schon jetzt Trainingsprogramme speziell zum Lehrerverhalten integraler Bestandteil der Lehrerausbildung sind, bleiben auch sie oft nicht ohne Widerspruch, weil sich im Vollzug des Verdrängungsprozesses von Unsicherheiten ein anderes Vorurteil hartnäckig hält, auf das man zur Rechtfertigung eigenen Verhaltens jederzeit zurückgreifen kann, nämlich: „Wer fachlich gut ist, kann automatisch auch unterrichten" oder „Entweder man hat's, oder man hat's nicht". Solche Bemerkungen haben ihre Wurzel im einseitig fachwissenschaftlichen Interesse vieler Lehrerstudenten. Die Universitätsdidaktik ist bis heute vielfach von diesem Grundsatz bestimmt. Durch das Fachstudium hat der einzelne Fachkompetenz erworben, auf die er sich berufen und zurückziehen kann. Die geringen Anforderungen an ihn als Fachwissenschaftler werden von vielen eher als beschämend gering empfunden. Daraus resultiert, daß sich zu Beginn der Lehrtätigkeit fachwissenschaftliche und pädagogische Kompetenz oft in einem erschreckenden Mißverhältnis befinden. Letztere beruht häufig nur auf unkritischem Kopieren und grenzt manchmal an peinliches Dilettieren.

Hohe Fachkompetenz vs. pädagogische Unsicherheit

Die generell zu beobachtende *Vernachlässigung des Beziehungsaspektes* zugunsten des Inhaltsaspektes in der Lehrerausbildung hat Tradition und wäre beispielsweise ohne den Ansatz der geisteswissenschaftlichen Pädagogik gar nicht vorstellbar. Warum sich speziell bei uns Trainingskonzepte in der Lehrerausbildung nur schwer durchsetzen konnten, muß auch vor dem Hintergrund dieser Traditionslinie gesehen werden. Dies soll zunächst in einem skizzenhaften Überblick an einigen Punkten schwerpunktmäßig verdeutlicht werden.

1.2 Geisteswissenschaftliche Lehrerbildung

Neben der reformpädagogischen Bewegung hat die geisteswissenschaftlich orientierte Pädagogik in der ersten Hälfte dieses Jahrhunderts in Deutschland eine beherrschende Stellung in der pädagogischen Lehrerbildung eingenommen. Ihre einseitige Orientierung an einer idealistisch gesehenen Lehrerpersönlichkeit hat im wesentlichen die pädagogische Diskussion bestimmt und die Durchsetzung von systematischen Trainingskonzepten zum Lehrerverhalten im Sinne einer empirischen Tatsachenforschung nahezu unmöglich gemacht. Ausgangspunkt war die von *Spranger* in den „Lebensformen" (1914) entwickelte Theorie, an die vor allem die Arbeiten von *Gaudig* (1917) und *Kerschensteiner* (1921) anknüpften.

Kerschensteiner: Erziehung als Kunst

In diesen Konzeptionen findet sich die weitverbreitete und seit alters übernommene Stereotype über Erziehung und Unterricht wieder, daß deren Ausübung Kunst sei; Erziehen und Lehren demnach zu den *künstlerischen Betätigungen* zu zählen seien. Jedes Lehren und Erziehen setze ein charismatisch-künstlerisches Vermögen voraus, das weder „lehrbar noch lernbar" (*Spranger*, 1958, S. 42) sei, sondern letztlich als eine Art Berufung angeboren sein müsse.

Spranger: Pädagogischer Eros

Folgerichtig war es dann auch *Spranger*, der eine weitere Ausformulierung dieses idealistischen Lehrerbildes im Sinne des „*geborenen Erziehers*" (1958) angenommen hat, der dem Schüler als sittliche Persönlichkeit ein Vorbild zu sein habe und ihm, erfüllt von „pädagogischem Eros", zu persönlicher Bildung verhelfe. Erzieherische Betätigung wurde dabei zuweilen bis ins Metaphysische gesteigert: „Die ‚Leidenschaft des Geistes' ist ein metaphysisches Getriebensein, das Walten eines Genius in der Seele. Berufen sein ist mehr, als einen Beruf haben. Der Erzieher hat eine ‚Sendung' ..." (1958, S. 80). Damit erhielt der Lehrer als Erzieher eine dem traditionellen Verständnis vom Priesteramt vergleichbare Bestimmung: über das Böse erhaben in einer heilen Welt „die in seine Hand gegebene Jugend zu ihrer wahren Bestimmung emporzuführen" (Kupffer, 1969, S. 201).

Kritik an systematischen Trainingskonzepten

Angesichts dieses durch die geisteswissenschaftliche Pädagogik entscheidend geprägten Erzieherbildes ist es nicht verwunderlich, daß systematische Trainingskonzepte zum Lehrerverhalten (E. und P. Petersen, Winnefeld) damals kaum eine echte Chance erhielten. Die Vertreter der geisteswissenschaftlichen Pädagogik sahen in solchen Verfahren den fragwürdigen Versuch, mechanistisch-positivistische Einstellungen und Verfahrensweisen in die Pädagogik einzuführen. Fragwürdig deswegen, weil sie die These vertraten, man könne erzieherische Prozesse nicht „erklären" wie physikalische Vorgänge, sondern nur von innen her „verstehen", d.h. von einer erlebenden Seele her als Ausdruck eines Innern auffassen.

Die hermeneutisch-kritische Methodik

Wenn schon nicht auf der Grundlage von Ergebnissen der empirischen Unterrichtsforschung, wie sollte dann nach dem Ansatz der geisteswissenschaftlichen Pädagogik die Ausbildung des zukünftigen Pädagogen überhaupt konkret ablaufen? Dies geschah unter Zuhilfenahme der sog. hermeneutisch-kritischen Methodik. Ihre Rezeption durch die geisteswissenschaftliche Pädagogik zielte darauf ab, daß der einzelne (der Schüler ebenso wie der angehende Lehrer) aus den vorfindlichen „Kulturgütern" sich mit denjenigen literarisch auseinandersetzte, von denen man aufgrund ihres Bildungswertes annehmen konnte, daß sie – im Sinne der formalen Bildung – für den Bildungsprozeß wertvoll werden könnten. Danach entwickelte der Lehrerstudent sein „pädagogisches Ethos" aus dem „stimmigen Verstehen" *(Schaal),* d.h. aus der einfühlenden Interpretation von Schriften pädagogischer Klassiker (auch Belletristik), und durchlief dabei einen eigenen inneren Bildungsprozeß, der die „gestalthaft erkennbare Einheit der Person" *(Schaal, S. 95)* berührte und erschloß. Gefördert wurde dieser Bildungsprozeß im Studium durch Vorlesungen und Übungen, in denen die Schriften der pädagogischen Klassiker gemeinsam interpretiert wurden. Aber solange die Pädagogik die konkrete Erziehungswirklichkeit des Lehrers dabei außer acht ließ und sich lediglich als Instanz pädagogischer Moral verstand, lieferte sie nicht viel mehr als ein Rechtfertigungsbild, das die wirklichen Probleme von Anfängern nur verdecken half.

Folgerichtig kam die entscheidende Kritik gegen diesen Ansatz dann auch von den jungen Kollegen selbst, die sich zu Beginn ihrer Lehrertätigkeit durch die Theorie im Stich gelassen fühlten. Mit den anfänglichen Schwierigkeiten in der Klasse mußten sie allein fertig werden. Und niemand hatte sie darauf vorbereitet bzw. auf diese Schwierigkeiten hin ausgebildet. Das vor ihnen entworfene Idealbild eines Erziehers führte bei ihnen entweder zu dem resignativen Schluß, wohl keine „geborene"

Begegnung mit "werthaltigen" Stoffen

Ausbildung als Bildungsprozeß

Lektüre pädagogischer Klassiker

Anfänger sind vor der Klasse überfordert

Erzieherpersönlichkeit zu sein, oder sie stellten – und das zunehmend – die Relevanz dieser Art von Pädagogik für die Lehrerausbildung überhaupt in Frage.

Die geisteswissenschaftliche Pädagogik, die im Spektrum der deutschen Bildungstradition eine letzte herausragende Position einnahm, scheiterte schließlich an ihren eigenen Prämissen. Denn sie wollte mit ihrem formalen Bildungsanspruch ja gerade den Lehrer von allen normativen Vorgaben freihalten. Sie betonte die „Dignität der Praxis" (*Blankertz*, S. 29) und wirkte schließlich ihrerseits doch wiederum normativ durch die einseitige Ausrichtung auf die hermeneutische Methodik. Und weil sie darüber den Lehrer in der Unterrichtspraxis faktisch allein ließ, behielten ihre Aussagen den begrenzten Stellenwert eines zwar irgendwie wünschenswerten, letztlich aber doch nicht zu realisierenden philosophisch idealistischen Konstrukts, zumal die „Konfrontierung mit den empirischen Fakten ausblieb" (*Blankertz*, S. 30).

Unkritische Orientierung an Alltagstheorien

Daß sich überkommene Verhaltensstereotypen von Lehrern als so zählebig erweisen, scheint ebenfalls in diesem Ansatz begründet zu sein. Denn in dem Augenblick, in dem der Anfänger erkannte, daß das geforderte pädagogische Ethos einerseits und die konkreten Handlungsanforderungen vor der Klasse andererseits nicht deckungsgleich zu machen waren, griff er geradezu begierig auf die vorfindlichen Alltagstheorien erfahrener Kollegen zurück, die zwar in der Regel nur noch wenig vom idealistischen Geist getragen waren („Am Anfang die Klasse ‚am kurzen Zügel' führen, später kann man sie dann lockern"), dafür aber den entscheidenden Vorzug hatten, unmittelbar umsetzbar zu sein.

„Unstetige" Formen der Erziehung

Erziehung als Wagnis

Die Durchsetzung von systematischen Trainingsverfahren zum Lehrerverhalten wurde im weiteren erschwert durch die sog. Existenzpädagogik (*Bollnow*), die bis in die späten 60er Jahre die pädagogische Diskussion wesentlich beeinflußte und in Teilen an die geisteswissenschaftliche Pädagogik anknüpfte. Hinzu kam jetzt vor allem der Gedanke, daß der Erziehungsprozeß auch durch „unstetige" Formen gekennzeichnet sei, die die systematische Ausbildung von Lehrfertigkeiten als wenig sinnvoll erscheinen ließ, weil damit das entscheidende Bestimmungsmoment im Erziehungsprozeß nicht erfaßt werde. *Bollnow* wies darauf hin, daß Erziehung als „existentielles" Ereignis stets auch risikohaft sei und als „Wagnis" (ebd. S. 132) das Moment des Scheiterns in sich berge. Pädagogisches Handeln sei nur möglich aus der „Ganzheit der Person" durch den „ungeschützten Umgang" mit den Kindern und durch das „personhafte Sicheinlassen mit der komplexen Unterrichtssituation". Das Wesentliche im „pädagogischen Erlebnis" spiele sich ab im Vorgang der „Begegnung" (ebd. S. 130) zwischen Lehrer und Schüler (Ich-Du-Beziehung), bei dem sich jeweils beide Teile vom andern her definieren und an dem jeweils andern „scheitern" (ebd. S. 149) können.

Ich-Du-Beziehung

1.3 Lehrertypologien und Tugendkataloge

Gedanklich eng verknüpft mit dem Ansatz der geisteswissenschaftlichen Pädagogik sind die zahlreichen Tugendkataloge eines idealen Lehrers, die zeitlich parallel dazu entstanden. Und doch gehen sie insoweit einen Schritt weiter in Richtung auf eine bessere systematische Ausbildung von Lehrfertigkeiten, als sie zumindest ein erster Versuch waren, wünschenswerte Lehreigenschaften ein wenig genauer aufzuschlüsseln, auch wenn dies natürlich noch auf einer relativ hohen Abstraktionsebene geschah und noch keineswegs eine trainingsmäßige Vermittlung solcher Fähigkeiten einschloß.

Wünschenswerte Eigenschaften

Charaktertypus des Lehrers

Grundlage für die Lehrertypologien war die am anthropologischen Ganzheitsbegriff orientierte biologische und psychologische Forschung in den 20er Jahren, wonach man den Menschen zuallererst als Ganzheit sah, ihn als Einheit erforschen wollte und im Gefolge dessen zahlreiche Charakterologien und Typologien des Menschen entwickelte. Im Zentrum stand der Gedanke, daß mehrere Individuen in ihrem Gesamtbild und nicht nur hinsichtlich eines einzigen Merkmals einander ähnlich erscheinen, während sie sich von andern Individuen deutlich abheben.

Kretschmers Typenlehre

Allgemeiner bekannt sind vor allem die Arbeiten von *C. G. Jung* und *E. Kretschmer* geworden Dieser hat in seiner Schrift „Körperbau und Charakter" (1921) die Affinitäten zusammengestellt, die zwischen dem Körperbau einerseits und Eigenheiten des Charakters andererseits bestehen. Als prägnante Typen der Körperproportionen erscheinen der lang und schmalwüchsige Leptosome, der breit und rundwüchsige Pygniker sowie der knochig-muskuläre Athletiker.

Es ist wohl kaum überraschend, festzustellen, daß auch die pädagogische Theoriebildung die Relevanz dieses Ansatzes bald für sich entdeckte, und zwar unter der Fragestellung, welchem Menschentypus nun wohl der Lehrer zuzurechnen sei. Es wurden zahlreiche Lehrertypologien entwickelt, in der fragwürdigen Absicht, den besonderen Charaktertypus eines Lehrers herauszuarbeiten, der ihn deutlich von allen andern vergleichbaren Berufsgruppen unterscheidet. Dies hätte grundsätzlich ein erster Einstieg in die Entwicklung spezieller Lehrfertigkeiten sein können. Doch ging man einen andern Weg. Unter dem Einfluß der geisteswissenschaftlichen Pädagogik wurden die Charaktermerkmale eines Lehrers lediglich aus der Sicht eines abstrakten Persönlichkeitsideals beschrieben, etwa in der Art, wie wir sie in *W. Reins* Enzyklopädie von 1898 (nach *Gudjons*, S. 11) zusammengestellt finden:

Übertragung von typischen Charaktereigenschaften auf den Lehrer

Persönlichkeitsideale

„So sind es also starke und mannigfache Gaben, überlegene Kräfte des Geistes, Gemütes und Willens, die in der Persönlichkeit eines vorbildlichen Lehrers sich vereinigen. Aber sie wirken nicht vereinzelt, einander ablösend oder wohl gar widersprechend, sondern sie stehen miteinander in inniger Übereinstimmung, also daß sie seinem Wesen das Gepräge einer in sich geschlossenen, einheitlichen, kraftvollen Natur geben. Insofern diese aber in ihrem Denken, Fühlen und Wollen beherrscht wird von den Grundsätzen einer reinen, humanen Gesinnung, wird sie zum sittlichen Charakter."

Lehrertypologien

Inventarien

Lehrertypologien

In der Folgezeit wurden dann zahlreiche Lehrertypologien in der Form von Inventarien wünschenswerter Charaktereigenschaften veröffentlicht. Schon 1933 zählte *Allport* fünfzig Persönlichkeitsdefinitionen eines idealen Lehrers. Dabei wurden die Persönlichkeitsmerkmale zumeist unsystematisch aufgelistet. Kriterien wurden nicht angegeben. Erst mit der Zeit wurden einzelne Eigenschaften einem bestimmten Lehrertypus zugeordnet, woraus sich dann die bekannten Lehrertypologien entwickelten, etwa der „logotrope" und „paidotrope" Typ (*Caselmann*) oder der „autoritäre", „laissez-faire" und „demokratische" Führungsstil (*Lewin*, später *Tausch/Tausch*).

Die meisten älteren Lehrertypologien blieben im Grunde reine Tugendkataloge, die an einem idealistischen Lehrer- und Erzieherbild ausgerichtet waren, wonach etwa ein guter Lehrer eher „freundlich", „sympathisch", „moralisch integer" usw. zu sein habe. Derartige Auflistungen wirkten fast immer eher willkürlich, unvollständig und deshalb beliebig erweiterbar. Und die Merkmale wurden nicht als erwerbbare, ausbildbare Lehrfertigkeiten beschrieben, sondern – analog zur geisteswissenschaftlichen Pädagogik – als nur durch Geburt erworbene Charaktereigenschaften dargestellt. *Kerschensteiner*: „Wer also hofft, im Lehrerberuf eine wertvolle Persönlichkeit zu werden, hat sich vor allem zu fragen, ob er hierzu die im vorausgehenden geschilderten Veranlagungen besitzt" (1921, S. 108).

Typologien wirken beliebig

Neuere Typologien

Die neueren Lehrertypologien unterscheiden sich von den früheren methodisch dadurch, daß sie durch empirische Stichproben-Untersuchungen abgesichert sind. Dadurch verringert sich zwar der Eindruck einer mehr zufälligen, beliebig erweiterbaren Zusammenstellung von wünschenswerten Eigenschaften. Jedoch keine Konzeption differenziert etwa in der Weise, welche Merkmale als relativ unbeeinflußbar zur Persönlichkeit selbst gehören und welche als ausbildbare Lehrfertigkeit einzuschätzen sind. Entsprechend fehlt es auch bis heute an Ausbildungskonzeptionen, die aufzeigen, welche und wie solche erwerbbaren Fähigkeiten schrittweise und systematisch vermittelt werden können. Sicherlich sind Lehrertugenden wie „Güte", „Vertrauen", „Autorität", „Wertbewußtsein", „Gerechtigkeit", „Geduld", „Takt", „Bildungswille", „Glaubwürdigkeit" und „Humor" (nach *Glänzel*) erstrebenswert. Aber sie sind weder operationalisiert beschrieben, noch sind sie spezifisch für den Lehrerberuf. So stellt *Beckmann* (S. 5) zu Recht fest: „Auch für andere Berufe wird diese Forderung nach Persönlichkeit gestellt, sei es beim Arzt, beim Pfarrer, beim Offizier. Mag die Forderung berechtigt sein oder nicht, sie sagt nichts über die eigentlichen Aufgaben und Erfordernisse des Lehrerberufs aus."

Stichproben-untersuchungen

Erwerbbare Fähigkeiten sollen schrittweise und systematisch vermittelt werden

Eine Stichprobe von 100 Lehrern liegt der Untersuchung von *Gonobolin* zugrunde. Ihnen wurde die Frage gestellt: „Welche Eigenschaften der Persönlichkeit betrachten Sie als Kriterien pädagogischer Fähigkeiten?" (S. 79). Aufgrund seiner Untersuchungsergebnisse betrachtet *Gonobolin* folgende Persönlichkeitseigenschaften als pädagogische Fähigkeiten:

Spezifische, pädagogische Fähigkeiten

1. Kenntnisse zu vermitteln und den Unterrichtsstoff den Schülern verständlich zu machen;
2. Erfassen der psychischen Eigenschaften der Schüler;
3. die Fähigkeit, das Verhalten des Schülers und seine Reaktionen und Antworten vorauszusehen;
4. unmittelbare Willenseinwirkung auf die Schüler;
5. mittelbare Willenseinwirkung auf die Schüler;
6. die Fähigkeit, ein Schülerkollektiv zu organisieren;
7. die Fähigkeit, einwandfrei und überzeugend zu sprechen;
8. das pädagogische Taktgefühl;
9. die pädagogische Beobachtungsfähigkeit;
10. die Aktualisierbarkeit des Gedächtnisses;
11. die Distribution des Gedächtnisses;
12. Einfallsreichtum;
13. Fähigkeiten für das betreffende Fachgebiet.

Neuere Lehrertypologien

Als letztes Beispiel für neuere Lehrertypologien sei noch die von *Maier* (in: *Gudjons*, S. 54 ff.) aufgeführt, der ebenfalls versucht, Eigenschaften der Lehrerpersönlichkeit aus dem Handlungsfeld heraus zu analysieren. Zu diesem Zweck grenzt er zunächst das Aufgabenfeld des Unterrichtens von anderen, verwandten Erscheinungen ab, etwa Spiel- oder Arbeitssituationen. Das Aufgabenfeld des Unterrichtens ist bei ihm im besonderen dadurch gekennzeichnet, daß Unterricht „ein zielgerichteter Kommunikationsprozeß" ist, der automatisch ein „Gefälle" zwischen Lehrenden und Lernenden einschließt, da der Lehrende das „Sachverhältnis in einem höheren Mannigfaltigkeitsgrad" repräsentiere. Der Lehrende trage überdies die „Verantwortung für die Wirksamkeit des Prozesses", und „das zu lernende neue Sachverhältnis müsse von der Öffentlichkeit (Gesellschaft) anerkannt werden" (S. 59). Diesem besonderen Aufgabenfeld des Unterrichtens ordnet er folgende Lehrereigenschaften zu:

> *Der Unterricht ist ein zielgerichteter Kommunikationsprozeß*

Lehrereigenschaften

1. Einfühlungsvermögen;
2. Analytisches Vermögen;
3. Ideenflüssigkeit;
4. Fantasie;
5. Redegewandtheit und Sicherheit im Ausdruck;
6. Vermögen, Selbstsicherheit zu vermitteln;
7. Humor;
8. Risikobereitschaft;
9. Toleranz gegenüber Unruhe und Abschweifungen;
10. Spannkraft;

11. Vermögen, sachliche Überlegenheit zu vermitteln;
12. Affektkontrolle;
13. Freundlichkeit und Verständnisbereitschaft vermitteln.

Schon dieser kurze, notwendigerweise nur umrißhafte Überblick über einige Lehrertypologien und Merkmalslisten hat gezeigt, daß trotz anderer methodischer Ansätze und unterschiedlicher theoretischer Kontexte das Kernproblem derartiger Auflistungen noch nicht gelöst zu sein scheint. Die Anbindung an empirisch analytische Verfahren hat zwar zu einer Gewissen Absicherung geeigneter Lehrereigenschaften geführt. Auch werden sie nicht mehr deduktiv aus bildungstheoretischen, kulturphilosophischen Vorgaben, sondern aus der Beschreibung des Unterrichts als Kommunikationsprozeß gewonnen.

Aber noch immer bewegen sich die Merkmalsbeschreibungen auf einem relativ hohen Abstraktionsniveau, so daß sich für den Anfänger damit noch nicht ohne weiteres eine anschauliche, konkrete, ausbildbare Handlungsanleitung verbindet. Keine Konzeption bereitet die einzelnen Merkmale so auf, daß eine schrittweise Erweiterung der Handlungskompetenz durch systematisches Training als möglich erscheint. Voraussetzung dafür wäre etwa eine Aufteilung in solche Lehrereigenschaften, die als Lehrfertigkeiten (technical skills) einer systematischen Ausbildung zugänglich sind, und in solche, die eng an individuelle Voraussetzungen gebunden sind und deshalb nur bei großem Einfühlungsvermögen des Mentors in die schulpraktische Ausbildung einbezogen werden können.

Noch immer zu abstrakt

Dennoch ist nicht zu übersehen, daß es Fertigkeiten gibt, die dem Lehrerberuf spezifisch und zudem auch trainingsmäßig zugänglich sind. Der Tatsache, daß sich die Lehrerpersönlichkeit immer aus individuellen Voraussetzungen und erworbenen Berufsqualifikationen zusammensetzt, scheint man deshalb dann am besten gerecht zu werden, wenn man systematische Trainingsprogramme zum Lehrerverhalten offen hält für situative Besonderheiten beim jeweiligen Training (individuelle Besonderheiten des jungen Kollegen, Fach, Altersstufe der Schüler ...). Deshalb sollten die Lehrfertigkeiten in einem Trainingsverfahren als Vorgabe zwar inhaltlich anschaulich beschrieben sein, um ein konkretes Trainingsangebot zu enthalten. Gleichzeitig sollten sie aber auch als offen, veränderbar, diskutierbar und in diesem Sinne als unvollständig vermittelt werden. Ob beispielsweise die allseits anerkannte Lehrertugend „Gerechtigkeit" im konkreten Fall auch Ungerechtigkeit bedeuten kann, ob Humor möglicher-

Trainingskonzepte immer offen und konkret halten

Beratungsgespräch

weise als Zynismus empfunden werden konnte, läßt sich nur individuell aus dem situativen Kontext der Klasse heraus erschließen. Auch systematische Trainingsverfahren sollten deshalb konzeptionell für das persönliche Beratungsgespräch zwischen Mentor und jungem Kollegen offen bleiben, ja sogar auf dieses zugeschnitten sein. Vgl. S. 77f.

1.4 Lehrerpersönlichkeit: Der Lehrer als Person

Gerade auch im Interesse neuerer Trainingsverfahren zum Lehrerverhalten scheint es in der zweiten Hälfte der theoretischen Grundlegung auch wichtig zu sein, sich darüber klar zu werden, wo die Grenzen solcher Verfahren liegen. Aspekte der geisteswissenschaftlichen Pädagogik und der Existenzpädagogik aufgreifend, sollte man nicht übersehen, daß es eine Dimension im Lehrerverhalten gibt, die zwar trainingsmäßig nicht zugänglich ist, dennoch aber zum Selbstverständnis des Lehrers entscheidend dazugehört. Gemeint ist der Aspekt der Lehrerpersönlichkeit.

Eine spezifische Lehrerpersönlichkeit läßt sich nicht begründen. Die Persönlichkeit bleibt individuell und unverwechselbar

Ohne Zweifel läßt sich heute eine spezifische Lehrerpersönlichkeit etwa im Unterschied zum Arzt, Richter oder Offizier nicht mehr glaubwürdig begründen. Trotzdem muß man sich dessen bewußt bleiben, daß jeder einzelne Lehrer eine Persönlichkeit ist, und sei es auch nur in dem Wortsinn, daß er eine individuelle, unverwechselbare Person ist, mit eigener Biographie, persönlichen Eigenarten und individuellen Wünschen, Hoffnungen, Erfahrungen, Enttäuschungen, Neigungen usw. Dies resultiert allein schon aus der Tatsache einer – soziologisch gesehen – zwar vielleicht typischen, letztlich aber doch unverwechselbaren Entwicklung jedes einzelnen vor der Zeit als Lehrer und weiterhin daraus, daß außerhalb des Berufsfeldes jeder einzelne Lehrer noch andern wesentlichen Einflüssen ausgesetzt ist, die für seine individuelle Persönlichkeitsentwicklung in der Regel sogar bedeutsamer sind als jene, die aus seiner Berufsrolle als Lehrer erwachsen.

Auch der Lehrer ist und bleibt in erster Linie Individuum und erst sekundär Angehöriger einer bestimmten Berufsgruppe. Diese Persönlichkeitskonstante ist für die Eignung und Wirkung des Lehrers von ausschlaggebender Bedeutung und – auch das muß man sehen – trainingsmäßig nicht zugänglich, bestenfalls therapeutisch. Trainingsprogramme müssen diesem Umstand Rechnung tragen, auch durch die Form des Trainings und durch die Art und Anzahl der Trainingskategorien. Um hierfür genauere Anhaltspunkte zu erhalten, ist es notwendig, den aktuellen Stand der Persönlichkeitsforschung wenigstens kurz zu referieren, insbesondere unter der Frage, welche Merkmale dem Persönlichkeitskern zuzurechnen sind und in welchem Maß dieser Persönlichkeitskern im Laufe des Lebens noch veränderbar ist.

Grenzen des Trainings

Aspekte der Persönlichkeitsforschung

Einigkeit besteht in der Persönlichkeitsforschung insoweit, als die Grundwerthaltungen, Motive und sozialen Einstellungen von Menschen schon relativ früh ausgeprägt sind, und zwar bis zum 10. Lebensjahr (*Heidemann*, 1981, S. 68). Hinzu kommt, daß der Charakter, den die Kinder in dieser Zeit entwickeln, weitgehend dem Charaktertyp der Familie entspricht.

Strittig ist aber, insbesondere in den USA, wie stabil der Kern der Persönlichkeit ist. Den Anlaß dazu gaben Veröffentlichungen von *Brim* und *Kagan*, in denen sie die These aufstellten, daß sich die Persönlichkeit ein Leben lang verändere als Folge beispielsweise von Heirat, Berufswechsel oder andern bedeutsamen Lebensereignissen. Als anschauliche Belege dienen ihnen u.a. die publizistisch hochgespielten Fälle von erfolgreichen Managern, Journalisten und Professoren, die plötzlich ihren Beruf aufgaben und als sog. Aussteiger ihre bisherigen Lebensgewohnheiten völlig veränderten und darüber dann auch eine deutliche Persönlichkeitsveränderung zu erkennen gaben.

Demgegenüber ist allerdings nach wie vor die alte Auffassung vorherrschend, daß die Entwicklung der Persönlichkeit sehr wohl vorhersagbar ist und einen hohen Grad an Stabilität aufweist. In einer 1981 veröffentlichten Studie berichtet *Block*, daß sich bei jeder der insgesamt 90 Persönlichkeitsskalen eine statistisch bedeutsame Übereinstimmung ergab zwischen den Angaben der Versuchspersonen aus der Schulzeit und den Einschätzungen 30 bis 35 Jahre später. Die Jugendlichen mit geringem Selbstwertgefühl waren auch als Erwachsene nicht selbstbewußter. Lebensbejahende Teenager hatten ihre positive Einstellung auch noch mit 40 Jahren. Menschen, die in ihrer Schulzeit starken Stimmungsschwankungen ausgesetzt waren, hatten dieses Persönlichkeitsmerkmal auch in der Lebensmitte nicht verloren. Zu den relativ *stabilen Persönlichkeitsmerkmalen* gehören danach Eigenschaften wie Extra-, Introversion, Geselligkeit, Gewissenhaftigkeit, Selbstsicherheit, Anfälligkeit für Angst und De-

Persönlichkeitsmerkmale lassen sich nicht verändern

Stabile Merkmale

pressionen, Wärme, Schwatzhaftigkeit, Reizbarkeit, Impulsivität, Fröhlichkeit, Neurotizismus (Nörgler), Offenheit für neue Erfahrungen, unkonventionelles Verhalten, Durchsetzungsvermögen, Anpassungsbereitschaft, Feindseligkeit, Aktivität u.a. Die höchste Korrelation zwischen früheren und späteren Altersstufen ergab sich übrigens im Bereich der sozialen Introversion, also der Konzentration auf innerseelische Vorgänge. Und der Hinweis auf die „Aussteiger" wurde damit entkräftet, daß sich das Persönlichkeitsmuster gerade dieser Menschen kaum verändert habe, etwa das Interesse an inneren Erfahrungen, auch nicht deren Vitalität oder Offenheit für neue Erfahrungen; nur mit dem Unterschied, daß dieselben Persönlichkeitsmerkmale nun in andern Sozialbeziehungen gelebt werden.

Essentieller Persönlichkeitszusammenhang trotz Aufweichens ab 40

Beide Richtungen in der Persönlichkeitsforschung treffen sich aber insoweit wieder, als sie übereinstimmend für die Lebensphase um 40 einen „Prozeß des Aufweichens" annehmen. In dieser Lebensphase unterliegt der Mensch noch einem gewissen Formungsprozeß. Jedoch bleibt die relative Rangordnung in der Bewertung dieselbe. Im Durchschnitt geht jeder um den gleichen, geringfügigen Wert zurück. Daher dürfte ein „impulsiver" 25jähriger mit 70 zwar etwas weniger impulsiv sein, aber immer noch impulsiver als seine Altersgenossen. Trotz dieser gewissen Veränderbarkeit bleibt der essentielle Zusammenhang der Persönlichkeit jedoch erhalten.

Unveränderbarer Kern

Dies gilt natürlich in gleichem Maße auch für die *Persönlichkeit des Lehrers*. Jeder wird mit einem ausgeprägten Persönlichkeitsmuster ins Berufsleben eintreten, das auch durch systematisches Training kaum noch verändert werden kann oder sollte. In diesem Sinne bringt jeder tatsächlich unterschiedliche Voraussetzungen für den Beruf mit. Ein „kontaktfreudiger" Lehrer wird es allgemein leichter haben als ein „introvertierter", ein „temperamentvoller" Lehrer wird die Klasse eher für ein bestimmtes Fach oder Thema begeistern können als ein „Phlegmatiker". Ein „selbstbewußter", innerlich „ausgeglichener" Lehrer wird einen größeren Toleranzspielraum haben als ein „unsicherer" und in sich „instabiler". Alle genannten Faktoren zeitigen so individuelle Merkmalsphänomene, daß sie kaum bewußt zu steuern oder gar zu verändern sind.

Individuelle Merkmalsphänomene lassen sich nicht bewußt steuern

Bedeutung des personalen Bezuges

Der relativ überdauernde Persönlichkeitskern auch beim Lehrer darf aber nun im weiteren nicht den Blick für die Tatsache verstellen, daß sich der Lehrer der Wirkung als Person gar nicht entziehen kann, selbst wenn er es wollte. „Es ist nicht möglich, nicht zu kommunizieren" (*Watzlawick*, 1969). Oft dient die Berufung auf den Persönlichkeitskern nur als Rechtfertigung, für Personenbeziehungen im Unterricht nicht mehr offen zu sein. Aber auch derjenige, der sich vor der Klasse abschottet, wirkt ja in bestimmter Weise als Person. Und wenn ein Lehrer auf dem Weg nach Hause oder gar noch in seiner Wohnung über eine Klasse oder einzelne Schüler nachdenkt, zeigt dies ja, daß er als individuelle Person betroffen ist. Wo immer Menschen interagieren, ist das personale Element glücklicherweise nie auszuschließen. Und es wäre schade, wenn sich die Personwahrnehmung von Lehrern auf störende Schüler reduzieren würde.

> *Das Personelle Element ist bei Interaktionen nie auszuschließen*

Aber woher kommt die Scheu vieler Lehrer, sich als Person vor der Klasse zu öffnen? Fürchten sie, sich etwas zu vergeben, an Autorität einzubüßen, schutzlos der Klasse ausgeliefert zu sein? Oder wird dies bereits als Eingriff in die persönliche Intimsphäre verstanden? Wenn der Lehrer als Person für die Schüler identifizierbar wird, wenn er darüber menschliche Wärme ausstrahlt, dann kann das doch auch ohne die Preisgabe von Privatem geschehen. Ebenso ist doch auch keine Lehrermaske notwendig, um das gebotene Distanzverhältnis zu den Schülern aufrechtzuerhalten. Umgekehrt beklagen wir ja auch, daß beispielsweise viele Politiker menschlich individuelle Züge nicht mehr zu erkennen geben, und wir reagieren positiv darauf, wenn persönliche Eigenarten – der natürliche Charme ebenso wie bestimmte Ecken und Kanten der Persönlichkeit – hinter der sog. Charaktermaske zum Vorschein kommen. Wir alle wissen nicht zuletzt aus der eigenen Schulzeit, welche langfristigen Wirkungen die eigenen Lehrer erzeugt haben. Vieles vom „Stoff" ist längst verblaßt, aber die Lehrer aus der eigenen Schulzeit stehen noch lebendig vor uns und rufen Gefühle hervor.

> *Merke:*
> *Der Lehrer sollte seine individuellen Züge zu erkennen geben, um für die Schüler greifbar zu sein*

Von welcher Art diese Gefühle sind, spielt dabei zunächst eine sekundäre Rolle. Die Erinnerung an gütige, nachsichtige Lehrer oder an solche von kompromißloser Strenge scheint in jedem Fall günstiger als solche Lehrer, die sich durch emotionslose, distanzierte Stoffvermittlung auszeichneten. Schule als einen Ort der Geborgenheit und Wärme emotional positiv zu

Farbige Persönlichkeit

Bekenntnis zu personalen Vorgängen

> Das Training kann die Persönlichkeit nicht ersetzen

> Durch Vorüberlegungen den Blick schärfen, so können Berufsqualifikationen entwickelt werden

verarbeiten, kann sich auch mit solchen Lehrerzitaten verbinden: „Essig kann man trinken – Schwefelsäure auch – aber nur einmal", „Das dürfen Sie gar nicht machen – des isch Blödsinn hoch drei!", „Entweder bin ich ein Saukerl, oder ihr seid Volldeppen!", „Nicht jede Dame ist gleich intellektuell, bloß weil sie nicht kochen kann".

Insofern scheint die Wiederentdeckung von Personenbeziehungen in der Schule kein Rückfall in überkommene pädagogische Konzeptionen zu sein. Man muß den pädagogischen Personalismus ja nicht gleich ins Metaphysische steigern und krisenhaft mit Begriffen wie „Wagnis" und „Scheitern" besetzen. Das Sichbewußtmachen personaler Vorgänge scheint im Gegenteil dazu geeignet zu sein, einige Verkrampfungen in dieser Richtung aus der jüngst vergangenen erziehungswissenschaftlichen Diskussion allmählich zu lösen.

Konsequenzen für Trainingsverfahren

Welche Konsequenzen lassen sich nun daraus für systematische Trainingsverfahren zum Lehrerverhalten ziehen? Gerade aus dem Vorigen wird deutlich, daß man keine überspitzten Erwartungen an sie stellen darf. Man darf von ihnen nicht etwas erwarten, was sie nicht leisten können und wohl auch nicht sollten. Sie können weder die abgeschlossene Persönlichkeitsentwicklung nennenswert beeinflussen, noch eine bestimmte Wirkung als Person im eben beschriebenen Sinne systematisch ausbilden. Schon gar nicht können sie eine therapeutische Funktion haben.

Aber allein schon durch die systematische Einbeziehung von Aspekten des Lehrerverhaltens in die Lehrerausbildung läßt sich die Dimension des Personalen wachhalten, die Reduktion auf bloße fachwissenschaftliche Kompetenz und reines Job-Denken verhindern und das Aufmerksamwerden für individuelle Persönlichkeitsmerkmale fördern. Darüber hinaus schärfen solche Vorüberlegungen den Blick für spezielle, systematisch ausbildbare Berufsqualifikationen des Lehrers.

Der Gang der Überlegungen beim Aufbau des hier vorgestellten Trainingsprogramms ist damit vorgezeichnet: Die Erweiterung der Lehrkompetenzen könnte zu einer Verbesserung der Berufsqualifikationen beitragen. Lehrer benötigen wie andere Berufe zunächst einmal einfache, überschaubare Orientierungshilfen, Grundkonzepte, praktikables Handlungswissen, bevor sie sich auf die Begrenztheit, Relativität, Unauslotbarkeit, nur teilweise Planbarkeit usw. einlassen können. Zugleich verbindet sich damit aber auch die Erwartung, daß über die Erweiterung der Berufskompetenzen durch Training indirekt auch jene Bereiche positiv beeinflußt werden, die sich als personenspezifische Merkmale an sich jeder systematischen Einflußnahme entziehen. Vielleicht wird aber über die Zunahme von Handlungskompetenzen mit der Zeit dann nicht nur die Sicherheit, Toleranz, Geduld und Autorität des Lehrers speziell vor der Klasse gefördert, sondern darüber dann generell auch dessen Selbst- und Fremdwahrnehmung positiv beeinflußt.

1.5 Der Lehrer als Erzieher

Zum theoretischen Umfeld in der Begründung von praxisnahen Trainingsprogrammen gehört nun nicht nur die Absicherung des personalen Bezuges, sondern zugleich auch die Forderung, dem erzieherischen Moment in der Lehrtätigkeit wieder ein stärkeres Gewicht zu geben. Wenn auch die Ausbildung von Lehrfertigkeiten nicht automatisch eine Verbesserung der erzieherischen Qualitäten einschließt, so sind doch beide Komplexe in einem gedanklichen Kontext zu sehen. Die in der Vergangenheit zu beobachtende Reduktion auf eine sozialtechnologisch begründete Lehrerrolle, die entschiedene Absage an personale Elemente in der Lehrtätigkeit, die geringe Einschätzung der Pädagogik und Psychologie in der Lehrerausbildung überhaupt – all diese Faktoren stehen in derselben Gedankenkette mit der oft gehörten Ablehnung, als Lehrer noch erzieherisch tätig sein zu können oder zu wollen.

Und doch gibt es neben diesen allgemeinen Zusammenhängen noch einige spezielle Gründe, aus denen sich die Vorbehalte gegenüber der erzieherischen Aufgabe des Lehrer ableiten. Einmal unterstellt man mit der stärkeren Betonung des erzieherischen Momentes im Lehrerberuf vorschnell eine bestimmte bildungsideologische Ausrichtung, und zwar in dem Sinne, daß die Forderung nach mehr Erziehung gerade von denen erhoben werde, die zugleich eine stärkere wertmäßige Fundierung der Schule durch stärkere Betonung von Normierungen wie Ordnung, Pünktlichkeit, Gehorsam, Sauberkeit, Respekt usw. als notwendig erachten. Inwieweit eine solche Orientierung heute in der Tat wieder stärker geboten scheint, kann nur angedeutet werden. Auf jeden Fall muß man sehen, daß letztlich Normie-

Ableitung der erzieherischen Aufgabe aus den Sekundärtugenden rungen dieser Art ebenso unerwünschte Wirkungen nach sich ziehen können (Pedanterie, Ordnungsfetischismus, subalternes Verhalten, mangelnde Verantwortungsbereitschaft, Antriebshemmung, Opportunismus ...), wie die emanzipatorischen Erziehungsziele der letzten Jahre (Mündigkeit, Selbstbestimmung, Selbstverwirklichung, Erkennen eigener Bedürfnisse und Interessen ...) den allseitigen Egoismus etwa im Anspruchsdenken und den jugendlichen Narzißmus manchmal ins Unerträgliche gesteigert haben.

Vorbild sein heißt Vorleben

Erziehen im Wertpluralismus

Die Zurückhaltung gegenüber erzieherischer Verantwortung des Lehrers resultiert aber noch aus einer ganz andern Tatsache. Im Unterschied zu früher ist es heute weitaus schwieriger, Erziehungsziele an der Schule durchzusetzen. Zum einen sind viele Lehrer selbst wertmäßig rat- und orientierungslos geworden, verfügen also auch über keine widerspruchsfreie Erziehungskonzeption, zumal die Vorstellungen darüber in den Lehrerkollegien – parallel zum Wertpluralismus in der Gesellschaft – äußerst heterogen und kaum noch konsensfähig sind. Zum anderen aber sind Erziehungsziele heute nur noch dann glaubwürdig

Abb. 1: Deutsches Ärzteblatt, Heft 17, 1982, S.96

aufzustellen, wenn sie auch überzeugend vorgelebt werden. Erziehung sozusagen vom „Feldherrn-Hügel" aus ist nicht mehr möglich. Interessanterweise wird ja der Ruf nach mehr Strenge in der Erziehung nicht selten gerade von denjenigen laut, die selbst am wenigsten glaubwürdig vorleben bzw. bereit sind, auch an das eigene Verhalten die gleichen Maßstäbe anzulegen, wie sie es bei anderen kompromißlos tun („doppelte Moral").

Vorleben

Dieser Umstand macht es offensichtlich auch vielen Lehrern heute unmöglich, die Rolle als Vorbild für sich gelten zu lassen. Früher war die Autorität des Lehrers weitgehend mit seiner Amtsautorität identisch. Was Lehrern gestattet war, war noch lange nicht für Schüler erlaubt. Heute ist es im Prinzip immer noch so. Der Lehrer darf im Unterschied zu den Schülern seinen Wagen auf dem Schulparkplatz abstellen, den Unterricht beinahe nach eigenem Gutdünken beginnen und sich im Winter im warmen Lehrerzimmer aufhalten. Er darf Hausaufgaben einfordern und selbst unvorbereitet den Unterricht halten, die Schüler zum Aufheben von Papierschnitzeln auffordern, ohne selbst die beschriebene Tafel am Ende der Stunde zu reinigen. Er darf Appelle zu mehr Fleiß und Zuverlässigkeit an die Schüler richten, selbst aber die Klassenarbeiten erst nach vier Wochen ohne nähere Begründung zurückgeben. Er darf Schüler mit Verbalinjurien traktieren und sich Entsprechendes von Schülern verbitten. Früher wurden diese Unterschiede von den Schülern natürlich auch registriert, vielleicht aber eher hingenommen, bestenfalls durch subversive Abwehrstrategien entlarvt. Heute wirken Erziehungsappelle hohl, wenn sie nicht von der Persönlichkeit glaubwürdig vorgelebt werden. Und wenn sich die Schüler dies von den Noten her leisten können, wird dem Lehrer seine mangelnde Glaubwürdigkeit auch signalisiert. Und weil sich vermutlich viele Lehrer dieser Widersprüche sehr wohl bewußt sind, lehnen sie die Erzieherrolle für sich lieber gleich von vornherein ab. Natürlich besitzt nicht jeder – zumal junge – Lehrer soviel Souveränität und Energie, um sich mit den Schülern gemein, ja im wahrsten Sinne zu deren Vorarbeiter zu machen. Und natürlich sind auch Lehrer keine Übermenschen und in gleichem Maß mit Fehlern behaftet wie andere auch. Dies jedoch scheint kein Hinderungsgrund zu sein, um die Erzieherrolle für sich zu akzeptieren. Nur sollte sich der Lehrer als Voraussetzung für seine erzieherische Bemühung speziell in seinem Tätigkeitsfeld im Umgang mit Heranwachsenden stärker als andere um konsequente Glaubwürdigkeit bemühen.

Zweierlei Maß

Überfordertsein

Erzieherrolle akzeptieren

Gleiche Maßstäbe setzen

Sie setzt ein bei der Bereitschaft, von seinen Schülern nur das zu fordern, wozu man selbst auch bereit und in der Lage ist. Vorbild zu sein bedeutet ja nicht, in jeder Hinsicht besser zu sein als andere. Beim Lehrer beschränkt sich die Vorbildfunktion zunächst darauf, dieselben Maßstäbe an das eigene Verhalten wie an das der anderen anzulegen. Geht es beispielsweise beim Aufsammeln von Papier oder beim Tischerücken lediglich um die Überwindung von Bequemlichkeit, so ist nicht einzusehen, warum der Lehrer nicht Vorbild sein kann und soll, um glaubwürdig zu sein.

Schwächen auch zugeben

Zur Glaubwürdigkeit gehört schließlich auch, eigene Unzulänglichkeiten einzugestehen. Es kann ja durchaus sein, daß der Lehrer etwas fordern muß, wozu er selbst nicht in der Lage ist. Die Vorbildfunktion liegt dann darin, den Schülern die Gründe dafür zu nennen. Das Eingestehen von Unzulänglichkeiten, soweit sie sich in Grenzen halten und nicht nur gespielt sind, hat bekanntlich auf Schüler auch positive Wirkungen; denn Offenheit und Ehrlichkeit des Lehrers geben den Schülern zu erkennen, daß sie als Interaktionspartner ernst genommen werden.

Modellernen

Diese Sichtweise pädagogischer Tätigkeit des Lehrers verweist nun auch auf lernpsychologische Zusammenhänge. Spätestens seit den experimentellen Arbeiten von *Bandura* wissen wir, daß die Wahrnehmung von Personen, die als Verhaltensmodell fungieren, in erster Linie unser eigenes Verhalten bestimmen. Weniger die theoretische Einsicht als vielmehr die Beobachtung von Modellen führt zu Veränderungen unseres konkreten Verhaltens. Das kann so alltägliche Dinge umfassen, wie eine bestimmte Handhaltung, die Art des Lachens, Körperhaltung und -bewegung, aber auch Einstellungen und Wertorientierungen einschließen.

> Die Beobachtung von Modellen führt zu Veränderungen des eigenen Verhaltens

Der Mentor:

Ähnlich wie zwischen Lehrer und Schüler gilt die Bedeutung des Modellernens natürlich auch für das Verhältnis des Mentors zum jungen Kollegen. Für sich selbst lehnen nicht wenige von ihnen zwar die Rolle als Vorbild ab, nehmen aber den Mentor als direktes Beobachtungs- und Imitationsmodell. Was der Mentor glaubwürdig vorlebt, wird unmittelbar, nicht selten sogar überraschend unkritisch übernommen und hat einen weitaus größeren Einfluß auf das eigene Lehrerverhalten als noch so schlüssige theoretische Einsichten.

Dies ist bisweilen allerdings zu bedauern, da sich die jungen Kollegen damit ein Stück weit selbst entmündigen. Die geradezu begierige Suche nach erlebbaren Modellen, nach Menschen, die glaubwürdig vorleben, beraubt ja den einzelnen der Möglichkeit, ihn persönlich überzeugende, theoretische Konstrukte nach eigenen Vorstellungen kreativ in Handlung umzusetzen. Lebt der Hochschuldozent heute nicht auch glaubwürdig vor, was er theoretisch im Seminar oder in der Vorlesung vertritt, dann wird beides abgelehnt. Person und Sache werden als identisch angesehen. Eigentlich bedeutet dies ja auch eine maßlose Überschätzung des sog. Theoretikers, wenn man die Richtigkeit einer theoretischen Aussage zunächst daran mißt, ob sie auch für dessen eigenes Verhalten Gültigkeit besitzt. Allerdings bilden verhaltenswissenschaftliche Theorieaussagen im Vergleich zu andern Wissenschaftsbereichen dazu wohl eine gewisse Ausnahme. Wie dem auch sei: Die große Bedeutung, die der Mentor für den jungen Kollegen als Modell besitzt, wird von niemand bestritten. In diesem eingeschränkten Sinne hat er sogar dann noch eine begrenzte erzieherische Aufgabe.

... als erlebbares Modell

1.6 Überblick: Möglichkeiten systematischen Lehrertrainings

Am Ende der theoretischen Grundlegung zur Begründung eines praxisnahen Trainingsprogramms zum Lehrerverhalten könnte ein paradox erscheinender Eindruck entstanden sein. Ausgehend von der geisteswissenschaftlichen Pädagogik wurde in den ersten Abschnitten dargelegt, in welch starkem Maße frühere pädagogische Konzeptionen die dringend gebotene Professionalisierung des Lehrerberufs regelrecht behindert haben. Früheren Versuchen objektiver Datenerhebung stand die alles beherrschende Vorstellung gegenüber, dem Lehrerberuf liege eine Art Berufung zugrunde, und sie sei – darin der künstlerischen Tätigkeit vergleichbar – eigentlich nicht lehrbar: Der Lehrer als „geborener Erzieher". Die einseitige Betonung von Wesensmöglichkeiten des Lehrers, die Annahme eines festen Persönlichkeitskerns mündete zudem ein in zahllose Tugendkataloge, in denen auf relativ hohem Abstraktionsniveau ideale Eigenschaften einer Lehrerpersönlichkeit zusammengestellt wurden, ohne daß diese zugleich auch als ausbildbar beschrieben wurden.

Berufung zum Lehrerberuf? – Lehrer als geborener Erzieher?

Die Ganzheit der Lehrerpersönlichkeit

Ging es also zunächst um die stückweise Entzauberung dessen, was man Lehrerpersönlichkeit nennt, so wurde andererseits in den folgenden Abschnitten deutlich, wo die offensichtlichen Grenzen in der Ausbildung von konkreten Einzelfähigkeiten und Fertigkeiten des Lehrerberufs liegen. Schon die Existenzpädagogik hatte mit ihrem Hinweis auf unstetige Formen in der Erziehung darauf aufmerksam gemacht, daß der Lehrer in der Ganzheit seiner Person gefordert sei und daß Unterrichten immer auch Wagnis bedeute und die Möglichkeit des Scheiterns in sich berge. In solchen Situationen helfen Berufsqualifikationen wenig. Hier ist die individuelle Persönlichkeit jedes einzelnen Lehrers gefordert.

Trainingsprogramme dürfen nicht überfordern

Und darum ging es dann im weiteren, nämlich zu zeigen, daß man Trainingsprogramme nun auch nicht überfordern darf, so als könne sich der einzelne durch den Einsatz bestimmter Instrumentarien als individuelle Persönlichkeit entlasten. Die Bereitschaft, sich als Person zu öffnen, schloß aber auch das Bekenntnis zu erzieherischer Verantwortung ein. Glaubwürdigkeit zu gewinnen bei den Schülern durch modellhaftes Vorleben, stand dabei im Mittelpunkt.

Trainingsprogramme könnten dafür Vorarbeit leisten, indem sie die Sensitivität für Personbezüge im Unterricht erhöhen.

Das Trainingsprogramm:

Die alles entscheidende Personwirkung des Lehrers ist dadurch aber nur geringfügig zu beeinflussen. Daraus ist je doch nicht zu folgern, daß Trainingsprogramme etwa überflüssig wären. Im Gegenteil, solche Vorüberlegungen schärfen nur den Blick dafür, worin ihr unverzichtbarer Beitrag in einer konzeptualisierten Lehrererausbildung liegt. Deshalb soll abschließend noch einmal in 9 *Punkten* zusammengestellt werden, welche Zielsetzungen und Erwartungen sich vor diesem Hintergrund mit einem praxisnahen Trainingsprogramm verbinden.

Verhaltensmodell

1. Ein Trainingsprogramm sollte bewußt machen, daß es notwendig ist, neben der Stoffvermittlung auch die Beziehungsebene zwischen Lehrer und Schülern systematisch zum Bestandteil der Lehrerausbildung zu machen. Der Lehrer ist nicht nur als Fachwissenschaftler gefordert, sondern auch als Verhaltensmodell vor der Klasse.

Kategorien anschaulich und konkret

2. Es genügt nicht, Lehrertugenden auf einem hohen Abstraktionsniveau zu beschreiben, weil sich für den einzelnen damit noch keine konkreten Verhaltensmöglichkeiten verbinden. Die einzelnen Trainingskategorien müssen deshalb

so anschaulich und detailliert wie möglich beschrieben werden, damit sie auch als konkrete Handlungsanleitung dienen können.

3. Ein Trainingsprogramm darf den einzelnen Lehrer nicht durch zu große Vielfalt der berücksichtigten Aspekte verwirren oder überfordern. Es sollte vielmehr als ein Ausbildungsangebot zur Vermeidung typischer Anfängerfehler aufgebaut sein.

Übersichtliche Anzahl

4. Es sollte dazu beitragen, das Technologiedefizit in der Lehrerausbildung zu verringern, ohne gleich einem unreflektierten Machbarkeitswahn zu verfallen.

Ausbildbarkeit

5. Die ausbildbaren Fähigkeiten und Fertigkeiten sollten so aufbereitet sein, daß sie in sinnvoller Abfolge schrittweise erworben werden können, um den Anfänger nicht zu überfordern.

Schrittweiser Erwerb

6. Es leitet dazu an, die komplexe Gesamttätigkeit des Lehrers in Teilaspekte und definierbare Einzelfähigkeiten aufzuschlüsseln, vor allem unter dem Aspekt, welche Lehrfertigkeiten im Sinne von technical skills systematisch ausbildbar sind und welche an individuelle Voraussetzungen der einzelnen Personen gebunden sind.

Technical Skills

7. Wegen der notwendigen Differenzierung in ausbildbare und nicht ausbildbare Aspekte scheint es sinnvoll, das Trainingsprogramm auf einem mittleren Grad wissenschaftlicher Exaktheit zu formulieren. Das heißt: Es muß zum einen inhaltlich ein konkretes Handlungsangebot enthalten, andererseits aber auch offen bleiben für den jeweiligen situativen Handlungskontext. Aus demselben Grund sollte es als prinzipiell veränderbar und unvollständig konzipiert sein.

Konkret, aber dennoch Situationsoffen

8. Es sollte so angelegt sein, daß es über den Erwerb von ausbildbaren Lehrfertigkeiten die Bedeutung des personalen Bezuges und des Erzieherischen als bedeutsame, aber nicht systematisch trainierbare Teile der Lehrertätigkeit wachhält.

Hinweis auf personale Bezüge

9. Es sollte eine Brücke zu schlagen versuchen zwischen notwendigen theoretischen Vorgaben einerseits und schulpraktischen Notwendigkeiten andererseits und damit in diesem Bereich die Glaubwürdigkeitskrise zwischen Theorie und Praxis in der Pädagogik ein wenig abbauen helfen. Zugleich sollte es dazu beitragen, die Zusammenarbeit zwischen Mentor und jungem Kollegen zu erleichtern, aber auch Orientierungen für eine stärkere Konzeptualisierung

Theorie und Praxis

der Lehrerausbildung anbieten, um die Gefahr der platten „Meisterlehre" in der schulpraktischen Ausbildung zu verringern.

So eingegrenzt scheint ein solches Trainingsprogramm die anfänglich befürchtete Paradoxie zwischen dem Technokratiedefizit in der Pädagogik und dem letztlich nicht ausbildbaren personalen Bezug in der Lehrtätigkeit aufzulösen. Selbst wenn man das Entscheidende für die Berufsqualifikation als Lehrer dadurch auch nicht erlernen könnte, so darf sich Lehrerausbildung andererseits doch nicht an den wenigen Personen orientieren, die vielleicht als „geborene Erzieher" intuitiv das Richtige tun und für die Trainingsprogramme deshalb überflüssig wären.

2 Beobachtungskonzepte zum Lehrverhalten

Lag die Aufgabe des ersten Teils primär in der grundsätzlichen Begründung von systematischen Trainingsverfahren zum Lehrerverhalten in Abgrenzung von früheren Lehrerbildungskonzeptionen, so sollen im zweiten Teil einige neuere Trainings- und Beobachtungsverfahren vorgestellt werden. Dabei ist es zunächst die Absicht, einen theoretischen Überblick über die Vielfalt und Verschiedenartigkeit bereits vorhandener Ansätze zu geben. Es soll verdeutlicht werden, welche theoretischen Prämissen und verfahrenstechnischen Elemente der vorhandenen Konzepte auch Grundlage für das eigene Trainingsprogramm gewesen sind, das dann im dritten Teil ausführlich vorgestellt wird. Es sollen aber auch in diesen Verfahren Defizite aufgezeigt werden, um von daher die Notwendigkeit des eigenen Trainingsprogramms abzuleiten. Im Mittelpunkt wird dabei u.a. die Frage stehen, welche Ursachen dafür verantwortlich sein könnten, daß trotz ihrer relativ großen Anzahl und Vielfalt vorliegende Trainings- und Beobachtungskonzepte zum Lehrerverhalten bislang noch nicht durchgängig zum festen Bestandteil der schulpraktischen Ausbildung der Lehrerstudenten und Referendare geworden sind.

Trainings- und Beobachtungskonzepte sind noch nicht fester Bestandteil praktischer Ausbildung

2.1 Wissenschaftsmethodische Vorbemerkungen

Die Entwicklung der meisten Trainings- und Beobachtungsverfahren geht zurück auf die Zeit Anfang der 70er Jahre und war zunächst in der Bundesrepublik in erster Linie ein Reflex auf den Ansatz der geisteswissenschaftlichen Lehrerbildung, deren Erzieherbild inhaltlich und wissenschaftsmethodisch neueren Ansprüchen auf möglichst konkrete, praxisnahe Lehrerausbildung nicht mehr gerecht zu werden schien (vgl. S. 12 ff).

Teilweise als Anknüpfung an ältere deutsche Traditionslinien (*Winnefeld, Petersen*), vor allem aber als Rezeption entsprechender amerikanischer Arbeiten entwickelte sich die empirische Unterrichtsforschung als Arbeitsgebiet der Erziehungswissenschaften mit dem vorrangigen Anliegen, den Ablauf des Unterrichts und insbesondere das Verhalten des Lehrers von früheren Pauschaleinschätzungen zu befreien und an dessen Stelle

Forderung: Praxisnahe Lehrerbildung

empirische Unterrichtsforschung

objektive Datenerhebung durch empirische Datenerhebung ein möglichst objektives Bild über die Abläufe des Unterrichtsgeschehens zu gewinnen. Daß dabei die objektive Erhebung dessen, was ist, noch nicht automatisch die Absicherung dessen gewährleistete, was sein soll, kann im Augenblick als erste kritische Anmerkung nur angedeutet werden.

Auf jeden Fall lehnte man inhaltlich die Position der geisteswissenschaftlichen Pädagogik ab und mit ihr wissenschaftsmethodisch vor allem das hermeneutisch-kritische Verfahren. Ging es dabei vor allem um subjektives Verstehen, um Sinnvermittlung, um innere Werthaltungen und entsprechende Bildungsprozesse, so hielt ihr die empirische Unterrichtsforschung aus genau diesem Grunde subjektive Beliebigkeit ihrer Aussagen und damit letztlich Unwissenschaftlichkeit vor. Um selbst dieser Gefahr zu entgehen, sollte am Anfang eine möglichst objektive, *wertfreie Analyse* dessen stehen, was im Unterricht tatsächlich abläuft. Da viele Lehrer über eine falsche Selbstwahrnehmung verfügten, würde schon allein die Erhellung dessen, was im Unterricht wirklich geschieht, vielfach eine Verhaltensänderung bewirken.

Zur Realisierung dieses Ziels orientierte man sich an der Methodologie eines empirisch-analytischen Wissenschaftsverständnisses. Von der Testtheorie übernahm man als Maßstab die Gütekriterien der *Objektivität, Reliabilität* und *Validität*.

Gegen diesen Ansatz der empirischen Unterrichtsforschung sind bald von den verschiedenen Richtungen erhebliche Bedenken laut geworden. So warf die Erfassung des gezeigten Lehrerverhaltens vor allem *meßtheoretische Probleme* auf. Die Schwierigkeiten der Absicherung der Reliabilität und Validität wurden als erheblich eingeschätzt (*Medley* u. *Mitzel; Baumann*), da die Zahl der intervenierenden Variablen in diesem Bereich der Unterrichtsforschung besonders groß seien. Als mögliche intervenierende Variable wurden u.a. die Lerngeschichte der einzelnen Schüler, räumliche Bedingungen des Klassenraums, die Ausstattung einer Klasse mit Lehr- und Lernmitteln, das Unterrichtsfach, die Struktur des sozialen Feldes „Schulklasse", die psychophysische Verfassung der Schüler und des Lehrers angesehen.

Kritische Einwände gegen Beobachtungskonzepte, die als Grundlage für Trainingsverfahren zuverlässige und valide Daten liefern sollten, kamen natürlich auch von geisteswissenschaftlicher Seite. Vor allem *Rumpfs* Stellungnahmen fanden weithin Beachtung. Er bemängelte an der empirischen Unterrichtsforschung, daß damit nur der Anschein von objektiver Datenerhebung erweckt werde: „Die Bemühung des Beobachters um das Verständnis des Unterrichts-Kontexts und der Sachstrukturierung schlägt sich in einem Strich nieder, der alle fünf Minuten auf einer Liste einzutragen ist ... Die Gefahr, daß hier mehr Informationen über das Bewußtsein der Beobachter als über die Zusammenhänge der im Unterricht traktierten Materie gewonnen werden könnten, liegt immerhin nicht ganz fern" (1971, S. 248).

Neben der nur scheinbaren Objektivität kritisiert *Rumpf* an der empirischen Unterrichtsbeobachtung, daß sie die Analyse auf das Lehrerverhalten beschränke, losgelöst vom jeweiligen Unterrichtsinhalt. In der „sachneutralen" Interaktionsanalyse erhalte der Stoff kein Eigengewicht und keine Eigendynamik: „Was bleibt vom sozioemotionalen Klima des Unterrichts, wenn die Strukturierung der Sache, um die es im Unterricht geht, und von der vermutlich das Klima des Unterrichts auf das nachhaltigste geprägt wird, de facto unter den Tisch fällt?" (*Rumpf*, 1969, S. 302).

Loslösung vom Inhalt

Und in der Tat scheint mit dem Anspruch auf objektive Datenerhebung bisweilen des Guten ein wenig zuviel getan worden zu sein. Denn es hat sich immer mehr erwiesen, daß das Unterrichtsgeschehen nur begrenzt empirisch-analytischen Wissenschaftsverfahren zugänglich ist. Daraus aber nun den Schluß zu ziehen, zu den früher üblichen pauschalen Beobachtungen von Unterricht („Das war schon ganz gut, machen Sie nur so weiter") zurückzukehren, scheint ebenso verfehlt.

Im Interesse der Vermittlung von ausbildbaren Berufsqualifikationen hat sich die Reflexion über Verhaltensweisen des Lehrers auf einem *Grad mittlerer Genauigkeit* zum gegenwärtigen Forschungsstand als am günstigsten erwiesen, um sich eine Theorie beruflichen Verhaltens des Lehrers allmählich auch vom Handlungsfeld „Unterricht" her entwickeln bzw. durchsetzen zu lassen. Gegenüber früheren Lehrerbildungskonzeptionen wäre es ja schon ein Fortschritt, *Kriterien* für wünschenswerte Verhaltensweisen bereitzustellen, und zwar sowohl für die Selbstaufklärung des erfahreneren Lehrers als auch für die schulpraktische Ausbildung des jungen Kollegen durch den Mentor. Auf jeden Fall aber sollten die negativen Erfahrungen mit objektiver Datenerhebung unter schulischen Bedingungen nicht wieder zu einer pauschalen Ablehnung führen, sondern eine Anregung zur Weiterentwicklung in Richtung *praxisnaher Trainingsverfahren* bedeuten. Dabei meint „praxisnah" in die-

mittlere Genauigkeit in der Beobachtung

praxisnahe Trainingsverfahren

erfahrungs- und handlungsoffene Konzepte

sem Zusammenhang, daß Trainingsverfahren zum einen ein konkretes inhaltliches Trainingsangebot enthalten sollten, an dem sich auch in kritischer Abgrenzung Mentor wie Lehrerstudent orientieren können, zum andern aber auch situative Faktoren berücksichtigen und deshalb erfahrungs- und handlungsoffen konzipiert sein.

Verschiedene Ansätze

Nach diesen wissenschaftsmethodologischen Vorbemerkungen nun zu einigen neueren, wissenschaftlichen Trainings- und Beobachtungskonzepten zum Lehrerverhalten. Grundsätzlich sind solche Ansätze zu unterscheiden, die sich ausschließlich auf die Beobachtung des Lehrerverhaltens beschränken und dabei ein empirisch-analytisches Forschungsverständnis zugrunde legen. Daneben gibt es dann auch Ansätze, die auf aktives Training des Lehrerverhaltens abzielen, und zwar sowohl in der Form eines allgemeinen Persönlichkeitstrainings als auch in Form eines speziellen beruflichen „Skill Trainings". In grober Anlehnung an *Döring* (S. 339) lassen sich also – wenn man die bereits erörterte geisteswissenschaftliche Lehrerbildung als eigenen hinzufügt – vier unterschiedliche Ansätze zur Ausbildung eines professionellen Lehrerverhaltens unterscheiden:

Ansätze mit verschiedenen Forschungsverständnissen

4 Ansätze

I. *Ansätze zur Persönlichkeitsentwicklung des Lehrers*
   1. Psychotherapeutische Betreuung und Beratung (Psychoanalyse, Verhaltenstherapie, Gesprächspsychotherapie)
   2. Autogenes Training und Entspannungstechniken
   3. Gruppendynamisches Sensitivitytraining

II. *Ansätze herkömmlicher, theoretischer Art*
   1. Vorlesungen und Seminare über berufswissenschaftliches Basiswissen und berufliches Selbstverständnis
   2. Pädagogische Situationsanalysen

III. *Ansätze zu beruflichem „Skill Training"*
   1. Microteaching
   2. Simulationsübungen
   3. Workshop-Seminare mit bestimmter Zielsetzung (z.B. über „kreatives Lehren", Pantomime, darstellendes Spiel u.ä.)

IV. *Ansätze unterrichtsanalytischer Art*
   1. Unterrichtsbeobachtung und Unterrichtsanalyse
   2. Unterrichtsmitschau und audiovisueller Modellunterricht
   3. Interaktionsanalysen

Abb. 2: Ansätze zur Ausbildung professionellen Lehrerverhaltens, nach Döring

Zu jedem dieser Ansätze sollen nun jeweils einige Beispiele vorgestellt werden. Denn auch und gerade wenn man einen schulpraktischen Verwertungszusammenhang im Auge hat, bleibt die Orientierung an theoretischen Vorgaben wichtig, sei es im Interesse einer anspruchsvolleren, argumentativ differenzierteren Lehrerausbildung und -fortbildung, sei es zur Kennzeichnung von Defiziten als Voraussetzung für das eigene praxisnahe Trainingsprogramm.

> Wichtig:
> Orientierung an theoretischen Vorgaben

2.2 Ansätze zur Persönlichkeitsentwicklung

Der modisch aktuellste Ansatz ist gegenwärtig der zur allgemeinen Persönlichkeitsentwicklung unter Zuhilfenahme psycho- und verhaltenstherapeutischer Verfahren. In diesem Punkt mit dem geisteswissenschaftlichen Ansatz vergleichbar, geht es also nicht um Vermittlung spezieller Berufsqualifikationen. Man vertritt vielmehr die Auffassung, daß Probleme, die der Lehrer im Umgang mit der Klasse hat, zunächst in seiner eigenen Person begründet sind. Lehrerausbildung solle auf dieser Ebene ansetzen und dazu beitragen, die Ursachen für psychische Störungen (etwa Ängste vor der Klasse) aufzudecken. Wer seine eigenen Probleme bewältigt habe, könne auch ohne spezielle Ausbildung von Lehrfertigkeiten sicher vor der Klasse auftreten. Und in der Tat ist das Interesse von Lehrern an psycho- und verhaltenstherapeutischen Therapieverfahren sprunghaft angestiegen. Es hat ein regelrechter „Psychoboom" eingesetzt. Überall haben gruppendynamisch orientierte Fortbildungsveranstaltungen für Lehrer einen starken Zulauf (*Hopf*, S. 29).

> aktuellster Ansatz:
> Probleme in der eigenen Person suchen und bearbeiten

Die Gründe für die Suche nach den dort angebotenen sensitiven Erfahrungen in großen Teilen der jungen Generation und damit auch der jungen Lehrerschaft sind vielschichtig. Maßgebliches Motiv dafür ist z.T. das *gewandelte Wertbewußtsein*, wo-

gewandeltes Wertebewußtsein: von den harten Werten zu den weichen...

nach an die Stelle der sog. „harten" Werte (Leistung, Willensstärke, Durchsetzungsvermögen) immer stärker die „weichen" Werte (Zärtlichkeit, Gemeinschaft, menschliche Wärme, Offenheit, Naturverbundenheit) an Bedeutung gewinnen (*Heidemann*, 1981, S. 46 ff.). Man bekennt sich zu seinen Gefühlen und möchte durch Fühlen und Berühren des andern, durch Körperlichkeit im allgemeinen neue Erlebnis und Wahrnehmungsdimensionen erschließen.

... eröffnet neue Wahrnehmungsdimensionen

Suche nach emotionaler Betroffenheit

Diese neue Form der Innerlichkeit, gepaart mit stark privatistischen Tendenzen, ist zugleich bei vielen in einem tiefen Mißtrauen gegenüber rationaler Daseinsbewältigung begründet. Die theoretische Analyse und Durchdringung von Problemen scheint vielfach nicht mehr für individuelle Sinnvermittlung geeignet zu sein. Glaubwürdigkeit kann nur beanspruchen, wer unmittelbar vorlebt und emotional betroffen macht. Die Spannung zwischen Erkennen und Verhalten ist zudem eingebunden in den Gegensatz von Aktivität und Passivität. Rationale Problembewältigung wird dabei mit passiver, weil abstrakter Lebensgestaltung identifiziert, während kommunikatives Handeln und konkretes Verhalten mit aktiven Lebensformen gleichgesetzt werden.

Wunsch nach Zuwendung und Beratung

Ein weiteres Motiv liegt in der mangelnden Ich-Stärke von vielen Jugendlichen und Erwachsenen, die an Symptomen von Isolation und Einsamkeit manifest wird. Die starke Nachfrage nach Beratung jedweder Art, egal ob Ehe-, Schul-, Berufs- oder Lebensberatung, entspringt ja nicht selten dem Wunsch nach individueller Zuwendung. Zuhören können ist dabei schon ein wesentlicher Bestandteil des Therapiekonzeptes. Persönliche Identität wird deshalb zunehmend durch Intensivierung von Gruppenkontakten gesucht, auch um der Vereinzelung und Vereinsamung zu entgehen. Ähnliche Bedürfnisse werden auch von vielen jungen Kollegen mit entsprechenden Erwartungen an die Lehrerbildung artikuliert.

Identität und Gruppenkontakte

Paradoxerweise aber zeigt sich, daß immer weniger Menschen gruppenfähig sind, weil Kompromißbereitschaft und die Fähigkeit, sich auf andere einzustellen, immer geringer ausgeprägt sind. Man nimmt Gruppenkontakte letztlich nur in narzißtischer Absicht auf, ohne wirkliches Interesse am andern. Für solche Kommunikationsformen bieten sich nur noch gruppentherapeutische Verfahren an. Die Gruppe wird als Bühne genommen zur Inszenierung des eigenen Ich. Man produziert die eigene Person und hat an die anderen Gruppenmitglieder nur Erwartungen. Schlimmstenfalls benutzt man die Gruppe, um die Originalität des eigenen Ich stärker zur Wirkung kommen zu las-

Gruppe dient als Bühne zur Inszenierung des Ichs

sen. Durch die narzißtische Selbstdarstellung werden die ursprünglichen Motive für Gruppenkontakte geradezu ins Gegenteil verkehrt. Isolation wird durch Individualität kaschiert.

Neue Sensitivität, Mißtrauen gegenüber rationaler Daseinsbewältigung, Suche nach emotionaler Betroffenheit, Erkennen vs. Verhalten, Aktivität vs. Passivität, mangelnde Ich-Stärke, Suche nach Gruppenkontakten und der „Ego-Kult"- all das sind natürlich nur Stichworte für weitaus komplexere Problemzusammenhänge. Für die Absicht, einige Ursachen für das stark angewachsene Interesse an Psycho- und Verhaltenstherapien anzudeuten, mag das genügen.

abnehmende Kontaktfähigkeit, wenn Selbstdarstellung narzistisch ist

Welches sind nun aber die wichtigsten Therapieformen, die für die Persönlichkeitsentwicklung geeignet erscheinen und mit diesen Bedürfnissen und Erwartungen auch von Lehrern immer häufiger nachgefragt werden?

Die wichtigsten Therapieformen:

Trotz einiger kategorialer Unschärfen lassen sich im wesentlichen grundsätzlich zwei verschiedene Behandlungsmethoden unterscheiden: die *Psycho-* und die *Verhaltenstherapie*.

Psychotherapeutische Verfahren

Alle Formen der Psychotherapie gehen auf die Psychoanalyse (als Teil der Tiefenpsychologie) zurück. Sie geht davon aus, daß der Mensch Bestrebungen, Gefühle, Ängste, Wünsche und Vorstellungen verinnerlicht hat, die ihm gar nicht bewußt sind. Aber obgleich sie nicht bewußt sind, können sie doch sehr bestimmend für sein Handeln sein. In der Psychotherapie versuchen Patient und Therapeut gemeinsam, Unbewußtes bewußt zu machen, so daß der Mensch freier wird gegenüber seinen eigenen Vorstellungen.

Psychotherapeutische Verfahren:

Unbewußtes bewußt machen, um freier in den eigenen Vorstellungen zu werden

1. *Psychoanalyse:* Sie ist die schwierigste, aufwendigste, vielleicht aber auch die wirksamste Form. Der Patient wird aufgefordert zu erzählen, was ihm in den Sinn kommt. Der Analytiker mischt sich nie ein, sondern versucht, das Erzählte auf die gefühlsmäßige Bedeutung für den Patienten und im Hinblick auf frühere Erfahrungen zu deuten. Allmählich kommt der Patient, indem er seinen freien Einfällen folgt, an Gefühle und Erinnerungen, die ihm bislang unbewußt waren. Er erlebt den Analytiker dabei zeitweise wie wichtige Personen seiner Kindheit. Dieses Neuerleben einer längst vergangenen Erfahrung macht eine Korrektur durch den Patienten selbst möglich.

Psychoanalyse

Bezogen auf den Lehrer, zielt sie darauf ab, die Lehrer-Schüler-Interaktion dadurch zu verändern, daß sie dem Betreffenden ein vertieftes Verständnis für das eigene Verhalten und Erleben sowie für das der Schüler entsprechend der zugrunde liegenden tiefenpsychologischen Theorien vermittelt. Gleichzeitig wird die Dynamik der Lehrer-Schüler-Beziehung durch Aufdeckung unbewußter Motive und Mechanismen (etwa Projektionen und Übertragungsprozesse) dem Verstehen und der Veränderung zugeführt. So gibt etwa die von *Fromm* im Anschluß an *Freud* entwickelte Theorie der sadomasochistischen Persönlichkeit eine gute Basis ab, auf der autoritäres Lehrerverhalten sowohl in seinen Voraussetzungen als auch in seinen Folgen einleuchtend erklärt werden kann. Für Übertragungsprozesse bei einer Lehrerin zitiert *Wellendorf* (S.465f.) ein schönes Beispiel:

„Ich bemuttere gerne und unterrichte gern in den unteren Klassen. Wahrscheinlich kommt das daher, daß mein Mann und ich selbst nie werden Kinder haben können, so sehr wir sie uns auch wünschen. Ich habe Liebe und Zuneigung von kleinen Kindern gern. Ich muß sie ja von eigenen Kindern entbehren."

Analytische Gruppentherapie

2. *Analytische Gruppentherapie*: Analytische Gruppen bestehen aus acht bis elf Personen, mit einem oder auch schon mal zwei Therapeuten. In ihr kommt ein ähnlicher Prozeß wie in der Einzelanalyse zustande. Auch hier gilt die Regel, daß jeder erzählt, was ihm einfällt. Der Therapeut mischt sich nie ein, sondern erklärt nur, welche gefühlsmäßigen Beziehungen zwischen den Gruppenmitgliedern und zum Therapeuten auftreten. In der Selbsterfahrungsgruppe geschieht die Neubelebung kindlicher Beziehungen hier nicht nur zum Therapeuten, sondern auch zu andern Gruppenmitgliedern (*Rogers*).

Gesprächstherapie

3. *Gesprächstherapie:* Es gibt sie als Einzel- oder als Gruppentherapie. Der Patient oder die Gruppe spricht darüber, was ihr in den Sinn kommt. Hier versucht der Therapeut nicht, die kindlichen Ursprünge psychischer Probleme aufzuzeigen. Der Therapeut sieht seine Aufgabe darin, die Gefühle, die der oder die Patienten während der Gespräche haben, herauszuhören und den Patienten mitzuteilen. Dazu verwendet er die Gesprächstechnik des „reflektie-

renden Sprechens". Zeigt der Therapeut, daß er alle Gefühle des Patienten akzeptiert, macht er ihm Mut, seine Gefühle selbst deutlich wahrzunehmen. Dies ermöglicht dem Patienten, sich selbst, so wie er ist, zu akzeptieren. Er wird freier und kontrollierter in seinem Verhalten (*Geißler, Bachmann*).

4. *Psychodrama:* Psychische Probleme werden szenisch wie auf der Bühne eines Theaters dargestellt. Jeder Patient einer Gruppe sucht sich unter Anleitung eines Therapeuten eine Rolle. Eine Frau z.B. möchte ihr schwieriges Verhältnis zur Mutter bearbeiten. Sie spielt sich selbst, ein anderer die Mutter, ein weiterer den Vater usw. Vielleicht spielt einer der Gruppe das Mädchen als Kind, ein zweiter als Teenager, ein dritter als Erwachsene. Folgt jeder in der Handlung des Spiels frei seinen Einfällen, kommen unbewußte Motive, die für den Konflikt bestimmend sind, zum Vorschein. Der Vorteil dieser Methode ist, daß durch die Handlung des Spiels Konflikte leichter und schneller in ihrem Wesen dargestellt werden, als es durch ein Gespräch möglich ist (*Straub*).

Psychodrama

5. *Rollenspiel:* Es ist verwandt mit dem Psychodrama. Jedoch werden feste Rollen, die ein jeder spielen soll, und auch Rahmenbedingungen, wie er spielen soll, vorgegeben. Sie entsprechen den verschiedenen sozialen Rollen (-segmenten), die jeder einzelne in unterschiedlichen Sozialbeziehungen mehr oder weniger freiwillig wahrzunehmen hat (Ehemann, Vater, Freund, Sohn, Kollege, Nachbar ...). Ein Mann z.B. bekommt immer Streit mit seiner Tochter. Er spielt eine typische Situation, wie sie oft zum Streit führt. Einmal spielt er die Rolle seiner Tochter, ein zweites Mal seine eigene Rolle als Vater. Nach dem Spiel berichtet er über die Gefühle, die er dabei hatte. Die andern Mitglieder der Gruppe diskutieren mit dem Spieler ihre Beobachtungen. Der Vater lernt so, sich in die Beweggründe der Tochter einzufühlen. Er kann aber auch einüben, wie er in Zukunft den Konflikt durch eine Korrektur des eigenen Verhaltens vermeidet. Empathie und Ambiguitätstoleranz können so durch das Rollenspiel gefördert werden.

Rollenspiel

Themenzentrierte Interaktion

6. *Themenzentrierte Interaktion:* Es ist dies eine Form von Gruppenarbeit. In den Sitzungen wird ein Thema vorgegeben, z.B.: Meine Phantasien über Frauen, oder: Wie erlebe ich mein Altwerden?, oder: Was bedeutet mir mein Beruf? Ziel des Gruppenprozesses ist es, daß jeder seine eigenen wahren Vorstellungen zu dem Thema entdeckt. Durch die Meinung, die andere Gruppenmitglieder äußern, kann ein jeder auch erfahren, wie er in seinem Bild von sich selbst durch andere bestimmt wird (*Cohn*).

Gestalttherapie

7. *Gestalttherapie:* In der Gestalttherapie kann der Patient ungelöste Konflikte der Vergangenheit, die ihm zu schaffen machen, zur Sprache bringen. Der Therapeut achtet besonders auf die Gefühle, die der Patient unbewußt durch seine Körperhaltung und Bewegungen zum Ausdruck bringt. Diese Beobachtungen teilt er dem Patienten mit. In der Gestalttherapie werden Probleme der Gegenwart nicht auf kindliche Erlebnisse zurückgeführt (*Walter*).

Transaktionsanalyse

8. *Transaktionsanalyse:* Es ist dies eine Form der Gruppenarbeit, bei der das Augenmerk des Therapeuten darauf liegt, wie die Mitglieder sich wechselseitig beeinflussen. Verhaltensweisen in der Gruppe werden analysiert, inwiefern sie von den Eltern übernommen wurden, dem eigenen Ich entsprechen oder Ausdruck noch kindlicher Vorstellungen sind. Dieser Methode liegt die Annahme zugrunde, daß ein Mensch immer drei Verhaltensmuster hat: Er trägt in sich Vorstellungen, die von seinen Eltern stammen (Eltern-Ich), er wird geleitet von Phantasien aus seiner Kindheit (Kind-Ich), und er hat Vorstellungen, die seinem erwachsenen Ich (Erwachsenen-Ich) entsprechen. Mit ihren Einzelbereichen „Analyse von Transaktionen", „Spielanalyse" und „Skriptanalyse" kann dieses Therapie- bzw. Trainingskonzept für zentrale Bedingungen der Lehrer-Schüler-Interaktionen sensibilisieren und auch zur Aufdeckung gestörter Beziehungen beitragen (*Goulding*).

Verhaltenstherapie

Verhaltentherapeutische Verfahren:
– die Möglichkeit neue Verhaltensweisen zu lernen

Eine ganz andere Richtung als die Psychotherapie ist die Verhaltenstherapie. Die Theorie, die hinter dieser Methode steht, besagt, daß psychische Störungen die Folge von falschem Lernen sind. Vereinfacht ausgedrückt: Psychische Störungen sind falsche Angewohnheiten. In der Verhaltenstherapie hat der Patient Gelegenheit, neue Verhaltensweisen zu üben und zu lernen. Behandelt werden nach dieser Methode Lern- und Leistungsstörungen, Sprechhemmungen (Stottern), psychosomatische (Migräne, Magengeschwüre), sexuelle, dissoziale, depressive Störungen sowie Ängste, Drogen- und Alkoholabhängigkeit.

Die zahlreichen therapeutischen Verfahren haben sich im wesentlichen aus *lerntheoretischen Erkenntnissen* heraus entwickelt. Dazu gehören u.a. operante Methoden (Bestrafung, Belohnung, Verstärkung), die systematische Desensibilisierung als klassisches Verfahren der Verhaltenstherapie, ferner die verschiedenen Formen des Modellernens („partizipierendes", „symbolisches", „verdecktes" Modellernen), aber auch Entspannungsverfahren (Transzendentale Meditation, Biofeedback) und kognitive Therapieverfahren (Selbstinstruktionstraining, systematische kognitive Umstrukturierung).

Modelle für Lehrertraining?

Grundsätzlich scheint hinsichtlich der unkritischen Übertragung von psycho- und verhaltenstherapeutischen Verfahren auf Lehrerausbildungskonzeptionen Vorsicht geboten zu sein. Zunächst einmal sind diese Verfahren selbst ins Gerede gekommen. Auch bei sachgemäßer Anwendung sind sie nicht ohne Gefahren. In eine Katastrophe führte z.B. der Entschluß eines Elternpaares, gemeinsam mit den beiden Kindern an familientherapeutischen Sitzungen teilzunehmen. Im Therapiegespräch brachen mit Wucht seit langem schwelende Haßgefühle und sexuelle Schwierigkeiten zwischen den Eheleuten auf – was den 16jährigen, labilen Sohn derart verstörte, daß er schizophren wurde und jahrelang in psychiatrischen Anstalten verwahrt werden mußte.

> *Vorsicht vor unkritischer Übertragung von therapeutischen Verfahren*

Weitere Gefahren resultieren aus der *Vielfalt der therapeutischen Ansätze*. Die oftmals euphorisch übersteigerten Erwartungen gegenüber psycho- und verhaltenstherapeutischen Maßnahmen haben in den letzten Jahren eine ungeheure Methodenvielfalt, auch Außenseitermethoden, gefördert, die selbst von Fachleuten kaum noch überblickt werden. So konkurrieren allein in der Bundesrepublik mehr als 100 psychotherapeutische Organisationen mit zum Teil mehreren Forschungs-, Aus- und Fortbildungsinstituten.

> *Zu große Vielfalt der Therapieverfahren*

Die schärfsten Einwände gegen eine unkontrollierte Expansion therapeutischer Verfahren scheint aber in der Tatsache

Keine Psychiatrisierung der Lehrerbildung

Beratung als Teil der Ausbildung

Training contra Therapie

begründet zu sein, daß die wachsende Psychiatrisierung und Psychotherapeutisierung des täglichen Lebens die Gefahr in sich birgt, daß der einzelne Verantwortung für sich und den andern an einen dafür „zuständigen" Therapeuten abtritt.

Im besonderen Maße ergeben sich dieselben Problemzusammenhänge bei einer vorschnellen, unkritischen Übertragung von Therapieverfahren auf Lehrerausbildungskonzeptionen. Ein Beitrag zur Berufstheorie im Sinne einer stärkeren Professionalisierung der Lehrtätigkeit läßt sich darauf nur schwerlich begründen. Zwar sollte man die Motive und Bedürfnisse sehen, warum junge Kollegen ein so reges Interesse an psycho- und verhaltenstherapeutischen Verfahren haben. Man sollte diese nach Möglichkeit auch in systematische Trainingsverfahren konzeptionell zu integrieren versuchen, etwa das Bedürfnis nach *persönlicher, einfühlsamer Zuwendung* durch den Mentor oder das *Interesse an aktivem Training* (vgl. Gestalttherapie).

Aber der Schwerpunkt der Lehrerausbildung auch zum Lehrerverhalten muß auf der Vermittlung von Berufsqualifikationen auf einem *mittleren Abstraktions- und Exaktheitsgrad* liegen, um der Gefahr einer allgemeinen Psychiatrisierung der Lehrerausbildung zu entgehen.

Dies folgt allein schon aus der Tatsache, daß die Persönlichkeitskonstanten junger Kollegen, wie sich gezeigt hat, bereits weitestgehend festgelegt sind und gewichtige Neuorientierungen und Verhaltensänderungen generell kaum noch möglich und sinnvoll sind. Nur bei klarer psychopathologischer Symptomatik, etwa bei schweren Kontaktstörungen oder narzißtischen Defekten, scheint eine direkte Einflußnahme auf die Persönlichkeitsentwicklung angezeigt. Eine modische Verwischung der Grenzen zwischen normaler Ausbildung und therapeutischer Behandlung des Lehrers birgt dagegen einerseits die Gefahr unsachgemäßer Anwendung therapeutischer Verfahren in sich und erschwert andererseits unnötigerweise die allmähliche Entwicklung einer Berufstheorie des Lehrers, wie dies Trainingsverfahren zum Lehrerverhalten auf mittlerer Abstraktions- und Exaktheitsebene partiell leisten können und sollen.

2.3 Verfahren zum beruflichen „Skill Training"

Größere Bedeutung für die Ausbildung eines professionellen Lehrerverhaltens als die Ansätze zur allgemeinen Persönlichkeitsentwicklung haben Verfahren zum beruflichen „Skill Training" gewonnen. In irgendeiner Form sind sie fast überall schon fester Bestandteil der pädagogischen Ausbildung in der 1. und 2. Phase der Lehrerausbildung. Das Training von Lehrfertigkeiten (teaching skills) existiert sowohl als Übung unter Laborbedingungen (Simulationstraining, Rollenspiel) als auch in Form von Unterrichtsmitschau-Konzepten (*Schorb*) unter Zuhilfenahme von Fernsehaufzeichnungen im Rahmen von Schulpraktika.

> *Praxisfern:*
> *Training von Lehrfertigkeiten unter Laborbedingungen*

Schon allein die Möglichkeit, sich mit Hilfe einer Videoaufzeichnung in einem situativen, berufsspezifischen Handlungskontext als Objekt zu erleben, führt bei den meisten nach einer anfänglichen Phase der Verunsicherung schon zu einer differenzierteren Selbstwahrnehmung und – zumeist unbewußt – zu einer partiellen Verhaltensänderung. Die gezielte Ausbildung von Lehrfertigkeiten auf der Grundlage lerntheoretischer Erkenntnisse hat bislang jedoch in der schulpraktischen Ausbildung erst eine periphere Bedeutung erlangt, weil die zur Verfügung stehende Zeit in der Regel nur für die allgemeine Wahrnehmung individueller Verhaltensauffälligkeiten ausreicht. Weder organisatorisch noch strukturell scheint die systematische Ausbildung von Lehrfertigkeiten hinreichend abgesichert zu sein, und zwar nach wie vor immer wieder aus demselben Grund: Die unter Laborbedingungen entwickelten Skill-Konzepte erweisen sich in der schulpraktischen Ausbildung wegen der Vielfalt theoretischer und organisatorischer Implikationen als verwirrend, umständlich und zu aufwendig. „Praxisnah" müßte in diesem Zusammenhang bedeuten, daß in Trainingsprogrammen die Anzahl der Lehrfertigkeiten soweit reduziert und die inhaltliche Ausfüllung soweit konkretisiert ist, daß sie auch ihrem tatsächlichen, ohnehin nur begrenzten Stellenwert in der schulpraktischen Ausbildung gerecht und dann – unter diesem Vorzeichen – als *schnelle, problemlose Orientierungshilfe* eingesetzt werden können. Kommen wir aber erst zu einigen Beispielen von vorliegenden Ansätzen zum beruflichen „Skill Training" des Lehrerverhaltens.

> *Praxisnah:*
> *Anzahl der Lehrfertigkeiten soweit reduzieren, daß sie der praktischen Ausbildung vor Ort gerecht werden*

Microteaching

Das bekannteste Trainingsverfahren ist das in den USA entwickelte Microteaching (*Allen/Ryan; Olivero*), das mit geringfügigen Modifikationen hinsichtlich des Verfahrensablaufs bei uns Ende der 60er Jahre von *Zifreund* unter der Bezeichnung „Training des Lehrverhaltens in Kleingruppenseminaren unter Zuhilfenahme von Fernseh-Aufzeichnungen" eingeführt und von seinem Schüler *Becker* als „Situatives Lehrtraining" weiterentwickelt wurde.

Microteaching: Verringerung der Unterrichtskomplexität:

Unter Microteaching versteht man ein Verfahren, bei dem man berufliche Fertigkeiten erwirbt, indem man sie tatsächlich praktiziert. Der Unterschied zum normalen Unterricht besteht nur in der *Verringerung der Komplexität* des Unterrichts, um auf diese Weise freie Valenzen und dadurch die Voraussetzung für trainingswirksame unterrichtliche Verhaltensweisen zu schaffen.

– wenige Schüler werden bei kürzerer Unterrichtsdauer unterrichtet

Die Vereinfachung gegenüber dem normalen Unterricht besteht beim Microteaching ferner darin, daß der Trainierende nur *kurze Zeit* (5–20 Minuten) vor *wenigen Schülern* (3–10) unterrichtet. Um die Aufmerksamkeit auf ausgewählte Aspekte des Unterrichts konzentrieren zu können, werden nur wenige Fertigkeiten gleichzeitig geübt (geringere Komplexität). Wichtig ist auch die sofortige Rückmeldung während (Sprechfunk) oder direkt nach dem Unterrichtsversuch, wobei die Form der Rückmeldung variabel ist. Sie kann den unterschiedlichen Bedürfnissen und technischen Möglichkeiten angepaßt werden. In der Regel erfolgt die Rückmeldung durch eine Videoaufzeichnung, möglich ist aber auch eine bloße Tonbandaufzeichnung oder Kollegen, Supervisoren und Schüler, die für das Feedback (Rückmeldung) verantwortlich sind.

Frage nach dem Transfer

Umstritten ist, ob das Training mit richtigen Schülern durchgeführt werden sollte oder ob man auch Erwachsene (Kommilitonen, Kollegen) als „Schüler" einsetzen könnte. *Cooper* und *Allen* stehen dieser Form von Trainingskursen wegen der damit verbundenen Transferprobleme eher skeptisch gegenüber. Unserer Erfahrung nach aber macht es kaum einen nennenswerten Unterschied, ob das Training mit Schülern oder mit Erwachsenen durchgeführt wird. In den meisten Fällen sind die Verhaltensweisen – entgegen einem weitverbreiteten Vorurteil – überraschend weit identisch. Und dort, wo sie anders sind, gehört dies mit zur angestrebten Verringerung der Komplexität des Unterrichts und kompensiert in gewisser Weise die zusätzliche psychische Belastung einer Videoaufzeichnung (*Zifreund*). Nicht

Belastung durch Videoaufzeichnungen

unterschätzt werden sollte auch der zusätzliche technische Aufwand mit „richtigen" Schülern, da Trainingskurse in der Regel im Rahmen einer Übung fernab der Schule durchgeführt werden. Natürlich kann man für eine vereinzelte experimentelle Studie einige Schüler zusammenführen, was jedoch für die reguläre Ausbildung an der Hochschule oder im Seminar kaum möglich ist.

Eine ganz andere Frage ist, ob nicht diese Form des Microteaching durch praxisnahe Trainingsprogramme in der schulpraktischen Ausbildung „vor Ort" fortgesetzt bzw. weiterentwickelt werden sollte. Hier bestehen z.Zt. noch die größten Defizite. Und wirksame Trainingseffekte werden erst dann zu realisieren sein, wenn auch in diesem Sinne die Ausbildungskontinuität gewährleistet sein wird; d.h. wenn Lehrfertigkeiten, wie sie in Microteaching-Kursen vermittelt wurden, bei inhaltlicher und struktureller Identität durch schulpraktische Trainingsprogramme in der Schule im jeweiligen situativen Handlungskontext verstärkend weitergeführt werden.

Trainingseffekte erst dann erreicht, wenn Lehrfertigkeiten bei inhaltlicher und struktureller Identität auch vor Ort weitergeführt werden

Lehrfertigkeiten (technical skills)

Besteht im Grundsätzlichen – von offenbar unvermeidlicher Kritik in Einzelfällen einmal abgesehen – Einigkeit über die positiven Wirkungen des Microteaching im Rahmen der Lehrerausbildung, so ist nun zu fragen, welche Lehrfertigkeiten denn nun zum Gegenstand des Trainings gemacht werden sollen. Zunächst einmal markieren derartige Skills einen wichtigen Schritt auf dem Wege zur Ausbildung eines professionellen Lehrerverhaltens; sie gehen auf jeden Fall in ihrer Spezifität über die Auflistung der vorgestellten Tugendkataloge (S. 15 ff.) deutlich hinaus. Dennoch zeigt sich auch hier noch die bekannte Problematik der unzureichenden Theorie-Praxis-Vermittlung.

Skills, die zum Gegenstand des Trainings gemacht werden können:

In nicht zu überblickender Fülle gibt es – und darin den alten Tugendkatalogen durchaus vergleichbar – Auflistungen von wünschenswerten Lehrfertigkeiten, die aber in geradezu perfektionistischer Manier derart ausgefeilt, kompliziert handhabbar und abstrakt formuliert sind, daß sie für praxisnahe Trainingsprogramme unmittelbar kaum geeignet sind. In reduzierter Form jedoch können sie eine wertvolle Orientierung für inhaltlich weiter ausformulierte Trainingskategorien sein.

Die bisher umfassendste Skill-Liste entwickelte das „Stanford Center for Research and Development in Teaching" (SCRDT) unter der Leitung von N.L. *Gage* (in: *Bierly*, S. 73 f.). Nicht alle der darin enthaltenen Skills beziehen sich unmittelbar auf die Lehrer-Schüler-Interaktion und sind als solche Microteaching-Kursen nicht zugänglich zu machen. Zudem sind die einzelnen Skills kategorial unterschiedlich umfassend und auf verschiedenen Abstraktionsebenen beschrieben. Hier die Liste der Lehrfertigkeiten (in Auszügen):

Fertigkeiten im Zusammenhang mit der Planung des Unterrichts:
Auswahl, Bereitstellen und Herstellen von Unterrichtsmaterialien
Interaktionen mit Lehrern, die der Unterrichtsplanung dienen
Gemeinsame Planung von Lehrern und Schülern
Gestaltung situativer Lernbedingungen
Entwickeln von Verfahren und Methoden
Fertigkeiten der Darbietung:
Zuhören
Erklären
Fragen
Beispiele geben
Zeiteinteilung
Zusammenfassen
Hervorheben
Anregen
Gruppenarbeit
Nichtverbales Verhalten
Motivation
Verstärken
Einsatz von Spielen
Organisation von Exkursionen
Einsatz von AV-Medien
Hausaufgaben geben
Vorbeugen disziplinärer Probleme
Fertigkeiten in nicht planbaren Bereichen des Lehrerverhaltens:
Auseinandersetzung mit dem Verhalten der Schüler
Informelle Interaktion mit Schülern
Interaktionen mit Eltern
Interaktionen mit dem Lehrerkollegium
Fertigkeiten im Zusammenhang mit der Erfassung und Evaluation von Verhaltensweisen:
Aufstellen von Zielen

Auswahl von Tests:
Kognitives Verhalten von Schülern erfassen
Sozialemotionales Verhalten von Schülern erfassen
Sammeln und Quantifizieren von Daten
Andere Fertigkeiten:
Sich um eine Stelle bewerben
Erste Hilfe
Schulwanderungen
Repräsentieren der Schule und ihres Programms
Problemlösen

Abb. 3: Liste der Lehrfertigkeiten nach dem „Stanford Center for Research and Development in Teaching" (in Auszügen), aus: Bierly, 1974, S. 73f.

So umfassend derartige Skill-Listen auch sein mögen, vollständig beschreiben können sie die vom Lehrer geforderten Fertigkeiten nicht. Hier Vollständigkeit anzustreben, scheint auch gar nicht sinnvoll. Unverzichtbar deswegen ist, von vornherein genau festzulegen, welche *Zielsetzung* und welchen *Verwertungszusammenhang* man mit der Auswahl der Skills verfolgt. Zu klären ist etwa, ob man unspezifisch auf das Verhalten des Lehrers bzw. auf die Lehrer-Schüler-Interaktion abzielt, oder ob etwa auch schulartenspezifische, altersstufenmäßige oder fachspezifische Gesichtspunkte (*Becker*) berücksichtigt werden. Und selbst bei unspezifischen Verhaltens-Skills scheint eine Differenzierung sinnvoll in solche, die im Sinne der Vermittlung von Berufsqualifikationen als *erwerbbare* zu beschreiben sind, mit denen sich also auch eine unmittelbare Trainingsperspektive verbindet, und in solche, die zwar auch die Wirkung des Lehrers maßgeblich bestimmen, aber dem nur schwer beeinflußbaren Persönlichkeitskern zuzurechnen sind.

Zur notwendigen Differenzierung bzw. Strukturierung von unspezifischen Verhaltensskills gehört ferner, ob sie „vor Ort" in der jeweiligen Handlungssituation oder im Microteaching-Kurs in der Form des *Simulationstrainings* erworben werden. Im letzteren Fall ist es beispielsweise viel eher möglich, auch solche Skills zu berücksichtigen, die sich nur mittelbar auf das Lehrerverhalten auswirken, die Grenze zur klinischen Psychologie jedoch nicht überschreiten. Zu diesem Bereich gehört beispielsweise die *Pantomime*. Um Mimik, Gestik insgesamt wirkungsvoll einzusetzen, wäre es vorstellbar, daß ein Trainierender versucht, der Gruppe eine Geschichte zu „erzählen", allein

> *Ziele und Verwertungszusammenhang mit der Auswahl der Skills von Anfang an klären*

> *Differenzieren:*
> *Was ist trainierbar, was gehört zur Person?*

> *Training durch Simulation + Pantomime*

durch wirkungsvolle, gezielt eingesetzte Körpersprache des Vortragenden. Ein solches „Skill Training" würde sich eben in der realen Handlungssituation des Unterrichts verbieten.

Lerntheoretische Ausrichtung des „Skill Trainings"

> Das Training muß sich an lerntheoretischen Vorgaben orientieren

Egal ob nun das Microteaching/„Skill-Training" als Simulationstraining in einer Seminarübung oder als Training in der komplexen Unterrichtssituation an der Schule mit mehr Ernstcharakter durchgeführt wird, grundsätzlich wichtig scheint für den strukturellen Aufbau des Trainings, daß es sich an lerntheoretischen Vorgaben orientiert. Die systematische Berücksichtigung dieser Vorgaben entscheidet darüber, ob die beabsichtigte Verhaltensänderung auch tatsächlich erreicht wird oder ob das Training bestenfalls flüchtige, überzeugende Einsichten vermittelt, die aber nicht andauernd verhaltenswirksam werden („back-home-Effekte").

> *Sukzessive Approximation erwünschter Verhaltensweisen*

Die Änderung bzw. Ausformung eines Verhaltens („shaping of behaviour") steht im Mittelpunkt des „Skill-Trainings". Das Einüben der Skills ist dann am wirkungsvollsten, wenn es unter Berücksichtigung kontrollierter Verstärkungsprozesse abläuft. Die sukzessive Approximation an erwünschte Verhaltensweisen erlaubt es, komplexe Fertigkeiten, die noch nicht oder selten vom Trainierenden gezeigt werden, zum festen Bestandteil seines Verhaltensrepertoires werden zu lassen. Dies gelingt mit Hilfe von primären und sekundären Verstärkern (reinforcement). Als letztere gelten vor allem mündlich vorgetragenes Lob und Anerkennung durch den Trainingsleiter (positiver Verstärker). Ziel ist die Selbstverstärkung des Trainierenden (self-reinforcement) entweder durch die Selbstdarbietung positiver Konsequenzen oder durch den Selbstentzug negativer Konsequenzen.

> Diskrepanz zwischen Ist und Soll festlegen

Voraussetzung für die sukzessive Approximation an erwünschte Verhaltensweisen ist aber nicht nur die Rückmeldung (Feedback) in Form von emotional positiven Reaktionen durch die Gruppe (Kommilitonen, Schüler) oder Beobachter (Mentor, Trainingsleiter). Fast noch wichtiger ist die exakte Definition erwünschter und tatsächlich beobachteter Verhaltensweisen, um die Diskrepanz zwischen dem „Ist" und dem „Soll-Wert" genau festzulegen. Nur wenn die Diskrepanz zwischen gezeigtem und erwünschtem Verhalten des Trainierenden möglichst klein und damit als erreichbar beschrieben ist, haben positive wie negative Verstärker einen Sinn. Außerdem sollte die Rückmeldung in möglichst enger zeitlicher Kontingenz zur Verhaltensstichprobe erfolgen (direkte Verstärker). Die geringe Ist-Soll-Wert-Diskrepanz folgt dem *Prinzip der „kleinsten Schritte"* (*Skinner*), und zwar umfaßt dies sowohl die Aufteilung komplexer Verhaltensmuster in einzelne, exakt definierte Lehrfertigkeiten als auch die Beschreibung des Lernfortschritts zwischen gezeigtem und erwünschtem Verhalten (Grundregel bei den „Anonymen Alkoholikern": Plane nur für die nächsten 24 Stunden!).

Neben diesen operanten Methoden hat für das Skill-Training das *Modellernen* bzw. *Beobachtungslernen* eine größere Bedeutung. Außerordentlich wirksam ist es in der schulpraktischen Ausbildung, wobei der Mentor (Ausbildungslehrer) die Funktion eines Modells übernimmt, allerdings mit der Gefahr der unkritischen Übernahme bestimmter Methoden durch den jungen Kollegen („Meisterlehre").

Mentor als Modell – Gefahr der unkritischen Methodenübernahme

Situatives Lehrtraining

Perzeptives Modellernen in Verbindung mit konkreten Trainingsaufgaben liegt dem von *Becker* entwickelten „situativen Lehrtraining" zum Erwerb von Basisqualifikationen zugrunde. *Becker* unterscheidet zwischen optimalen Trainingsbedingungen (5tägiger Intensivkurs) und den üblichen Bedingungen einer 90minütigen Seminarsitzung. Unter letzteren geht er zudem von einer Anzahl von 20–60 Trainingsteilnehmern (Studenten, Referendare, Lehrer) und einem Trainingsleiter aus. Außerdem muß ein Videorecorder mit Monitor zu Verfügung stehen. Unter diesen realistischen Voraussetzungen gestaltet sich der Ablauf folgendermaßen:

Ablauf des Trainings

1. Einführung durch den Seminarleiter: Inhalte, Aufbau;
2. Offene Diskussion über den Stellenwert der zu erwerbenden Qualifikation;
3. Anschauen einer Videoaufzeichnung mit Modellcharakter, Präsentation, Analyse, Diskussion;
4. Partnerarbeit: Reflexion der Anwendungsmöglichkeiten im Praxisfeld;
5. Sichtung und Diskussion der Ergebnisse.

Beckers Konzeption liegt also zunächst die Beobachtung von modellhaften, didaktisch aufbereiteten Videoaufzeichnungen zugrunde. Aktives Training im Sinne des Microteaching ist nicht vorgesehen. Jedoch wird die Beobachtungsfähigkeit der Trainierenden durch das perzeptive Modellernen systematisch er-

Beobachtung, kein aktives Training

Zu trainierende Performancen:

weitert. Zu den meisten Skills liegen jeweils einzelne Video-Cassetten bereit. Eine Auswahl der zu trainierenden Performancen hier im Überblick:

– Zuhören,
– auf Schülerbeiträge eingehen,
– Frage- und Problemstellungen formulieren,
– Lernleistungen verstärken,
– auf Schülerfragen eingehen,
– ein Gespräch überwiegend nichtverbal steuern,
– im Gespräch ein Ergebnis erarbeiten,
– Partner und Kleingruppengespräche anregen,
– mit den Schülern über den Unterricht reden,
– einen Sachverhalt verständlich erklären,
– einen Sachverhalt an einem Objekt demonstrieren,
– einen Lehrervortrag halten,
– die Schüler während der Einzelarbeit betreuen,
– die Schüler während der Kleingruppenarbeit betreuen,
– zum Üben anleiten,
– Medien einsetzen,
– Hausaufgaben stellen und auswerten.

Konzeptualisiertes Skill-Training im Unterricht

Zusammengefaßt läßt sich festhalten, daß – ungeachtet der vielen angedeuteten Modifikationen von Trainingskonzeptionen – das „Skill Training" grundsätzlich recht gut geeignet scheint, die angestrebte Ausbildung eines professionellen Lehrerverhaltens weiter zu entwickeln. Bei der Zusammenstellung der einzelnen Lehrfertigkeiten sollte jedoch das Bemühen um Vollständigkeit nicht im Vordergrund stehen. Entscheidend ist auch hier, unter welcher *Zielsetzung* man die Skills zusammenstellt. Gerade aus der Sicht von Praxisbedürfnissen scheint es eher notwendig, nach bestimmten Gesichtspunkten eine Auswahl zu treffen und diese in eine *konzeptualisierte Trainingskonzeption* einzubinden, so daß die einzelnen Lehrfertigkeiten – auf der Grundlage lerntheoretisch orientierter Verstärkungsprozesse – *sukzessive* erworben werden können.

Überdies sollten die Skills nicht nur auf einem relativ hohen Abstraktionsniveau benannt werden. Im Interesse eines praxisgerechten Trainings scheint es unerläßlich, die einzelnen Trainingskategorien auch ausführlich *inhaltlich* zu beschreiben, selbst

> Das Skill Training kann ein professionelles Lehrerverhalten weiterentwickeln

Zielsetzung festlegen

Sukzessives Erwerben

wenn damit das „Risiko" verbunden ist, daß Mentor und Trainierender anderer Auffassung sind. Viele scheinen offenbar deshalb die inhaltliche Konkretisierung zu scheuen. Wir sehen das genau entgegengesetzt; wesentliches Ziel des Trainings ist ja bereits dann erreicht, wenn sich im Rahmen der schulpraktischen Ausbildung Mentor und junger Kollege überhaupt erstmal an Hand der inhaltlichen Vorgaben über wünschenswerte Lehrerverhaltensweisen verständigen, sei es auch nur „symbolisch" (Besprechung ohne Training) oder – besser natürlich – vor und nach dem Training im Unterricht. Durch diese *Einbindung in den regulären Unterrichtsablauf* wären jedenfalls viele der oft gehörten Vorurteile gegen das „Skill Training" auszuräumen: In den Trainingskursen fände Unterrichten in einer künstlichen Situation statt, der Trainingsansatz sei zu rezeptologisch, das Lehrverhalten werde elementenhaft geübt und das Lehrtraining habe keinen Ernstcharakter und sei nur Spiel (*Becker*, S. 141 ff.).

Inhaltliche Konkretisierung nicht scheuen

Skill Training vor Ort

2.4 Systematische Unterrichtsbeobachtung und Unterrichtsanalyse

Nach den Ansätzen zur allgemeinen Persönlichkeitsentwicklung des Lehrers und zum beruflichen „Skill Training" ist nun noch eine dritte Forschungsrichtung zur Verbesserung des professionellen Lehrerverhaltens zu unterscheiden, nämlich die der systematischen Unterrichtsbeobachtung bzw. Unterrichtsanalyse. Sie basiert von allen Lehrerausbildungskonzeptionen am stärksten auf der eingangs angeführten Methodologie eines empirisch-analytischen Wissenschaftsverständnisses. Ihr Ziel ist die möglichst exakte Erfassung dessen, was im Unterricht wirklich abläuft. Dabei ist die Hypothese leitend, daß schon allein durch die Feinanalyse unterrichtlicher Interaktionsstrukturen auf der Grundlage objektiver Datenerhebung trainingswirksame Effekte beim trainierenden Kollegen und dem beobachtenden Mentor zu erzielen seien.

Ziel:
Objektive Datenerhebung der trainingswirksamen Effekte

Jedoch bereitet die objektive, d.h. zunächst erst einmal auch vollständige Erfassung des Ist-Zustandes bereits größere Schwierigkeiten. Die Beschränkung auf vorher festgelegte und exakt definierte Beobachtungskategorien ist deshalb absolute Voraussetzung, was allerdings mit dem Nachteil verbunden ist, daß damit die „Aufnahmebereitschaft und -fähigkeit für andere, als die im Beobachtungssystem festgelegten Ereignisse" (*Brunner*, S. 54) erheblich verringert wird.

Mit wenigen Ausnahmen (*Becker*, S. 22; *Bachmair*,) beschränken sich nicht zuletzt deswegen die meisten Instrumentarien der empirischen Unterrichtsforschung auf die *Beobachtung des Lehrerverhaltens*, wobei auch da noch zwei Prinzipien in den verschiedenen Verfahren miteinander konkurrieren. Entweder man bemüht sich um Vollständigkeit bei der Zusammenstellung der Beobachtungskategorien, was ein Instrumentarium in der normalen Unterrichtssituation wegen der Vielzahl der zu beobachtenden Gesichtspunkte kaum handhabbar werden läßt, oder man beschränkt sich auf wenige Kategorien, deren Erhebung dann auch den Ansprüchen empirisch-analytischer Wissenschaftsmethodik genügt, sich aber permanent dem Vorwurf ausgesetzt sieht, Wichtiges außer acht gelassen zu haben.

Die meisten anspruchsvolleren Beobachtungssysteme sind in den USA entwickelt worden. *Simon* und *Boyer* gehen bis zum damaligen Zeitpunkt von 79 verschiedenen Verfahren aus, während *Rosenshine* von noch weiteren 40 Beobachtungssystemen berichtet. Eine Übersicht aus deutscher Sicht hat *Ziefuß* zusammengestellt. Wir beschränken uns zur Verdeutlichung des unterrichtsanalytischen Ansatzes auf wenige, ausgewählte Beispiele, die insbesondere auch geeignet erscheinen, die Einflüsse dieses Forschungsbereichs auf eigene Überlegungen besser kenntlich zu machen.

Unterrichtliche Tatsachenforschung und freie Beobachtung

Auf die Gründe für die Zurückhaltung gegenüber empirischer Unterrichtsforschung vor dem Hintergrund der speziellen deutschen Bildungstradition ist bereits im ersten Teil ausführlicher eingegangen worden. Als dann Ende der 60er Jahre auch bei uns in der erziehungswissenschaftlichen Theoriebildung das Interesse an empirischer Unterrichtsforschung sprunghaft – und auch modisch überzogen – anstieg, war sie zunächst inhaltlich und methodisch gekennzeichnet durch eine überhastete und z.T. recht unkritische Rezeption entsprechender amerikanischer Studien. Kaum gewürdigt wurden etwa bei uns die ersten Vorarbeiten von *E.* und *P. Petersen* und *Winnefeld* (1957) zur Analyse und Darstellung von Unterrichtsabläufen. Und dabei haben gerade sie die Grundlage für eine zugleich praxisnahe und rational begründete Tatsachenforschung zur Verbesserung des Unterrichts gelegt.

Ausgangspunkt für *Petersen* war der Schlüsselbegriff der „*Pädagogischen Situation*". Um erzieherisch wirken zu können, muß der Erzieher den jeweiligen „Situationscharakter" des Unterrichts analysieren: „Also wird zur ersten Aufgabe feinste Kenntnis der Grundstruktur und des eigentlichen Sinnes aller Situationen; denn nur dann kann es dahin kommen, daß sie bestens pädagogisch gedeutet und ausgebaut, pädagogisch geladen und geleitet werden" (1937, 1963/7, S. 15).

In der Tatsachenforschung entwickelten E. und P. *Petersen* ein reichhaltiges Inventarium zur Analyse pädagogischer Situationen und des Verhaltens von Lehrern und Schülern in ihnen. Die pädagogische Tatsachenforschung will sich dabei „nicht auf die Kritik beschränken, sondern sie will durch ihre numerischen, logischen und phänomenologischen Untersuchungen, vor allem durch ihre "Kausaluntersuchungen" helfen, neue, bessere Unterrichtsformen zu schaffen" (*Slotta*, S. 59).

Neben diesen ersten Ansätzen zur Tatsachenforschung ist im deutschsprachigen Raum vor allem das von *Winnefeld* vertretene Verfahren der „*freien Beobachtung*" hervorzuheben. Sie ist die einfachste unsystematische Methode, Beobachtungswerte über die Lehr- und Lernprozesse zu erhalten. Bei der freien Beobachtung führt der Beobachter die Aufgaben der Aufnahme und Aufbereitung und deshalb auch die Datenanalyse, Synthese und Interpretation der Ergebnisse nach seiner eigenen Meinung durch. Es gibt bei diesem Verfahren keine schriftlich fixierten Beobachtungsrichtlinien. Die freie Beobachtung benutzt durchweg sehr „grobmaschige" Indikatoren (z.B. Frage der Einhaltung von Disziplin), die mit der inhaltlichen Beurteilung des Unterrichts unmittelbar korrespondieren und sozusagen eine Situationseinschätzung des Bedingungsgefüges darstellen, in dem Lernen stattfindet und in dem Lernmotivationen gestützt, abgebaut oder verhindert werden. *Winnefeld* (1957, S. 47): „Demgegenüber wählten wir bei unseren Beobachtungen stets eine sehr wenig differenzierte Aufnahmedetermination, die nicht durch vorgefaßte Beobachtungskategorien belastet war, denn jede kategorial vorbestimmte Beobachtung führt zu Hemmungen beim Beobachter und zu fehlerhafter Materialauslese".

Man könnte das *Verfahren der freien Beobachtung* als einen Weg der reinen Deskription bezeichnen und als „echte" Phänomenologie ansehen. Ausgangspunkt dieses Vorgehens ist ein völlig unbefangenes Herantreten an wirkliches Geschehen, das zunächst mit den Mitteln der Alltagssprache beschrieben wird. Dadurch wird ein relativ unbelastetes Erfassen von Tatbestän-

> Erzieherisches Wirken ist erst nach Analyse der pädagogischen Situation wirksam

> Petersens Tatsachenforschung

> Freie Beobachtung als einfachste, unsystematischste Methode

> Verfahren der reinen Deskription

Subjektive Auswertung durch unbelastetes Erfassen von Tatbeständen

den erreicht. Jedoch ist dieses Verfahren eng mit der Subjektivität des Beobachters verknüpft.

Andererseits trägt dieses Verfahren der Tatsache Rechnung, daß eine sinnvolle Lehrerausbildung nicht schematisiert ablaufen darf, sondern auch den *Wert der lebendigen Auseinandersetzung* zwischen dem beobachtenden Mentor und dem trainierenden Kollegen anerkennt, wozu dann eben auch Emotionalität, Irrationalität, selbst subjektive Beliebigkeit in gewissem Umfang gehören. Auf jeden Fall ist – wenn man das Selbstverständnis von Mentoren an der Schule realistisch einschätzt – die Realisierung von praxisnahen Trainingsprogrammen um so wahrscheinlicher, je stärker sie sich an Prinzipien der freien Beobachtung orientieren.

> Die freie Beobachtung mit Hilfe von Kategorien durchführen

Um aber andererseits die Lehrerausbildung auch schrittweise konzeptionell zu vereinheitlichen, halten wir es für sinnvoll, *die freie Beobachtung auf der Grundlage von vorliegenden, inhaltlich ausgeführten Beobachtungskategorien durchzuführen.* Ein solches inhaltliches Angebot muß den Mentor bei der Beobachtung nicht zwangsläufig einengen, sondern kann auch eine Orientierungshilfe darstellen. Zugleich kann die schrittweise Berücksichtigung bestimmter Kategorien die *sukzessive Approximation* an erwünschte Verhaltensweisen auf der Grundlage von kontrollierten Verstärkungsprozessen am besten gewährleisten, besser jedenfalls als die prozessual unstrukturierte, pauschale Beobachtung.

FIAC

Systematische Interaktionsanalyse nach Flanders (FIAC)

exakte Datenerhebung durch systematische Beobachtung

Ganz im Gegensatz zum Verfahren der „freien Beobachtung" geht es bei den standardisierten Verfahren zur Erfassung des Lehrerverhaltens primär um die möglichst genaue Differenzierung der Beobachtungskategorien und um die Exaktheit der Datenaufnahme und Datenaufbereitung. Dies hat den Vorzug, daß sich Subjekt und Objekt des Beobachtungsprozesses bereits vor der Beobachtungsphase über die entscheidenden Soll-Werte einigen können und daß der Einfluß der Beobachterfehler bei der systematischen Beobachtung geringer ist als bei der freien Beobachtung.

Rückmeldesysteme

Dementsprechend unterscheiden sich die zahlreichen Beobachtungssysteme in erster Linie auch nach Art und Anzahl der verwendeten Beobachtungskategorien und hinsichtlich der verschiedenen Rückmeldesysteme, zu dessen Elementen menschliche Beobachter (Mentor, Schüler, andere Supervisoren), technische Medien (Video-Sets), Meßinstrumente wie EDV-Anlagen

(*Klinzig, Klinzig*), Kategorien- und Zeichensysteme (*Medley* und *Mitzel*) oder Schätzskalen (*Remmers*) gehören. Diese beiden Schwerpunkte haben dann auch die unterrichtstechnologische Diskussion im deutschsprachigen Raum stark beeinflußt, während die Beobachtungsverfahren selbst zumeist in den USA zuvor entwickelt worden waren. Über experimentelle Untersuchungen hinaus sind bei uns standardisierte Verfahren jedoch kaum zur Anwendung gekommen. Jedenfalls sind sie bei der dienstlichen Beurteilung von Lehrern bislang bei uns nicht eingesetzt worden. Damit hat sich *Zifreunds* Erwartung (S. 130) nicht erfüllt, „daß sich von der Verlaufsdarstellung (time line display) her [= Interaktionsanalyse] geradezu eine Revolutionierung der schulpraktischen Lehrerausbildung ergeben könnte".

Als Beispiel für ein amerikanisches Interaktionsanalysesystem soll das von *Flanders* entwickelte FIAC-System *(Flanders' Interaction Analysis Categories)* kurz vorgestellt werden. Besonders *Frech* hat sich seit mit diesem Beobachtungssystem beschäftigt und es gleichzeitig mit *Koskenniemi* zu einem der bekanntesten Analysesysteme gemacht. Zur Beobachtung, Klassifikation und Protokollierung entwickelte *Flanders* 10 Kategorien, mit deren Hilfe der Interaktionsprozeß zwischen Lehrer und Schülern erfaßt werden soll (*Flanders*):

FIAC-System erfaßt mit Hilfe von Kategorien den Interaktionsprozeß

Flanders' Interaction Analysis Categories

10 Kategorien

1. Akzeptiert Gefühle
2. Lobt oder ermutigt
3. Akzeptiert oder verwendet Gedanken von Schülern
4. Stellt Fragen
5. Lehrervortrag
6. Gibt Anweisungen
7. Kritik am Schüler oder Rechtfertigung der eigenen Autorität
8. Schüleräußerungen - Antworten
9. Schüleräußerungen - Initiative
10. Schweigen oder Verwirrung

Die Protokollierung der FIAC-Kategorien erfolgt mit Hilfe einer *zeitlich-linearen Darstellung* („time line display"). Der Beobachter notiert so schnell er kann (etwa alle 3 Sekunden) eine Folge von Schlüsselsymbolen auf dem Kodierbogen (Abb. 4), in der jede Zeile eine Bedeutung entsprechend ihrer Lage be-

Time-line-display

kommt, vergleichbar dem Notenschreiben. Die „Fünferlinie" (Kategorie 5) steht für Lehrervortrag. Alle Kategorien oberhalb der Fünferlinie bezeichnen Antwortverhalten des Lehrers und sind meist mit Schülerinitiative (Kategorie 9) verbunden. Alle Lehrerkategorien unterhalb der Fünferlinie stehen für Lehrerinitiativen, die meist mit Schülerantwort (Kategorie 8) verbunden sind. Für eine nur 10minütige Beobachtungsphase sind also etwa 200 Kodiervorgänge erforderlich. Aufgeschlüsselt (decoding) wird in der Form, daß entweder in einer graphischen Darstellung Häufigkeitsverteilungen aufgestellt oder häufiger wiederkehrende Interaktionsketten herausgearbeitet werden. Selbst bei großer Erfahrung im Kodieren sind Verschlüsselung (encoding) und Aufschlüsselung (decoding) nicht immer eindeutig vorzunehmen. Neue meßtechnische Möglichkeiten und Probleme ergeben sich durch die Technik der Mehrfachverschlüsselung sowie durch computerunterstützte Verschlüsselungstechniken (*Klinzing/Klinzing*).

encoding/decoding nicht immer eindeutig

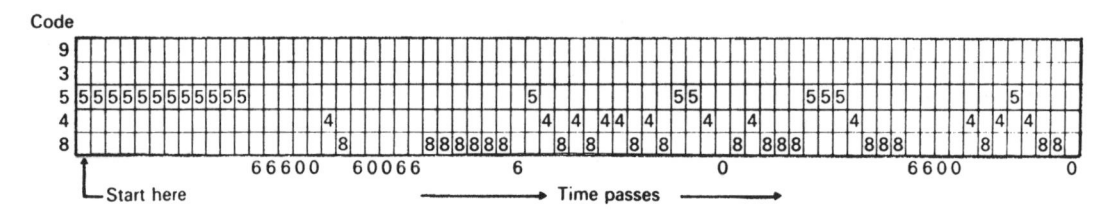

Abb. 4: Raster zur Kodierung nach dem FIAC (time line display)

VICS

Eine Weiterentwicklung der Flanderschen Interaktionsanalyse findet sich bei *Amidon* und *Hunter* und wird dort „Verbal Interaction Categorie System" (VICS) genannt. In dem Maße allerdings, wie im VICS und den andern zahlreichen Varianten zum FIAC die Kategorieneinteilung mit geringfügiger inhaltlicher Akzentverschiebung differenzierter wird und die verwendeten Kategorien darüber zahlenmäßig vermehrt werden, stellt sich zugleich das Problem der Handhabung so vieler Gesichtspunkte durch den Beobachter. Auf jeden Fall sind eine längere Schulung und Übung des Beobachters notwendig.

Problem: Handhabung zu vieler Gesichtspunkte

Oft gehörte kritische Einwände

Vergleicht man das Verfahren der „freien Beobachtung" mit standarisierten Verfahren, so ist unschwer zu erkennen, daß die freie Beobachtung den unmittelbaren Praxisbedürfnissen eher gerecht wird. Standardisierte Verfahren haben trotz oder gerade wegen der großen Anstrengungen zur weiteren Differenzierung der Beobachtungskategorien und zur Verbesserung der meßtechnischen Möglichkeiten nach anfänglicher Euphorie so gut wie gar nicht Eingang in die reguläre schulpraktische Ausbildung gefunden.

> *Vergleich:*
> *Freie Beobachtung wird den Praxisbedürfnissen eher gerecht*

Nach unserer Erfahrung bezieht sich die Kritik von seiten der Mentoren vor allem auf die geringe Praktikabilität von systematischen Beobachtungsverfahren. Schon beim FIAC hatte sich gezeigt, daß bei einem Zeittakt von 3 Sekunden etwa 200 Kodiervorgänge notwendig sind, um lediglich 10 Minuten einer Unterrichtsstunde exakt zu beobachten. Das bedeutet, zumal für den ungeübten Anfänger, eine ungeheure Anstrengung, was die Frage als berechtigt erscheinen läßt, „ob der Zweck den Aufwand noch rechtfertigt" (*Ziefuß*, S. 121). Weder Kommilitonen noch Mentoren wären bereit, eine lange Anlaufzeit des Trainierens in Kauf zu nehmen, um die notwendige Sicherheit im Kodieren zu gewinnen. Auch von ihrem Selbstverständnis her wollen sich die Mentoren nicht in die Rolle eines bloßen Kodierers gedrängt sehen, zumal Datenerhebung und vor allem die Auswertung der Daten mit Hilfe der Feinanalyse der Interaktionsprozesse sehr zeitaufwendig ist. Jedenfalls reicht die 5-Minuten-Pause im Anschluß an die gehaltene Unterrichtsstunde nicht aus, und zwar kaum für die „normale" Besprechung einer Stunde und schon gar nicht für die Aufschlüsselung der durchgeführten Kodierung.

> *Systematische Beobachtungsverfahren sind nicht praktikabel*

Ein weiterer Einwand betrifft die *Aussagekräftigkeit* von interaktionsanalytischen Beobachtungsverfahren. Es ist eine oft gehörte Kritik, daß man aus dem Kodierbogen letztlich nicht mehr erkennen könne als über den Gesamteindruck bei einer unsystematischen Unterrichtsbeobachtung. Erst bei einer Tonband- bzw. Videoaufnahme einer Stunde mit anschließender Mikroanalyse sei die genaue Kodierung u.U. hilfreich. Hier jedoch entstehe ein Mißverhältnis zwischen zeitlichem und technischem Aufwand einerseits und dem zu erwartenden Ergebnis andererseits, zumal sich die Aussagen lediglich „auf die Häufigkeit bestimmter standardisierter Interaktionen" von Schülern bezögen, deren analytischer Wert „für die Unterrichts-

> *Aussagekräftigkeit des Kodierbogens*

forschung und didaktische Theoriebildung" außerordentlich gering sei (*Maurer*, S. 137). Als weitere Einschränkung der Aussagekräftigkeit kommen die zahlreichen intervenierenden Variablen (zeitliche, örtliche, gesellschaftliche Umstände) hinzu, deren Vernachlässigung die amerikanische Interaktionsforschung beispielsweise „in eine Sackgasse geführt" habe (*Ziefuß*, S.214).

Zudem wird immer wieder kritisiert, daß die standardisierten Verfahren *nicht praxisgerecht* konzipiert seien. Sie seien aus der theoretischen Binnendiskussion erwachsen und wirkten nur auf diese mit immer denselben eingeengten Fragestellungen zurück. Dazu Gehöre die perfektionistisch ausgerichtete, relativ unwichtige Ausdifferenzierung der Beobachtungskategorien und die endlose Erörterung meßtechnischer Probleme, die nur ein eingeschränktes Praxisbewußtsein erahnen ließen. Langes Abwägen, welche Kategorie nun im Einzelfall am zutreffendsten sei, möge auf der Forschungsebene eine interessante, sinnvolle Frage sein. Es mache aber in der schulpraktischen Ausbildung ein Beobachtungssystem wenig verlockend, vor allem wenn man sich realistischerweise klarmache, welchen Stellenwert die erziehungswissenschaftliche Ausbildung überhaupt im Vergleich zu den andern Ausbildungsbereichen aus der Sicht von Mentoren und jungen Kollegen besitze. Wo die systematischen Verfahren wirklich eine Hilfe für die Praxis darstellen könnten, nämlich durch eine inhaltlich anschauliche, trainingswirksame Beschreibung der Beobachtungskategorien, da blieben alle Systeme auffallend allgemein und abstrakt.

Sozusagen den systematischen Beobachtungsverfahren immanent ist die Kritik, daß sie sich nur auf *die passive Beobachtung* konzentrierten und damit aktives Training nur indirekt ermöglichten. Auch sei es vom trainierenden Lehrer nicht zu leisten, sich gleichzeitig auf alle Beobachtungskategorien (10-15) zu konzentrieren, was natürlich auch für den Beobachter und dessen Beobachtungskapazität zutrifft. Lerntheoretische Erkenntnisse, wie direkte Verstärkung, Verringerung der Komplexität sowie das Prinzip der „kleinsten Schritte" seien nicht berücksichtigt. Da alle Kategorien gleichzeitig Gegenstand der Beobachtung seien, könne man sich nicht auf einige zuvor abgesprochene Punkte beschränken. Die abschließende Datenauswertung sei wegen der großen Allgemeinheit der Aussagen dafür kein Ersatz und sei wegen ihrer mangelnden Konkretheit der freien Beobachtung in vieler Hinsicht sogar unterlegen.

Standardisierte Verfahren sind nicht praxisgerecht konzipiert

Systematische Systeme sind zu allgemein und abstrakt

Nicht gleichzeitig alle Beobachtungskategorien

Unterrichtsmitschau

Als letztes unterrichtsanalytisches Verfahren sei noch kurz die Unterrichtsmitschau angeführt, die unter *Schorb* entwickelt wurde, der auch den Begriff prägte. Nach *Schorb* (S. 174) ist Unterrichtsmitschau „die durch technische Übertragungsmittel ermöglichte Teilhabe an originalen Situationen der Schulwirklichkeit, wobei die Mitschauenden wegen der optisch-akustischen Trennung die Möglichkeit haben, schon während des Ablaufs der Vorgänge in die Verarbeitung einzutreten (Kommentare, Diskussion)". Unterrichtsmitschau ist also kein eigenes Verfahren zur Interaktionsanalyse, sondern sie schafft eigentlich nur die *technischen Voraussetzungen,* mit deren Hilfe es einer großen Studentengruppe ermöglicht wird, Unterricht „Live" zu hospitieren, sei es nun unter den Bedingungen der freien Beobachtung oder gezielter Beobachtungsaufgaben auf der Grundlage eines systematischen Verfahrens. Im Unterrichtsmitschau-Praktikum sind auch Mischverfahren denkbar. Neben der Beobachtung gleichzeitig gehaltenen Unterrichts können auch Unterrichtsdokumente (Video-Cassetten, Filme) in Verbindung mit der Bearbeitung von gezielten Beobachtungsaufgaben einbezogen werden („Skill Training").

Unterricht live beobachten

Unter dem Schlagwort „Gegen Massenverhältnisse helfen Massenmedien" (*Schorb*) ist die Unterrichtsmitschau zweifellos ein brauchbares, angesichts der veränderten Einstellungschancen von Lehrern aber nicht mehr unbedingt aktuelles Verfahren zum Erwerb von Berufsqualifikationen. Man muß auch bedenken, daß die Installation eines besonderen Aufnahme- bzw. Klassenraums einen erheblichen technischen und finanziellen Aufwand erfordert.

Überdies gelten dieselben Vorbehalte wie bei den standardisierten Verfahren. Durch die passive Beobachtung findet zwar auch Modellernen statt, ist sofortige Verstärkung eines erwünschten Verhaltens bei der beobachtenden Studentengruppe möglich. Zudem wird damit auch die Beobachtungskompetenz des einzelnen erweitert. Jedoch das aktive Training und damit der Erwerb von Handlungskompetenzen ist nach diesem Verfahren nicht möglich. Und wie sich erwiesen hat, genügt es ja gerade nicht, sich in der Lehrerausbildung auf die Vermittlung von Einsichten zu beschränken. Zum festen Bestandteil des Verhaltensrepertoires werden nur solche Kompetenzen, die durch aktives Training des Lehrers in der jeweiligen komplexen Handlungssituation während des Unterrichtens selbst erworben werden.

*Durch passives Beobachten findet zwar Modellernen, trotzdem aber kein aktives Training statt
Fazit:
Der Erwerb von Handlungskompetenz entfällt*

2.5 Zusammenfassung: Defizite und Anregungen

> *Keine Lehrerausbildung ohne Trainings- und Beobachtungskonzeptionen*

Aufgabe dieses zweiten Teils war es, einen knappen theoretischen Überblick über die Vielfalt und Verschiedenartigkeit vorhandener Trainings- und Beobachtungskonzeptionen zum Lehrerverhalten zu geben, ohne den man auch in der schulpraktischen Ausbildung nicht auskommen sollte, weil sonst die Lehrerausbildung perspektivlos würde. Bei diesem Überblick ergab sich, daß jedes Verfahren seine speziellen Möglichkeiten und Vorzüge hat (Abb. 5). Zugleich aber sollten auch die Defizite herausgearbeitet werden, die sich aus der Sicht praxisnaher Bedürfnisse aufdrängen.

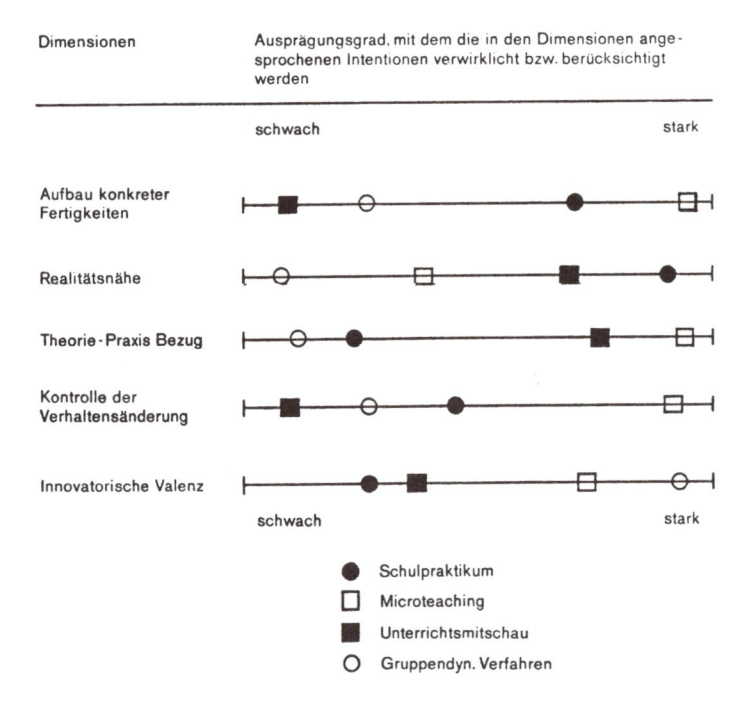

Abb. 5: Kennzeichnung der Trainingsverfahren hinsichtlich verschiedener Dimensionen (aus: Brunner, Lehrertraining, S. 232)

> *Verfahren sollte sich an Beobachtungskategorien ausrichten, trotzdem aber erfahrungs- und handlungsoffen sein*

1. In der Übersicht hat sich gezeigt, daß sich die neueren Verfahren z.T. stark an Prinzipien empirisch-analytischer Wissenschaftsmethodik orientieren und sich damit gegen die frühere historisch-hermeneutische Ausrichtung geisteswissenschaftlicher Lehrerbildungskonzepte abgrenzen.

Wegen der zahlreichen intervenierenden Variablen ist schulischer Unterricht aber nur begrenzt empirischer Forschungsmethodik zugänglich, zumal die reine Datenerhebung allein noch keinen Aufschluß über wünschenswerte Zielsetzungen gibt. Deshalb sollten sich praxisnahe Verfahren zwar an bestimmten Beobachtungskategorien ausrichten und ein *konkretes inhaltliches Trainingsangebot* enthalten, aber zugleich im Sinne der freien Beobachtung *erfahrungs- und handlungsoffen* konzipiert sein.

2. Zu unterscheiden sind bei den neueren Verfahren drei verschiedene Ansätze, und zwar die zur *allgemeinen Persönlichkeitsentwicklung* des Lehrers, die zum beruflichen „*Skill Training*" und die zur systematischen Unterrichtsbeobachtung bzw. *Unterrichtsanalyse*.

Drei verschiedene Ansätze

3. Insbesondere *psycho- und verhaltenstherapeutische Verfahren* zur allgemeinen Persönlichkeitsentwicklung haben großes Interesse vor allem bei jungen Kollegen gefunden, nicht zuletzt deswegen, weil sie dem stark ausgeprägten Bedürfnis nach individueller, emotionaler Zuwendung gerecht werden. Dem sollten in begrenztem Umfang praxisnahe Trainingskonzepte auch Rechnung tragen. Jedoch muß die Gefahr einer Psychiatrisierung der Lehrerausbildung gesehen werden. Der Schwerpunkt sollte auf der *Vermittlung von Berufsqualifikationen auf einem mittleren Abstraktions- und Exaktheitsgrad* liegen. Das gilt für die Datenerhebung bei der Unterrichtsanalyse ebenso wie für die Spannung zwischen der unpersönlichen Vermittlung von abstraktem Theoriewissen einerseits und ganz persönlicher Lebensberatung andererseits.

Mittlere Abstraktion und Exaktheit

4. Die größte Bedeutung in schulnahen Lehrerausbildungskonzeptionen haben Verfahren zum beruflichen „*Skill Training*" und zum Microteaching erlangt. Sie scheinen am besten geeignet, spezielle Berufsqualifikationen zum Lehrerverhalten zu vermitteln. Der Nachteil vorliegender Skill-Auflistungen liegt jedoch in der unübersehbaren Vielzahl von einzelnen Skills, in ihrer mangelnden inhaltlichen Konkretisierung und darin, daß die Lehrfertigkeiten nicht in eine sinnvolle Trainingskonzeption „vor Ort" eingebunden sind, die etwa sukzessive aufgebaut sind nach Prinzipien wie vom Einfachen zum Komplexen, vom Konkreten zum Abstrakten usw.

Skill Training

Training vor Ort

Microteaching-Verfahren sind in Kombination mit oder ohne Videoaufzeichnung dazu auf jeden Fall eine wertvolle Er-

Microteaching

63

gänzung, insbesondere dann, wenn im Rahmen einer Gesamtkonzeption des Lehrerverhaltenstrainings das Microteaching dem Training „vor Ort" zeitlich vorgeschaltet und damit der schrittweise Aufbau von erwünschten Verhaltensweisen bis hin zur realen Unterrichtssituation gewährleistet ist.

Systematische Unterrichtsbeobachtung

5. Eine andere Zielsetzung verfolgt die *systematische Unterrichtsbeobachtung* bzw. *Unterrichtsanalyse.* Hier steht nicht das aktive Training, nicht die Ausformung bestimmter Verhaltensqualitäten im Vordergrund, sondern die möglichst exakte Erhebung dessen, was im Unterricht wirklich abläuft. Der Trainingseffekt soll sich durch die Auswertung der gesammelten Daten ergeben. Dieser Ansatz zum Erwerb von Berufsqualifikationen ist eng auf die wissenschaftsmethodischen Prinzipien der empirisch-analytischen Forschung bezogen. Die in einer zeitlich-linearen Darstellung angeordneten Beobachtungsergebnisse stellen zwar eine objektivere Grundlage für das Beratungsgespräch dar. Es ist jedoch zu fragen, ob sich der dafür notwendige zeitliche und technische Aufwand lohnt, zumal oftmals die Ergebnisse im Vergleich zur pauschalen Beobachtung nicht gerade überraschend sind.

Überforderung des Beobachters

Zudem wird der Beobachter bei Beobachtungssystemen nicht selten dadurch überfordert, daß er zu einem Zeitpunkt auf viele Kategorien gleichzeitig achten muß. Ziel müßte deshalb eine Trainingsform sein, bei der sich der Trainierende ebenso wie der Beobachter jeweils auf nur wenige Lehrfertigkeiten konzentrieren, die dann im Laufe des Trainings schrittweise durch andere ersetzt werden.

3 Die Konzeption des Trainingsprogramms

Die Konzeption eines praxisnahen Trainingsprogramms zum Lehrerverhalten, die nun ausführlich vorgestellt werden soll, ist zum einen hervorgegangen aus zahlreichen Übungen zum Microteaching am *Seminar für Schulpädagogik* in Stuttgart, ergänzt durch Seminare zum Lehrerverhaltenstraining in Verbindung mit schulpraktischen Übungen an der *PH Reutlingen*. Zum andern ist das Trainingsprogramm das Ergebnis der theoretischen Auseinandersetzung mit verschiedenen Ansätzen zur Ausbildung eines professionellen Lehrerverhaltens, wie sie in den beiden vorangegangenen Teilen bereits skizziert wurden. Von jedem Theorieansatz wurden Elemente übernommen. Dabei wurde versucht, vorhandene Nachteile zu vermeiden.

Von der geisteswissenschaftlichen Pädagogik übernahmen wir die Bedeutung des personalen Bezuges und die Erkenntnis nicht ausbildbarer Persönlichkeits- und Beziehungsstrukturen im Lehrerberuf. Von psychotherapeutischen Verfahren die Notwendigkeit persönlicher Zuwendung und partnerschaftlicher Auseinandersetzung zwischen Mentor und jungem Kollegen unter Wahrung eines ausgewogenen Intimitäts-Distanz-Verhältnisses. Von Verfahren zum beruflichen „Skill Training" erhielten wir die Anregung zu einzelnen Lehrfertigkeiten, die dann in der schulischen Erprobung immer wieder auf ihre Praktikabilität hin untersucht, verworfen oder modifiziert wurden. Und schließlich übernahmen wir von systematischen Beobachtungsverfahren die Idee einer konzeptualisierten Beobachtungs- und Trainingsform, jedoch ohne den Anspruch objektiver Datenerhebung. Gleichzeitig erwies es sich auch als günstiger, bei der Beobachtung schrittweise vorzugehen und sich jeweils auf nur wenige Trainingskategorien sowohl beim aktiven Training als auch bei der passiven Beobachtung zu beschränken.

Personaler Bezug

Skills

Beobachtung und Training

Dieses Trainingsprogramm ist also vorrangig zu sehen als ein *Versuch der Vermittlung* zwischen theoretischen Einsichten und praktischen Notwendigkeiten. Es möchte die theoretische Diskussion aufgreifen und auch zur Grundlage des eigenen Vorgehens machen. Indem es aber zugleich stark an den Bedürfnissen der Praxis ausgerichtet ist, verbindet sich damit die Einsicht, daß die Erziehungswissenschaften im Sinne angewandter Forschung noch stärker als bisher denjenigen und dessen Handlungsfeld im Auge haben sollten, den sie auszubilden haben. Denn die

> *Versuch der Vermittlung zwischen theoretischer Einsicht und praktischer Notwendigkeit*

> *Die Theoriebildung soll praxisorientierte Probleme bewältigen helfen*

erziehungswissenschaftliche Theoriebildung sollte sich aus der bestehenden Verkrampfung lösen, dasjenige als Theorie minderen Ranges anzusehen, was für den unterrichtenden Lehrer am Anfang auch eine tatsächliche Hilfe zur Bewältigung von konkreten Praxisproblemen darstellt. Sie sollte auch weniger die Praxis problematisieren, sondern diese leichter und besser zu bewältigen helfen.

Damit sollen auch nicht die Widersprüche, unter denen Schule stattfindet, verschleiert werden. Diese können weder geleugnet noch dadurch gelöst werden. Nur: Wer neu in eine pädagogische Institution eintritt, pflegt um so leichter enttäuscht zu werden, je gründlicher er Sinn, Formen und Möglichkeiten von Erziehung und Unterricht analysiert hat. Die schmerzlich empfundene Inkongruenz zwischen der eigenen Konzeption, für die man sich zu engagieren bereit ist, und der Wirklichkeit, wie sie in der Praxis begegnet, wird dann nicht in Resignation oder Depression beim Anfänger umschlagen (vgl. „Konstanzer-Wanneneffekt", *Müller-Fohrbrodt*), wenn man ihm zugleich auch positive Handlungsmöglichkeiten anbietet, die die anfänglichen Irritationen etwas abzumildern helfen. Insofern waren die Kritik und die Änderungsvorschläge von Seiten der Mentoren, die dieses Trainingsprogramm an den Schulen im Rahmen der schulpraktischen Ausbildung erprobt haben, mehr als eine wertvolle Ergänzung. Sie waren unverzichtbarer Bestandteil des Trainingsprogramms und seiner theoretischen Begründung selbst.

> *Wichtig: positive Handlungsmöglichkeiten anbieten, um Irritationen abzumindern*

Vor diesem Hintergrund aus der Sicht praxisnaher Bedürfnisse sind Anzahl, Umfang, strukturelle Anordnung der einzelnen Trainingskategorien, sind das Abstraktions- und Reflexionsniveau der Erläuterungen sowie Aufbau und Durchführung des Trainings entscheidend bestimmt. Mögliche kritische Einwände gegen diese Art des Trainings müßten sich also auch von diesen Voraussetzungen her hinterfragen lassen. Zur genauen Kennzeichnung der eigenen Prämissen seien diese deshalb noch einmal ausdrücklich in *13 Punkten* dargelegt.

3.1 Merkmale des praxisnahen Trainingsverfahrens

> *Große Bedeutung: Beziehungsebene Lehrer und Schüler*

Entgegen der noch immer weit verbreiteten Praxis in der schulpraktischen Ausbildung erhält durch Training des Lehrerverhaltens die Beziehungsebene zwischen Lehrern und Schülern neben der Inhaltsebene eine größere Bedeutung. Dabei sollte ihre Berechtigung nicht vordergründig in einer Effizienzsteigerung des Unterrichts gesehen werden, so als sei es nur dann sinnvoll, sich mit der Beziehungsebene zu beschäftigen, wenn dadurch die reine Stoffvermittlung verbessern wird (*Terhart*: „Treibhaus-Modell"). Durch die Verbesserung des Lehrerverhaltens erhöht sich auch die Wirksamkeit des Unterrichtens. Auf diese indirekte Weise sind dann beide Ebenen aufeinander bezogen.

Beziehungsebene neben Inhaltsebene

Trainingsverfahren zum Lehrerverhalten können der Beziehungsebene in der Lehrerausbildung ein stärkeres Gewicht geben. In systematisierter Form tragen sie überdies zu einer *konzeptionellen Vereinheitlichung* der Lehrerausbildung bei, die für die Erhöhung des Grundkonsenses in der Lehrerschaft förderlich sein könnte, was wiederum angesichts der heterogenen Vorstellungen der Kollegen in vielen Bereichen dringend geboten scheint (*Rutter*-Studie, S. 226 ff.).

Aus vielerlei Gründen dürfen die der Beobachtung bzw. dem Training zugrunde liegenden Kategorien nicht zu zahlreich sein. Um nicht den Fehler unstrukturierter, beliebig wirkender Skill-Auflistungen zu begehen, haben wir die Zahl der Trainings- bzw. Beobachtungskategorien auf 21 beschränkt. Wollte man Vollständigkeit anstreben, um wirklich keinen Aspekt des Lehrerverhaltens unberücksichtigt zu lassen, würde ein Verfahren dadurch zwangsläufig verwirrend und unübersichtlich. Bei der Auswahl der Kategorien haben wir uns an folgenden Kriterien orientiert.

Nicht zu viele Kategorien

Wir beschränken uns auf *äußeres Lehrerverhalten,* um nicht der Gefahr von Charakterologien oder Typologien zu erliegen (vgl. S. 15 ff.). Beim äußeren Lehrerverhalten orientieren wir uns an *Dörings* Klassifikation (S. 44), der *Sprachverhalten, Körpersprache* und *Bewegungsverhalten* als Dimensionen des Lehrerverhaltens unterscheidet. Setzt man dazu die primären Berufstätigkeiten des Lehrers in Beziehung (Planen, Organisieren, Beschaffen, Vortragen, Moderieren, Demonstrieren, Lenken, Leiten, Unterstützen, Beurteilen, Bewerten und Beraten), dann wird schon daraus ersichtlich, welch erhebliche Begrenzung des Trainings mit der Einschränkung auf das äußere Lehrerverhalten bereits verbunden ist (vgl. S. 47 ff.).

Kriterien der Auswahl: äußeres Lehrerverhalten

Im weiteren wird aus dieser Eingrenzung erkennbar, daß auch andere wichtige Aspekte, die über die Qualität des Unterrichts nicht unwesentlich mit entscheiden, unberücksichtigt bleiben müssen, wie etwa die Fragen nach den Medien, Sozialformen, nach dem Aufbau der Stunde („Artikulation"), Sicherung und Übertragung der Unterrichtsergebnisse usw. Wir sehen sehr

> **Wichtig: erfahrungsoffene Konzeption**

> *Kategorien sollten erlernbare, trainierbare, zumutbare Lehrerfertigkeiten beschreiben*

> *Kodierbögen sollen leicht handhabbar und übersichtlich sein*

> *... Lehrfertigkeiten ...*

wohl die Interdependenzen, die zwischen dem Lehrerverhalten und diesen anderen Aspekten des Unterrichts bestehen können. Wollte man jedoch alle diese mit einbeziehen, wäre ein solches Verfahren in der schulpraktischen Ausbildung nicht mehr praktikabel. Um so wichtiger ist deshalb, daß man ein Trainings- bzw. Beobachtungsverfahren *erfahrungsoffen* konzipiert, so daß im individuellen Gespräch zwischen Mentor und dem trainierenden Kollegen alle andern relevanten Aspekte punktuell und gezielt herangezogen werden können.

Ausgehend vom äußeren Lehrerverhalten, dient als weiteres Auswahlkriterium, ob die Kategorien als erlernbare, beobachtbare, isolierbare, unterrichtsrelevante, darstellbare und zumutbare Lehrfertigkeiten zu beschreiben sind (nach *Becker*, S. 14). Im Interesse der besseren Ausbildung von Berufsqualifikationen wird es sich dabei erweisen, daß man es nicht bei der Beschwörung einer personalen Substanz im Lehrerberuf bewenden lassen muß, sondern daß viele Lehrfertigkeiten tatsächlich trainierbar sind.

Nimmt man die Praktikabilität als wichtigen Grundsatz für ein praxisnahes Verfahren, so folgt daraus nicht nur die begrenzte Anzahl von Kategorien, sondern auch, daß die Kodier- bzw. Beobachtungsbögen leicht handhabbar und übersichtlich gestaltet sein müssen (siehe Anhang, S. 201 ff.). Mehrseitige, gleichzeitig zu berücksichtigende Kodierbögen mit ausführlichen Erläuterungen überfordern den Beobachter. Außerdem sollte der Beobachtungsbogen nicht so angelegt sein, daß für die Erhebung und Auswertung der ermittelten Daten allein schon so viel Zeit aufgewendet werden muß, daß für das eigentliche Beratungsgespräch kaum noch Zeit übrigbleibt. Geht man realistischerweise von einer maximal halbstündigen Dauer des Beratungsgesprächs im Anschluß an eine Unterrichtsstunde aus, würde bei einem zu aufwendigen Erhebungs- und Auswertungsverfahren zwangsläufig wieder der Beziehungsaspekt zugunsten der Besprechung von Inhaltsgesichtspunkten der Stunde vernachlässigt werden.

Aus der Kritik an standardisierten Verfahren erwächst die Erkenntnis, nicht zu viele Lehrfertigkeiten gleichzeitig zu beobachten bzw. zu trainieren. Nach unserer Erfahrung zeigen sich trainingswirksame Effekte zum Lehrerverhalten nur dann, wenn man sich als trainierender Lehrer und als beobachtender Mentor auf *maximal drei Trainings- bzw. Beobachtungskategorien* in einer Stunde beschränkt. Diese Kategorien sollten sich aus verschiedenen Dimensionen des Lehrerverhaltens zusammensetzen (auf die Person des Lehrers bezogen, auf die Lehrer-Schüler-Interaktion und auf die Lehrersprache), aber jeweils auf demselben Abstraktionsniveau liegen.

> ... *nicht zuviel gleichzeitig*

Geht man von insgesamt 21 Beobachtungskategorien aus, trainiert aber jeweils davon nur drei, so ergibt sich schon daraus als weiteres Kriterium, daß ein Trainingsprogramm sukzessive (schrittweise) vorgehen muß, um die Überforderung von Mentor und trainierendem Kollegen und darüber dann auch entsprechende Interferenzwirkungen zu vermeiden. Ein Trainingsprogramm muß sich an den lerntheoretischen Grundsätzen der schrittweisen Approximation an wünschenswerte Verhaltensweisen ausrichten. Dazu gehört dann auch die Verringerung der inhaltlichen Komplexität der Kategorien, die Möglichkeit des mehrmaligen Einübens und des zeitnahen Verstärkens von gezeigtem wünschenswerten Verhalten.

*Kriterium:
Sukzessiv vorgehendes Training*

Hält man sich vor Augen, wie mühselig sich die Einflußnahme auf eingeschliffene Verhaltensstereotypen (Gewohnheiten) von Menschen gestaltet (siehe etwa das Anlegen von Sicherheitsgurten), so wird die *Bedeutung eines nicht zu schnellen Vorgehens* leicht einsichtig. Lieber weniges Wichtige durch Einüben sinnvoll verstärken, als vieles nur flüchtig besprechen! Auch durch Verringerung der Komplexität werden Interferenzen vermieden.

So ist es in diesem Zusammenhang auch nicht einsichtig, warum Anfänger sofort eine ganze Unterrichtsstunde übernehmen sollen, um sich auf diese Weise „freizuschwimmen" („Unterrichten lernt man nur durch Unterrichten"). Der Anfänger ist damit überfordert, und er imitiert bzw. reaktiviert dann leicht und unkritisch Verhaltensweisen, wie er sie von seinen eigenen Lehrern noch in Erinnerung hat und damals eigentlich nicht gut fand. Wirkliche Ausformung des Verhaltens gelingt nur durch Verringerung der Komplexität. Warum z.B. könnte ein Anfänger nicht zunächst nur kleinere Aufgaben innerhalb einer Unterrichtsstunde übernehmen, wie Vorlesen, Erzählen, Diktieren, Anschreiben, Anzeichnen u.a. (*Nicklis*)? Die wenigen Lehrfertigkeiten, die dafür zunächst erforderlich sind, können dann auch wirkungsvoll verstärkt und ausgebaut werden.

> *Merke:
> Unterrichten lernt man durch Unterrichten*

Ausformen des Verhaltens durch Verringerung der Komplexität

Für unseren Zusammenhang bedeutet das, daß die drei gleichzeitig zu trainierenden Lehrfertigkeiten in drei hintereinander liegenden Unterrichtsstunden (aus stundenplantechnischen Gründen leider wohl an verschiedenen Tagen) geübt, besprochen, modifiziert und wieder geübt werden. Damit ist zwar kein vollwertiges direktes Verstärkungslernen gewährleistet, aber immerhin doch ein Kompromiß zwischen lerntheoretischen Erkenntnissen einerseits und schulpraktischen Notwendigkeiten andererseits erreicht.

Struktur der Kategorien: Vom Einfachen zum Komplexen

Die strukturelle Anordnung der Kategorien bzw. die zeitliche Reihenfolge des Trainings ist nach dem Prinzip ausgerichtet: vom Einfachen zum Komplexen. Am Anfang des Trainings werden typische Anfängerfehler besprochen. Es werden mehr *„handwerkliche" Lehrfertigkeiten* vermittelt, die ohne größere psychische Belastung schon zu Beginn der Ausbildung ins Verhaltensrepertoire aufgenommen werden können. Erst wenn der junge Kollege mehr Sicherheit und Selbstvertrauen vor der Klasse gewonnen hat, kommen die schwierigeren Verhaltenssegmente, die auch die Persönlichkeit des Trainierenden selbst berühren (introvertiert, extravertiert, Humor, Depression, Wärme, Offenheit, Fröhlichkeit …). Diese setzen unbedingt ein *gewachsenes Vertrauensverhältnis* zwischen Mentor und dem jungen Kollegen voraus. Dazu gehört dann aber auch, daß sich ebenfalls der Mentor zu seinen Schwierigkeiten und Unzulänglichkeiten bekennt. Wie wir gesehen haben, muß darunter seine Rolle als Modell keineswegs leiden. Außerdem ist es in dieser späteren Trainingsphase mit individueller Beratung unbedingt erforderlich, daß der Mentor ausdrücklich immer wieder auf die unvermeidliche Subjektivität seiner bewertenden Einschätzung hinweist.

Mittlerer Grad von Exaktheit

Gerade auch wegen des vertraulichen Charakters der Beratung in der späteren Trainingsphase scheint es angemessen, die Kategorien auf einem mittleren Grad von Exaktheit zu beschreiben. Sie müssen die Tatsache berücksichtigen, daß jedes Training im Laufe der Zeit eigene Wege gehen wird und auch eigene inhaltliche Schwerpunkte setzt, die sich nur grob an den Vorgaben orientieren. Zum andern sollten sie auch nicht abstrakt, sondern anschaulich und konkret beschrieben sein, um auch als unkomplizierte Handlungsanleitung empfunden zu werden.

Die Datenerhebung darf inhaltlich nicht so detailliert und zeitaufwendig sein wie bei standardisierten Verfahren oder wie in der Kinesik, wo z.B. sogar die Zeit für das Heben und Senken der Augenbrauen exakt gemessen wird: „Diese Bewegung geschieht manchmal blitzschnell (ich habe Brauenbewegungen feststellen und aufzeichnen können, die nur Tausendstel Sekunden dauerten. Die Brauen können in einem bestimmten Kontext zum Beispiel gehoben werden und für eine kurze Dauer oben gehalten werden, ehe sie wieder in die Null- oder Grundstellung zurückkehren" (*Birdwhistell*, S. 9). Soweit also wollen wir es nicht treiben, sondern es sowohl bei der Fixierung der inhaltlichen Vorgaben als auch bei der Datenerhebung bei einem mittleren Grad von Exaktheit belassen. Das bedeutet aber zugleich doch auch mehr als die bloße Benennung der einzelnen Skills wie in vielen Auflistungen.

Zur Eindeutigkeit der inhaltlichen Vorgaben gehört, daß die Erläuterungen zu den einzelnen Lehrfertigkeiten klar, anschaulich und unmißverständlich formuliert sind. Das darf aber keineswegs mit einer normativen Festlegung verwechselt werden. Dieser Eindruck könnte manchmal aus der Art der Formulierung entstehen. Die Klarheit in der Beschreibung der inhaltlichen Positionen soll nur dem Zweck dienen, eindeutig eine positive Handlungsmöglichkeit anzubieten. Auch wenn es nicht jedesmal wiederholt wird, bleibt als wichtiger Grundsatz bestehen, daß es sich bei den inhaltlichen Vorgaben nur um ein *Trainingsangebot* handelt, das jederzeit vom Mentor und dem jeweils Trainierenden hinterfragt und verändert werden kann. Sie sind es, die die ausformulierten inhaltlichen Erläuterungen letztlich verifizieren.

Klare und deutliche Beschreibung der inhaltlichen Positionen

Trotzdem ist es notwendig, den einzelnen Trainingskategorien ein konkretes inhaltliches Angebot hinzuzufügen, eben weil es nicht nur – wie bei den standardisierten Verfahren – um möglichst exakte Datenerfassung, sondern als Trainingskonzeption auch um positive Handlungsmöglichkeiten geht. Beabsichtigt ist also ein *Mischverfahren* zwischen passiver, halbsystematischer Beobachtung und aktivem (Skill) Training. Die vorgeschlagenen Skills haben dabei den Charakter einer *Checkliste,* die jederzeit verändert und vor allem ergänzt werden sollte – je nach der konkreten Handlungssituation. Wir gehen davon aus, daß jeder angehende Lehrer im Laufe seiner Ausbildung auf der Grundlage dieser Checkliste sein Lehrerverhalten in konzeptualisierter Form reflektieren sollte. Damit ist angedeutet, daß es zwar unbedingt wünschenswert wäre, „Live" in der Unterrichtssituation aktiv zu trainieren, daß aber in Ausnahmefällen mit reduziertem Anspruch Trainingsformen in „perzeptiver" und „symbolischer" Form denkbar sind.

Inhaltliche Angebote teilweise ganz konkret hinzufügen

Mischverfahren

Den meisten erfahrenen Mentoren mögen die formulierten inhaltlichen Vorgaben selbstverständlich oder vielleicht sogar

> **Ziele:**
> – *Anfängerfehler von vornherein vermeiden*

banal erscheinen. Dies gilt jedoch nicht für den Anfänger, der hierdurch die Möglichkeit erhält, vermeidbare Anfängerfehler von vornherein zu umgehen. Diesem Ziel dienen die hinzugefügten inhaltlichen Erläuterungen vorrangig. Und wir gehen damit bewußt das Risiko ein, daß damit das Programm leichter angreifbar wird. Es ist ja kein Zufall, daß nahezu alle standardisierten Verfahren vor der inhaltlichen Festlegung zurückschrecken. Wir scheuen die Kritik nicht, wenn dadurch das Ziel erreicht wird, dem Anfänger noch bessere Trainingshilfen zum Lehrerverhalten zu geben. Er soll eine klare, unzweifelhafte Position erkennen können, von der her er selbständig oder unter Anleitung üben, mit der er sich kritisch auseinandersetzen kann.

> – *Aufbau befriedigender Kommunikationsformen*

> – *Verbesserung der Selbst- und Fremdwahrnehmung*

Überdies will das Trainingsprogramm dazu beitragen, die Selbst- und Fremdwahrnehmung junger Kollegen zu verbessern. Viele Menschen sind auch nur unzureichend in der Lage, das eigene Verhalten zu reflektieren. Vor dem Hintergrund einer wirkungsvolleren Berufsqualifikation geht es also um den Aufbau angemessener und befriedigender Kommunikationsformen, nicht um das Erlernen irgendwelcher Attitüden, oberflächlicher Äußerlichkeiten (möglichst oft „bitte" sagen), schon gar nicht um Schauspielerei oder Dressur.

Andererseits ist eine solche Handlungsanleitung zur Ausbildung von Berufsqualifikationen nur dann wirkungsvoll, wenn man als Trainierender auch die Bereitschaft aufbringt, ausdauernd an sich zu arbeiten, und nicht sogleich Schutz- und Abwehrmechanismen zu aktivieren. Da in den Erziehungswissenschaften die Tradition fundierter Handlungsanleitungen noch nicht sehr verbreitet ist, sind Anregungen aus anderen Forschungsbereichen (Verhaltens-, Ausdrucks- und Persönlichkeitspsychologie, Kinesik und Rhetorik) oftmals ergiebiger. Während in der erziehungswissenschaftlichen Theoriebildung Handlungsanleitungen lange Zeit als „unwissenschaftlich" verpönt waren, haben diese Forschungsrichtungen ganz unkapriziös unter Beweis gestellt, daß sich beides – Wissenschaftlichkeit und Umsetzbarkeit in die Praxis – keineswegs ausschließen muß.

Obwohl prinzipiell auch andere Trainingsvarianten vorstellbar sind („perzeptiv", „symbolisch", Microteaching, Simulationstraining), ist dieses Verfahren primär für das Training in der konkreten Unterrichtssituation konzipiert („vor Ort"). Das wiederum schließt ein, daß ein solches Verfahren erfahrungs- und handlungsoffen angelegt sein muß. Wegen der vielen situationsspezifischen Variablen (Inhalt, Fach, Klassenraum, Schulart, unveränderbare individuelle Voraussetzungen bei Lehrern und Schülern wie Habitus, Alter, Geschlecht usw.) müssen die inhaltlichen Vorgaben als unvollständig und grundsätzlich veränderbar angesehen werden. Im konkreten Handlungskontext werden sich die Schwerpunkte jeweils anders stellen, wird sich jeweils ein anderer Verwertungsmodus bezüglich der Trainingsanleitungen ergeben. Beispielsweise kann ein Trainingsprogramm im Vorwege individuelle Eigenarten des Lehrers („Tick", „Schrullen", Habitus) nicht reflektieren; diese können aber bekanntlich auf Schüler sehr wohl positive Wirkungen haben, weil nämlich der Lehrer durch sie offen, persönlich identifizierbar und glaubwürdig wird. Im Unterschied zu standardisierten Verfahren können erfahrungs- und handlungsoffene Trainingsprogramme solche Gesichtspunkte aus dem jeweiligen Handlungskontext heraus situationsgerecht einschätzen helfen. Insofern sind die inhaltlichen Vorgaben unbedingt durch die Beobachtungen des Mentors mit seinen individuellen Voraussetzungen und Erfahrungen zu ergänzen.

Unterschiede zu standardisierten Verfahren

Gerade weil sich vieles nur aus dem jeweiligen Handlungskontext der Unterrichtssituation heraus bestimmen läßt, ist das Gespräch zwischen Mentor und jungem Kollegen unverzichtbarer Bestandteil dieses Verfahrens. Seine herausragende Bedeutung resultiert daraus, daß keine noch so differenzierte Vorgabe die helfende Begleitung, die individuelle Betreuung durch den Mentor ersetzt. Nur über das taktvolle Gespräch ist die jeweils angemessene persönliche Zuwendung möglich. Nur über den lebendigen, immer wieder anders verlaufenden Interaktionsprozeß zwischen dem Mentor und dem jungen Kollegen ist letztlich die sensible Balance aufrechtzuerhalten zwischen dem Bedürfnis nach individueller Beratung (siehe Gruppentherapie) einerseits und der Tatsache andererseits, daß man es auch beim Lehreranfänger mit relativ abgeschlossenen Persönlichkeiten zu tun. In jedem Fall wird ein solches ausgewogenes Intimitäts-Distanz-Niveau zwischen Einflußnahme und Respekt vor der andern Persönlichkeit immer wieder neu gefunden werden müssen.

Differenzierte Vorgaben können das Mentorengespräch nicht ersetzen

Finden eines Intimitäts-Distanz-Niveau

Das Gespräch zwischen Mentor und Anfänger sollte nun in verschiedenen Phasen des Trainings stattfinden. Es ist zunächst wichtig, daß die ins Auge gefaßten Trainingskategorien schon vorab einmal durchgesprochen wurden. Auf der Grundlage der inhaltlichen Vorgaben werden Ziele, Hypothesen, Verfahren festgelegt, auch natürlich in Bezug auf die anderen Planungsgesichtspunkte wie Unterrichtsinhalt, Methoden, Medien, Sozialformen u.a. Das

Beratungsgespräch

Lehrerzentriert

Die natürliche Dominanz ist nicht leichtfertig mit autoritärem Verhalten gleichzusetzen

Training des Lehrerverhaltens sollte zwar ein fester, aber kein herausragender Bestandteil des Vorgesprächs sein.

Vom Prinzip her genauso verhält es sich mit dem Beratungsgespräch im Anschluß an das Training. Da es bei der Beobachtung ja nicht um standarisierte Datenmessung geht, der Ermessensspielraum im Sinne der freien Beobachtung bewußt weit gesteckt ist, sollte der Mentor sich selbst und dem Trainierenden die Subjektivität zunächst immer wieder bewußt machen, dann aber auch andererseits nicht vor klaren Einschätzungen zurückschrecken. In einer solchen Gesprächsatmosphäre können Empfehlungen des Mentors selbst dann noch modellhaft wirken, wenn dieser zugleich auch seine eigene Ratlosigkeit reflektiert und überlegt, aus welchen Gründen auch ihm selbst bestimmte, an sich wünschenswerte Verhaltensweisen nicht gelingen.

Und schließlich ist das Trainingsverfahren gekennzeichnet durch seinen lehrerzentrierten Ansatz. Praxisgerecht und problemadäquat kann ein Verfahren nur dann sein, wenn es bei der vorfindlichen Unterrichtssituation bzw. bei den Erfahrungen derer einsetzt, die in ihr tätig sind. Man überfordert Beobachtungssysteme, wenn man ihnen etwa durch eine speziell gewichtete Auswahl der Beobachtungskategorien einen zu starken Innovationscharakter zumißt. Wir gehen davon aus, daß der Frontalunterricht auch heute noch – aus welchen Gründen auch immer – die Regel ist und daß sich der Lehrer aus seiner herausgehobenen Stellung als Wissensvermittler, als jemand, der Unterricht maßgeblich anregt, strukturiert und steuert, nicht herausnehmen darf. Diese *natürliche Dominanz,* die er im unterrichtlichen Interaktionsprozeß besitzt, ist ja nur leichtfertig mit „autoritärem" Verhalten gleichzusetzen. Wenn sich der Lehrer aus dieser Verantwortung herausnimmt, insbesondere auch um sich selbst psychisch zu entlasten, überfordert er in der Regel die Klasse und macht sie orientierungslos. Ein Lehrer gewinnt eine Klasse nur dann, wenn es ihm gelingt, diese zunächst durch seine modellhafte, glaubwürdige Persönlichkeit und durch die überzeugende Art des Umgehens mit einzelnen Schülern für sich einzunehmen (*Rutter*-Studie, S. 147 u. 217 ff.). Erst in einem zweiten Schritt kann und sollte er dann auch einen Teil der so gewonnenen Autorität dafür verwenden, die Eigenverantwortlichkeit der Schüler systematisch zu erweitern. Dieser Tatsache soll auch durch den Aufbau des Trainingsprogramms Rechnung getragen werden.

3.2 Aufbau und Durchführung des Trainings

Wie aus dem vorigen Abschnitt ersichtlich, sind u.a. die bestimmenden Merkmale des Trainingsprogramms: die überschaubare Anzahl der Kategorien, die Begrenzung auf wenige gleichzeitig zu trainierende Lehrfertigkeiten, der sukzessive Aufbau vom Einfachen zum Komplexen sowie die situationsspezifische Ausrichtung des Trainings durch das wichtige Gespräch zwischen Mentor und trainierendem Kollegen. *All diese Merkmale bestimmen nun auch unmittelbar Aufbau und Durchführung des Training.*

Merkmale des Trainingsprogramms

21 Trainingskategorien in drei Trainingsdimensionen

Die insgesamt 21 Trainingskategorien, die das Lehrerverhalten im Umgang mit der Klasse im Unterricht zwar umfassend, aber nicht vollständig beschreiben, sind zunächst einmal drei verschiedenen Trainingsdimensionen zugeordnet, d.h. daß jede Dimension sieben einzelne Trainingskategorien umfaßt (vgl. Abb.6).

Trainingskategorien- und Dimensionen

Jede *Beobachtungs-* bzw. *Trainingseinheit,* für die durchschnittlich *drei Unterrichtsstunden* vorgesehen sind, enthält jeweils *drei Trainingskategorien,* nämlich aus jeder Dimension eine. Unserer Erfahrung nach überfordert es weder den Beobachter noch den Trainierenden, auf drei Aspekte des Lehrerverhaltens gleich-

Dimension	Nichtverbales Lehrerverhalten (3.3)	Lehrersprache (3.4)	Lehrer im Umgang m. d. Klasse (3.5)
Kategorie	Blickkontakt (3.3.1)	Schweigen (3.4.1)	Lob, Zustimmung (3.5.1)
	Körperstellung vor der Klasse (3.3.2)	Fragen nachschieben (3.4.2)	Aktivierung stiller Schüler (3.5.2)
	Proxemisches Verhalten (3.3.3)	Lehrer- bzw. Schülerecho (3.4.3)	Schüler-Schüler-Interaktion (3.5.3)
	Körperhaltung (3.3.4)	Reflektierendes Sprechen (3.4.4)	Atmosphäre, Emotionalität (3.5.4)
	Mimik, Gestik (3.3.5)	„Wir wollen ..." Bemerkungen (3.4.5)	Disziplinieren (3.5.5)
	Sicherheit (3.3.6)	Fragetechnik (3.4.6)	Flexibilität, Variabilität (3.5.6)
	Kleidung, äußere Erscheinung (3.3.7)	Sprachstil (3.4.7)	Führungsstil (3.5.7)

Abb. 6: Dimensionen und Trainingskategorien nach *Heidemann*

Auf drei Aspekte gleichzeitig achten

zeitig zu achten. Daß eine Trainingseinheit gleichzeitig immer alle drei Dimensionen erfaßt, hat den Zweck, jede Einseitigkeit in der Beobachtung und im Training zu vermeiden und die Komplexität des Lehrerverhaltens, wie sie die Unterrichtssituation erfordert, nicht aus dem Auge zu verlieren.

7 Trainingseinheiten

Das ganze Trainingsprogramm setzt sich aus etwa sieben Trainingseinheiten zusammen. Modifikationen sind dann denkbar, wenn von Mentor oder trainierendem Kollegen einige Kategorien gestrichen, verändert oder zusätzlich weitere Kategorien hinzugefügt werden. Im Normalfall wird sich also der erste Trainingsabschnitt über etwa *drei Unterrichtsstunden* aus den Kategorien „Blickkontakt" (3.3.1), „Schweigen" (3.4.1) und „Lob, Zustimmung" (3.5.1) zusammensetzen, der zweite Trainingsabschnitt aus 3.3.2/3.4.2/3.5.2... usw. „Etwa" besagt, daß die Anzahl der Trainingsstunden natürlich – je nach Bedarf – individuell variiert werden kann.

Variabele Trainingsstundenzahl

Anordnung der Trainingseinheiten

Angeordnet sind die Trainingseinheiten so, daß zunächst zu Beginn der Ausbildung die einfacheren, mehr „handwerklichen" Lehrfertigkeiten trainiert werden. Im Laufe der Zeit werden die Trainingskategorien immer komplexer, d.h. sie setzen mehr eigene Erfahrungen beim Trainierenden voraus, umfassen ein größeres Verhaltensspektrum (3.5.7) und bedingen vor allem ein gewisses Vertrauensverhältnis zwischen Mentor und Anfänger (etwa 3.3.6 oder 3.4.7).

Training durch Verstärkung

Daß sich eine Trainingseinheit etwa über drei Unterrichtsstunden erstreckt, hat seinen Grund in der lerntheoretischen Ausrichtung des Trainingsprogramms. Gezeigtes, wünschenswertes Lehrerverhalten soll nach jeder Stunde verstärkt, mögliche Fehler so schnell wie möglich korrigiert werden. Vor der jeweils ersten Stunde einer dreistündigen Trainingseinheit werden von beiden die Trainingskategorien festgelegt, die inhaltlichen Vorgaben besprochen, übernommen bzw. eventuell anders gewichtet.

Dies geschieht natürlich – wie bereits dargelegt – neben all den anderen Aspekten des Unterrichts, die selbstverständlich ebenso, wenn nicht gar ausführlicher besprochen werden müssen, wie etwa der Inhalt der Stunde, Medien, Sozialformen, fachwissenschaftliche Probleme u.a. Je präziser, konkreter und zeitlich begrenzter die Gesichtspunkte zum Lehrerverhalten in dieses allgemeine Beratungsgespräch einbezogen werden, desto größer ist die Wahrscheinlichkeit, daß auch die Besprechung des

Beziehungsaspektes zum selbstverständlichen Bestandteil der schulpraktischen Ausbildung gemacht wird.

Nach der Vorbesprechung werden dann in der ersten Stunde der Trainingseinheit vom unterrichtenden Kollegen die drei Trainingskategorien gleichzeitig in die Unterrichtssituation einbezogen. Neben all den anderen Anforderungen, denen er während des Unterrichts gerecht werden muß, versucht er also gezielt, im Bereich des Lehrerverhaltens gemäß der vorherigen Absprache zu handeln. Gerade weil sich der Anfänger zu Beginn wegen der Vielfalt der gleichzeitig zu bewältigenden Anforderungen leicht überfordert fühlt, ist es wichtig, schrittweise von einfacheren zu schwierigeren Lehrfertigkeiten vorzugehen. Andererseits ist es aber ebenso wichtig, daß er bestimmte wünschenswerte Verhaltensweisen von Anfang an assoziativ mit bestimmten Handlungssituationen verknüpft, weil zu einem späteren Zeitpunkt wegen der dann eingeschliffenen Wahrnehmungs- und Handlungskonstanten Veränderungen nur noch begrenzt möglich sind.

Drei Kategorien gleichzeitig in eine Unterrichtssituation einbeziehen

Im Anschluß an die *erste Stunde* wird der Mentor auf der Grundlage seiner Beobachtung mit Hilfe vorliegender Kategorien die festgehaltenen Ergebnisse mitteilen (vgl. S. 201 ff.). Er wird Positives verstärken, notwendige Korrekturen ansprechen. In der *zweiten Trainingsstunde* versucht dann der unterrichtende Lehrer, neben der Verstärkung der positiven Verhaltensweisen die Verbesserungsvorschläge des Mentors aus der ersten Stunde besonders zu berücksichtigen. Die *dritte Stunde* schließlich dient der Festigung des Positiven und vor allem den nach der zweiten Stunde noch angesprochenen Verbesserungsvorschlägen. Es ist durchaus nicht ungewöhnlich, daß auch dann einige Lehrfertigkeiten noch nicht beherrscht werden. Entweder verlängert man dann die Trainingseinheit um die notwendige Anzahl von Stunden, oder man nimmt einfach die verbleibenden Trainingsreste in die nächste Trainingseinheit mit hinüber.

... im Anschluß an die gehaltenen Stunde...

Wichtig ist, daß der Mentor in den Beratungsgesprächen seine Kritik und seine Vorschläge nicht besserwisserisch formuliert. In vielen Punkten sind ja tatsächlich unterschiedliche Verhaltensweisen möglich, je nach der Persönlichkeitsstruktur der Betreffenden und den in Frage kommenden intervenierenden Variablen. Auch ist keineswegs sicher, daß es der Mentor besser gemacht hätte. Insofern ist es angebracht, die Beobachtungsergebnisse als subjektive Wahrnehmungen wiederzugeben („Auf mich hat es so gewirkt ..."). Es wäre eigentlich schon genug

Beratungsgespräch ohne besserwisserische Formulierungen

Wiedergabe als subjektive Wahrnehmung

erreicht, wenn überhaupt in dieser teilsystematisierten Form das Lehrerverhalten selbstverständlicher Gegenstand der schulpraktischen Ausbildung wäre, wenn man sich die Breite des Spektrums möglicher Verhaltensweisen aus der Sicht des Mentors und des Trainierenden bewußt machte, und wenn man in Beziehung zum situativen Handlungskontext bestimmte Verhaltensweisen soweit ausformte, daß sie mit einiger Wahrscheinlichkeit als andauernde Verhaltensdisposition verinnerlicht und in der entsprechenden Situation dann immer wieder aktiviert würden.

Pro Trainingseinheit drei bis vier Stunden

Man geht davon aus, daß jede Trainingseinheit etwa drei bis vier Unterrichtsstunden umfaßt. Berücksichtigt man ferner, daß die Trainingskategorien jeweils um die eine oder andere ergänzt werden, dann muß man bei sieben Trainingseinheiten für das gesamte Trainingsprogramm einen *Zeitraum von etwa fünfundzwanzig bis dreißig Unterrichtsstunden* ansetzen. Vor allem bei nur zweistündigen Unterrichtsfächern wird es nur selten der Fall sein, daß der auszubildende Kollege über diesen ganzen Zeitraum von demselben Mentor betreut wird. Vielleicht auch noch aus anderen Gründen ist es deshalb günstig, *mehrere Mentoren* nebeneinander (dieselbe Trainingseinheit in einem anderen Fach, einer anderen Klasse) und nacheinander (andere Trainingseinheiten) in das gesamte Trainingsprogramm einzubeziehen.

Organisatorische Probleme

Andererseits besteht dadurch leicht die Gefahr, daß in der Hektik des Schulalltags und angesichts der Vielfalt der Anforderungen das Training des Lehrerverhaltens schnell in Vergessenheit gerät, zumal wenn es sich über einen längeren Zeitraum erstreckt und mehrere Mentorenbeurteilungen notwendig werden. Angesichts des eingespielten Ausbildungsrituals an den Schulen stellen die organisationstechnischen Gegebenheiten das größere Problem dar. Um konzeptionelle Vereinheitlichung der Lehrerausbildung zu bewahren, werden sich die Ausbildungsschulen zukünftig diesen Problemen stellen müssen, um den Trainingsprogrammen gerecht zu werden. Dieses Trainingsprogramm ist nur ein Angebot, das zwar einen Planungsvorschlag enthält, aber für die jeweiligen Bedürfnisse an der Schule offen bleibt. Letztlich wird die angestrebte Konzeptualisierung der Lehrerausbildung in diesem Bereich aber erst dann verwirklicht sein, wenn das Training so fest in der schulpraktischen Ausbildung verankert ist wie etwa die Durchführung von Lehrproben, die Anzahl der Unterrichtsbesuche durch den Fachleiter bzw. den Schulrat oder die Teilnahme an schulrechtlichen Veranstaltungen.

Ausbildungsschulen müssen sich den Problemen stellen

Eine Hilfestellung hierfür könnte der am Ende angefügte (S. 201 ff.) Beobachtungsbogen sein, der den jungen Kollegen über den gesamten Ausbildungszeitraum begleitet. Dieser hat selbstverständlich keine Beurteilungsfunktion, sondern dient lediglich als eine Art *Checkliste für jeden*, die leichter gewährleisten soll, daß auch wirklich alle wichtigen Aspekte zum Lehrerverhalten im Laufe der Ausbildungszeit einmal zum Gegenstand des aktiven Trainings und der individuellen Beratung gemacht worden sind. Beobachtungsergebnisse der Mentoren werden eingetragen, so daß die Liste auch Erinnerungsfunktion übernehmen kann.

Beobachtungsbogen als Checkliste

Die Durchführung des Trainings zum Lehrerverhalten wurde bislang fast ausschließlich aus der Sicht der schulpraktischen Ausbildung beschrieben, für die das Trainingsprogramm ja auch in erster Linie gedacht ist. Darüber hinaus könnte es aber auch Bestandteil eines integrativen Lehrertrainings sein, das die gesamte Ausbildung des Lehrers in der ersten und zweiten Phase umfaßt. Es läßt sich in vier Stufen skizzieren:

Integratives Lehrertraining in vier Stufen:

Erste Stufe: Zur Ausbildung der professionellen Beobachtungskompetenz sollte schon zu Beginn des Studiums die Möglichkeit zum situativen Lehrertraining etwa nach *Becker* vorgesehen sein. Mit Hilfe von didaktisch aufbereiteten Videoaufzeichnungen könnte die Wahrnehmungsfähigkeit zum Lehrerverhalten geschult werden, ohne daß sich der Student selbst aus der Rolle des passiven Beobachters enttarnen müßte. Die für größere Behaltensleistungen erforderliche Eigenaktivität des Studenten ist denkbar durch begleitendes Übungsmaterial, das gleichzeitig oder unmittelbar nach der Vorführung der Video-Cassette bearbeitet wird. Natürlich sind auch andere Beobachtungskonzeptionen vorstellbar, etwa die Unterrichtsmitschau. Sie hat zwar den Vorzug der „Live"-Situation, schafft aber andererseits auch größere organisatorische Probleme und ist an aufwendige technische Voraussetzungen gebunden (vgl. S. 61).

Erste Stufe: Ausbildung der professionellen Beobachtungskompetenz

Zweite Stufe: Nach diesem ersten Vertrautwerden mit speziellen Handlungsanforderungen der späteren Berufstätigkeit als Lehrer könnte in einer zweiten Stufe die eigene Handlungskompetenz dadurch erweitert werden, daß nun der Student oder auch erst der Referendar (Lehramtsanwärter) am Seminar selbst aktiv etwa nach der Konzeption des Microteaching trainiert (vgl. S. 46 f.). Dabei scheint die Frage sekundär, ob man es dabei beläßt, daß sich der Betreffende selbst überhaupt erst einmal

Zweite Stufe: Erweiterung der Handlungskompetenz

aufgrund einer Videoaufzeichnung vor Gruppen agierend erlebt, oder ob man von Anfang an ein bestimmtes „Skill Training" (S. 47 ff.) damit verbindet. Auf jeden Fall fehlt dieser Trainingsform noch der letzte Ernstcharakter. Ohne größeren Handlungsdruck könnte relativ organisch die Kompetenz zur Selbst- und Fremdwahrnehmung gegenüber der ersten Stufe weiterentwickelt werden.

Dritte Stufe: Praxisnahes Trainingsprogramm vor Ort

Dritte Stufe: Der nächste Schritt im integrativen Lehrertraining könnte ein *praxisnahes Trainingsprogramm* in der hier vorgestellten Art sein, das zunächst einmal durch die Einbindung des Verhaltenstrainings in die konkrete Unterrichtssituation „vor Ort" gekennzeichnet wäre. Es greift einzelne Skills aus früheren Übungsformen zum Lehrerverhalten wieder auf, führt sie schrittweise in die komplexe Handlungssituation des Unterrichts ein und regt an, auf der Grundlage der Beobachtungsergebnisse des Mentors und durch Gespräche mit ihm die wünschenswerten Lehrfertigkeiten in der konkreten Handlungssituation allmählich zu verfestigen.

Vierte Stufe: Lehrerfortbildung

Vierte Stufe: Und schließlich könnte ein integratives Lehrertraining vor dem Hintergrund einer konzeptionell vereinheitlichten Lehrerausbildung auch noch in der *Lehrerfortbildung* seinen Platz haben. Sowohl Referendare, die im letzten Ausbildungsabschnitt selbständigen Unterricht halten, als auch vor allem Lehrer nach einigen Berufsjahren leiden nicht selten darunter, daß sie von niemandem mehr über ihr Lehrerverhalten eine Rückmeldung erfahren. Der unterrichtliche Interaktionsprozeß wird nur noch von den unmittelbar Betroffenen (Lehrer/Schüler) reflektiert, dann aber nur noch als Partei mit subjektiver Befangenheit und mit entsprechendem Rechtfertigungsverhalten sowohl von Seiten des Lehrers als auch der Schüler.

Regionale Lehrerfortbildung

Regionale Lehrerfortbildungsveranstaltungen, zu denen sich Kollegen mehrerer umliegender Schulen zusammenfinden, könnten hier eine gewisse Abhilfe schaffen. Denkbar wäre, daß man gemeinsam (fünf bis acht Kollegen) eine Unterrichtsstunde eines Kollegen besucht bzw. sich die Videoaufzeichnung einer von ihm gehaltenen Stunde ansieht. Im Anschluß daran könnte in einem Rundgespräch die Stunde unter verschiedenen Aspekten analysiert werden, etwa Aufbau und Planung einer Stunde, fachliche Probleme, didaktische Ziele, Sozialformen, Medien und eben auch das Lehrerverhalten. Wie sich dann jedes „Fortbildungsteam" im Laufe der Zeit organisiert, kann recht unterschiedlich sein. Natürlich werden die Kollegen, die Unterricht vorführen, reihum wechseln. Aber ob man es beispielsweise beim formlosen Gespräch beläßt oder sich zunehmend an einem Trainingsprogramm orientiert, ob man das Microteaching als Trainingsform wählt oder sogar zu gruppendynamischen Verfahren mit Trainer vorstößt, das alles müßten die Gruppen nach den jeweiligen Interessen und Möglichkeiten ihrer Mitglieder entscheiden.

Praxisnahe Fortbildungskonzeption

Abschließend kann eine Konzeption „Körpersprache des Lehrers – nichtverbales Lehrerverhalten" im Rahmen der Lehrerfortbildung vorgestellt werden, die sich in zahllosen Veranstaltungen zu dieser Thematik in den letzten Jahren als optimal herausgebildet hat, sei es nun als Thema sog. „Pädagogischer Tage" mit den Kollegien an den Schulen oder sei es als Fortbildungslehrgang auf einer Akademie.

Geht man für eine durchschnittliche Lehrerfortbildung zu diesem Thematik von einer Dauer von zwei bis drei Tagen aus, wird man sich zunächst in einem ersten Schritt einen Überblick über die theoretischen Grundlagen verschaffen. In der Regel wird dies durch ein Referat des Trainers geschehen. Dafür wäre durchschnittlich ein halber Tag anzusetzen.

Theoretische Grundlagenbildung durch ein Referat

Auch der zweite Schritt im Fortbildungsprogramm ist so angelegt, daß die Teilnehmer noch perzeptiv auf die Rolle des Zuhörers bzw. Beobachters beschränkt bleiben. Es werden Videoaufzeichnungen von Unterrichtsstunden gezeigt. Im Mittelpunkt der Beobachtung steht allerdings nur das jeweils gezeigte Lehrerverhalten, andere interessante Punkte des Unterrichts bleiben zunächst unbeachtet. Auf diese Weise wird das, was zuvor durch den Trainer theoretisch vermittelt wurde, visualisiert und darüber eine vertiefte Auseinandersetzung mit der Thematik „Körpersprache" erreicht. Es muß aber hinzugefügt werden, daß sich leider nur wenige Lehrer für solche Videoaufzeichnungen zur Verfügung stellen und noch weniger ihre Bereitschaft erklären, die Aufzeichnungen dann auf solchen Fortbildungstagungen zeigen und besprechen zu lassen. Im Mittelpunkt der Besprechung sollte deshalb nicht der „Verriß" der Stunde stehen, sondern nach Möglichkeit die bewertungsneutrale Sensibilisierung für Körpersprache des Lehrers mit Hilfe visueller Wahrnehmung.

Vertiefen der Theorie durch Videoaufzeichnungen

Bewertungsneutrale Sensibilisierung

Selbst zum Objekt der Beobachtung werden – aktives Training

Aber natürlich darf es nicht beim reinen Zuhören und Beobachten der Teilnehmer bleiben. Auch für die Körpersprache des Lehrers gilt der Grundsatz der Verhaltenspsychologie, daß neue Verhaltensmöglichkeiten nicht allein durch das Vermitteln von Kenntnissen und Einsichten, sondern nur durch aktives Üben verinnerlicht werden. Diese Phase hat sich allerdings als die kritische in fast jeder Lehrerfortbildungstagung herausgestellt. Den meisten fällt es nicht leicht, die Rolle des passiven Zuhörers bzw. Beobachters zu verlassen und nun auf einmal selbst zum Objekt der Beobachtung durch andere zu werden. Nicht selten erlebt man sogar dramatische Szenen, auch und gerade von gestandenen Lehrern, die sich zuvor bei der Besprechung der Videoaufzeichnungen durch besonders kritische Beiträge hervorgetan haben.

Sich im Monitor erleben

Damit nun aber das eigene Agieren vor der Kamera nicht zu einer zu starken psychischen Belastung wird, beginnt man am besten am zweiten Tag des Fortbildungsprogramms mit spielerischen, zunächst auch berufsfremd wirkenden Übungen. Entkrampfend wirkt allein schon, sich ohne Aufzeichnung vor der Kamera hin- und herzubewegen und sich gleichzeitig im Monitor zu beobachten. Danach lassen sich Scharaden vor der Kamera aufführen. Auf vorbereiteten Zetteln schreiben die Teilnehmer entweder ein Sprichwort („viele Köche verderben den Brei") oder einen Beruf oder irgendein Thema für eine kleine szenische Darstellung auf (Darstellen von Bauten, von Worten wie Friedhof, von Maschinen wie Zug oder Kaffeemaschine, von Eigenschaften wie mutig, zaghaft, brutal usw.). Die Zettel werden auf einen Haufen gelegt. Einer fängt an, einen Zettel zu ziehen und stellt vor der laufenden Kamera sein Thema so lange dar, bis es von den andern Teilnehmern erraten wurde. Danach zieht derselbe noch einmal einen Zettel und reicht ihn nach dem Zufallsprinzip an einen andern weiter. Diese Aufwärm-Übung läßt sich bei durchschnittlichen Gruppenstärken von etwa 20 Teilnehmern an einem halben Vormittag durchführen.

Sprichwörter raten

Stegreifrede vor laufender Kamera

Eine Steigerung im Schwierigkeitsgrad stellt die nächste Übung dar. Nun haben die Teilnehmer ein Thema aufzuschreiben für eine Stegreifrede. Je nach psychischer Stabilität der Gruppenmitglieder lassen sich Erleichterungen bzw. Erschwernisse einbauen. Die Rede kann z.B. zuvor vorbereitet und es kann auch ein Manuskript angefertigt werden. Die zweifellos schwierigste Form der Stegreifrede ist, wenn man das Thema aus einem Haufen zieht und sofort anschließend vor der laufenden Kamera mit einer Rede über etwa zwei bis drei Minuten beginnt. Bei diesen

Übungen kommt es zu den häufigsten Blockaden. Viele wissen einfach nicht weiter, halten den Streß nicht mehr aus und setzen sich einfach hin, was selbstverständlich jederzeit möglich sein sollte.

Je nach Intensität der anschließenden Auswertung wird dieser Fortbildungsteil einen Zeitaufwand von etwa einem halben Tag erfordern, so daß bei dieser Vorgehensweise bis jetzt insgesamt zwei Fortbildungstage notwendig wären.

Damit könnte man auch schon abschließen, wenn man als Ziel lediglich die Sensibilisierung für die Körpersprache in Theorie und Praxis hätte. Schön wäre es, wenn man die Zeit hätte, auch in eine solche Fortbildungskonzeption noch den vierten Schritt einzuplanen. Denn jetzt geht es um die Körpersprache des Lehrers im Unterricht selbst. Jeder Teilnehmer hält in seinen Fächern vor der laufenden Kamera einen etwa 10 – 15minütigen Abschnitt einer Unterrichtsstunde, wobei die andern Lehrgangsteilnehmer Schüler spielen. Das Thema muß natürlich so gewählt sein, daß potentiell jeder mitmachen könnte. Welchen Teil der Stunde man wählt, ist auch beliebig: Lehrervortrag, Einführung in die Stunde, Fragen stellen, Tafelanschrieb ...

Ziel:
Für die Körpersprache sensibilisieren

Dieser Übungsteil verläuft erfahrungsgemäß wesentlich entspannter ab als die Stegreifrede, weil sich hier jeder auf sicherem Terrain glaubt und Berufsroutine ausspielen kann. Man sollte sich nur bewußt sein, wie zeitaufwendig dieser Abschnitt im Vergleich zu den anderen im Fortbildungskonzept ist. Für jeden Teilnehmer errechnet sich leicht ein Zeitaufwand von einer Zeitstunde (15 Min.: Agieren vor der Kamera / 15 Min. Abspielen / 15 – 20 Min. Besprechung). Eine gewisse zeitliche Straffung wird erreicht, wenn man z.B. schon nach etwa 5 Minuten während des Abspielens mit der Besprechung von typischen Auffälligkeiten beginnt und die restlichen 10 Minuten Wiedergabe der Aufzeichnung nebenher laufen läßt. Eine zeitliche Straffung ist auch zu erreichen, wenn etwa drei Übungsbeispiele zunächst ohne jede Unterbrechung abgespielt werden und die abschließende Besprechung dann gebündelt erfolgt. Darüber hinaus sind viele andere Variationen denkbar.

Teil einer Unterrichtsstunde spielen

Nachdem bislang im dritten Teil zunächst die Merkmale, dann der Aufbau und die Durchführung des Trainings dargestellt worden sind, sollen jetzt zu den 21 vorgesehenen Tainingskategorien ausführliche *Erläuterungen* hinzugefügt werden. An diesen inhaltlichen Vorgaben könnten sich zunächst die Vorbesprechungen zwischen Mentor und trainierendem Kollegen ausrichten, könnten die dort formulierten inhaltlichen Überlegungen kritisch

Zu beachten:
Hoher Zeitaufwand

hinterfragt werden. Sie sind auf einem mittleren Grad von Exaktheit beschrieben, d.h. sie enthalten zwar eine konkrete Handlungs- bzw. Trainingsanleitung, bleiben aber für die jeweiligen situativen Gegebenheiten erfahrungs- und handlungsoffen.

3.3 Nichtverbales Lehrerverhalten in und vor der Klasse

Im Vordergrund steht die einzelne Lehrerpersönlichkeit

Bei der ersten Dimension „Nichtverbales Lehrerverhalten in oder vor der Klasse" steht die *einzelne Lehrerpersönlichkeit* selbst im Vordergrund. Vom „Blickkontakt" bis hin zum „äußeren Erscheinungsbild" umfaßt sie die nichtverbalen Signale, die die Personwirkung des Lehrers wesentlich bestimmen. Damit zeigt sich der Zusammenhang zum lehrerzentrierten Ansatz des Trainingsprogramms. In vielem wird zwar der Unterricht durch den ablaufenden Interaktionsprozeß bestimmt, bei dem sich Lehrer und Schüler wechselseitig beeinflussen und definieren, d.h. bestimmte Verhaltensweisen von Lehrern sind nur sinnvoll erklärbar aus dem speziellen Umgang mit Schülern, auf den sie auch beschränkt bleiben (*Redlich u. Schley*).

Daneben gibt es aber auch solche Verhaltenssegmente, die die Person des Lehrers unmittelbar betreffen und auch von ihm direkt zu beeinflussen sind. Sie gehören im weitesten Sinne zum Komplex der *Körpersprache* und dürfen nicht mit narzißtischer Selbstbespiegelung verwechselt werden. Nach dem lehrerzentrierten Ansatz besitzt der Lehrer zwar eine herausgehobene Stellung; aber diese Dominanz verwendet er ja nicht, um sich von der Klasse abzulösen. Die Verstärkung der Personwirkung des Lehrers macht nur dann Sinn, wenn damit auch seine Ausstrahlungskraft, seine Überzeugungsfähigkeit und Glaubwürdigkeit verstärkt wird. Der Kontakt zur Klasse wird durch effektive Körpersprache erst richtig hergestellt.

Verstärkung der Personwirkung durch die Körpersprache, nicht durch eine herausgehobene Stellung

Körpersprache ist als zentraler Bestandteil des Lehrerverhaltens in den letzten Jahren immer mehr ins Blickfeld der Lehreraus- und- weiterbildung getreten. Trotzdem bleibt sie aber unmittelbar mit den beiden anderen Dimensionen des Trainingsprogramms („Lehrersprache" und „Der Lehrer im Umgang mit der Klasse") verbunden.

Man kann sich nicht nicht verhalten

Das wachsende Interesse an der Körpersprache (Molcho), insbesondere auch an der des Lehrers, resultiert aus der zentralen Erkenntnis der Kommunikationstheorie nach *Watzlawick*: „Man kann sich nicht nicht verhalten." In jedem Augenblick sendet der Körper Signale über das aus, was der Betreffende gerade denkt und empfindet, seien es nun Freude oder Trauer, Mißtrauen, Langeweile, Konzentration usw. Manche gehen sogar soweit zu sagen, daß menschliche Kommunikation zu mehr als zwei Drittel nichtverbal und nur zu einem Drittel verbal abläuft. Und wenn beides in Widerspruch zueinander tritt, sagt im Zweifel das körpersprachliche Signal die Wahrheit („Was freue ich mich, Dich hier zu sehen" bei gleichzeitig abwehrenden Händen).

Unbestritten ist also, daß die Körpersprache für die menschliche Kommunikation eine große Bedeutung hat. Sehr kontrovers aber wird diskutiert, ob und in welchem Umfang Körpersprache trainingsmäßig erwerbbar ist (vgl. S. 5). Führt das nicht zu beinahe schizophrenen Situationen, wenn man sich äußerlich ein Repertoire wünschenswerter körpersprachlicher Fertigkeiten antrainiert, zugleich aber die autonomen Feinsignale von Unsicherheit (etwa die zitterige Stimme) nach wie vor beibehält?

Ist Körpersprache trainingsmäßig erwerbbar?

In welcher Weise und in welchem Umfang trotz dieser Bedenken Körpersprache des Lehrers trainierbar scheint, wurde bereits an anderer Stelle ausgeführt (S. 66 ff). Nur soweit dazu eine Ergänzung: Seit altersher ist uns vertraut, die Gesamtheit unserer Persönlichkeit als zusammengesetzt anzusehen aus den drei Bestimmungsgrößen „Körper – Geist – Seele". Aber welche ist nun maßgeblich für die Persönlichkeit insgesamt? Der intellektuell Geschulte wird dazu neigen, die Seite des Geistes überzubetonen. Der seelisch Kranke wird annehmen, durch psycho- und verhaltenstherapeutische Maßnahmen seine Identitätsbalance wiederherzustellen. Wie bereits angedeutet, stößt es nach wie vor auf größere Vorbehalte, von der denkbaren dritten Bestimmungsgröße, dem „Körper", her seine Persönlichkeit zu beeinflussen („Ich bin doch kein Schauspieler"). Uns ist vertraut, körperliche Verhaltensweisen nur als „Ausfluß" geistiger oder seelischer Empfindungen zu akzeptieren. Die Kinesik als Teilgebiet der Ausdrucks- und Wahrnehmungspsychologie lehrt uns, daß auch der umgekehrte Weg möglich ist. Jede wie auch immer geartete Trainingsform zur Körpersprache des Lehrers muß diese Grundannahme akzeptieren. Weit verbreitet und erfolgreich ist in diesem Sinne das autogene Training oder die Tai-Chi-Gymnastik. Aber auch einfache körperliche Entspannungsübungen (Gymnastik, Jogging, Schwimmen ...) beinhalten ja auch die Annahme, daß durch das bewußte Umgehen mit dem Körper das allgemeine Wohlbefinden gesteigert wird.

Körper – Geist – Seele

Bestimmungsgröße Körper

Trainierbare Lehrfertigkeiten

Welches sind nun die Lehrfertigkeiten im Rahmen der Körpersprache, die man in diesem Sinne als trainierbar für den Lehrer ansehen kann?

3.3.1 Blickkontakt

Am Anfang steht als mehr „handwerkliche" Trainingskategorie der Blickkontakt. Er ist für den Lehrer von außerordentlich großer Bedeutung, weil über den Blick erste persönliche Kontakte zu den Schülern aufgenommen werden und mit großer Intensität soziale Ein- und Wertschätzung, persönliche Zuneigung und Feindseligkeit signalisiert werden. Nicht von ungefähr heißt es ja auch, die Pupille sei der Schlüssel zur Seele. Man kann jemanden mit „blitzenden", „warmen", „bestimmten", „funkelnden", „strahlenden", „eisigen" Augen ansehen, man kann jemand „anstarren", mit den Blicken „festnageln". Wie wir auch von der Gruppendynamik wissen, sind dies Prozesse, die bei der ersten Begegnung relativ schnell ablaufen. Bereits nach etwa 30 sec. hat man sich ein vorläufig endgültiges Urteil über sein Gegenüber gebildet („Liebe auf den ersten Blick"). Das Niederschlagen der Augen signalisiert als eine Art Demutsgebärde Unsicherheit. Passive Dominanz ebenso wie passive Unterlegenheit lösen übertriebenes Wegblicken aus. Alkoholiker können beispielsweise kaum den Blickkontakt aufrechterhalten. Auf der anderen Seite zeigt sich, daß aktive Aggression und aktive Angst zum intensiven Anstarren des Opponenten führen. Das unmittelbare Anstarren von Auge zu Auge scheint auf viele eine zutiefst bedrohliche Wirkung zu haben. Und sie entziehen sich dem durch Wegblicken, aber auch durch das Aufsetzen etwa einer Sonnenbrille, die ja in bestimmten Situationen nicht nur als Sonnenschutz getragen wird.

Im Laufe des Lebens lernt der Mensch durch fast uniformes Nicken und Lächeln seine Emotionen weitgehend unter Kontrolle zu halten. Blicke sind jedoch nur schwer zu kontrollieren. Damit wird der Blickkontakt in Verbindung mit der Sprache zu einem bedeutsamen und nützlichen gestischen Sender für Gefühle wie Zorn, Liebe, Angst. Da es im Prinzip nur zwei Arten des Blickverhaltens gibt – Anschauen und Wegblicken –, hängt es natürlich auch vom begleitenden Gesichtsausdruck ab, welche dieser Grundstimmungen beteiligt ist.

Beobachtet man die Augen von zwei im Gespräch vertieften Menschen, so kann man zunächst sehr charakteristische „tanzende" Blickwanderungen feststellen. Der Sprecher beginnt seine

---

Pupille als Schlüssel zur Seele

Kein Blick = passive Unterlegenheit

Blicke sind nur schwer zu kontrollieren

Blickkontakt immer in Verbindung mit Sprache

Tanzende Blickwanderungen

Ausführungen mit einem Blick auf seinen Partner. Dann wendet er mit zunehmendem Gewicht seiner Gedanken und Worte seinen Blick ab. Gegen Ende seiner Äußerungen schaut er wieder kurz seinen Partner an, um festzustellen, welchen Eindruck seine Worte hinterlassen haben. Während dieser Zeit hat der Zuhörer den Sprecher genau beobachtet. Aber jetzt, da der Zuhörer selbst zum Sprecher wird, blickt er seinerseits weg und wirft gelegentlich Blicke, um die Wirkung seiner Worte zu prüfen. Auf diese Weise wechseln Rede und Blicke nach einem allgemein vorhersagbaren Muster hin und her.

Der junge Kollege vor der Klasse fühlt sich durch die vielen ihn anstarrenden Blicke der Schüler unweigerlich bedroht und blickt entweder in die Luft oder auf die vor ihm liegenden Notizen. Früher galt deswegen die Empfehlung, auf der gegenüberliegenden Seite irgendeinen Punkt an der Wand zu fixieren. Ein erfahrener Sprecher vor Gruppen weiß jedoch, daß dies eine schlechte Technik ist. Denn für jeden einzelnen Zuhörer ist er gewissermaßen Einzelpartner. Blickt er nicht gelegentlich auf das Publikum, dann fühlt sich dieses von ihm ignoriert. Entweder überträgt sich die Nervosität auf die Gruppe, oder der fehlende Blickkontakt wird als vermeintliche Arroganz des Redners falsch interpretiert. Er bleibt vor der Gruppe abgelöst und kommt weder als Person noch mit seinen Ausführungen „an". Der in dieser Situation nicht aufgenommene Blickkontakt kann auch in großer Konzentration begründet sein, was jedoch zumeist nicht als solche erkannt, sondern eher als Unsicherheit oder Arroganz aufgenommen wird.

Gegenüberliegende Wand fixieren – eine empfohlene Technik?

Deshalb: Bevor Sie den ersten Satz zu Beginn des Unterrichts sprechen, lassen Sie Ihren Blick im Raum langsam schweifen. Sammeln Sie regelrecht die Blicke der Schüler auf. Sprechen Sie auf keinen Fall schon beim Betreten des Klassenzimmers oder in den Anfangslärm der Klasse hinein. Das zeigt nur Ihre Nervosität und fördert Disziplinprobleme, weil Sie auf relativ hohem Lärmpegel einsteigen, von dem Sie die Klasse kaum noch herunterbringen.

*Merke:
Erst blicken, dann sprechen*

Versuchen Sie unbedingt zu vermeiden, während Sie vielleicht verbal zu Beginn der Stunde äußern „Guten Morgen, ich möchte jetzt allmählich anfangen", gleichzeitig mit den Augen in Richtung Fenster oder Tür zu blicken. Das für die Kommunikation entscheidende Signal ist auch in diesem Fall das nichtverbale: Der Lehrer gibt zu erkennen, daß er eigentlich auch gar nicht anfangen, sondern am liebsten in die Richtung entfliehen möchte, wohin der Blick geht.

*Vermeiden:
– Blick in Richtung Fluchtweg wenden*

Es ist wichtig, daß Sie alle Teilnehmer im Blickfeld haben. So sollte nach Möglichkeit zwischen dem Lehrer und etwa fünfundzwanzig Schülern ein *Mindestabstand von zwei Metern* bestehen (vgl. S. 96 f.). Je größer der Kreis, um so wichtiger ist diese Distanz. Wenn Sie zu nahe an den Schülern stehen, kommt es leicht bei der Aufnahme des Blickkontaktes zum sogenannten „Scheibenwischerblick". Ihre Augen kreisen von links nach rechts im Raum, ohne daß wirklich Blickkontakt mit den Schülern aufgenommen wird (Abb. 7 u. 8).

– *Scheibenwischerblick*

Ratsam:
Plus-Mann suchen, um positiven Kontakt auf alle Schüler zu übertragen

Suchen Sie sich einen positiv gestimmten Schüler. Was meinen Sie, wie nervös Sie werden, wenn Sie in der ersten Reihe einen Schüler erspähen, der Ihnen laufend zugähnt oder womöglich bei jeder Äußerung von Ihnen abwinkt. Suchen Sie sich einen „Plus-Mann", der ausstrahlt, daß er Interesse am gebotenen Stoff hat. Dieser positive Kontakt zu einzelnen Schülern überträgt sich automatisch dann auch auf die anderen, da Sie ja aus der Sicht jedes einzelnen Schülers sozusagen Einzelpartner sind und jeder Schüler die positive Ausstrahlung des Lehrers auf sich selbst bezieht.

Abb. 7: Falsch! Der Ordner dient als Beziehungssperre, Kontakt mit der Klasse unterbrochen

Abb. 8: Richtig! Trotz Arbeiten mit dem Ordner bleibt der Kontakt zur Klasse erhalten

Nehmen Sie also während des Sprechens für kurze Zeit (etwa fünf Sekunden) intensiveren Blickkontakt zu einzelnen auf, bis Sie den Eindruck haben, daß eine echte Personwahrnehmung stattgefunden hat. Sie werden feststellen, daß – obwohl Sie nur mit einer Person Blickkontakt aufnehmen – mindestens vier, fünf oder sechs benachbart sitzende Schüler sich angesprochen fühlen. Sie können es auch daran erkennen: Wenn Sie jemanden in der Gruppe freundlich anlächeln, kann es sein, daß ein anderer Schüler aus der unmittelbaren Umgebung zurücklächelt.

Achten Sie aber auch darauf, daß Sie *niemanden* von den Schülern zu *lange und zu intensiv anschauen.* Sie machen ihn dadurch nur unsicher und geben ihm das Gefühl, daß Sie ihn einschüchtern wollen. Das wird zumeist bei dem Angeschauten Aggressionen gegen Sie aufbauen; und dominante Schüler werden sich herausgefordert fühlen zu testen, wer den Blickkontakt länger durchhält. Richten Sie Ihren Blick auf keinen Fall auf die Nasenwurzel, weil das den Betreffenden erst recht irritiert.

Neben dem Stundenanfang gibt es im Verlauf einer Stunde in typischer Weise noch zwei Situationen, in denen der Blickkontakt gezielt trainiert werden kann. Stellt der Lehrer eine Frage, und es melden sich nicht sofort einige Schüler, wird vom Anfänger häufig gleich eine zweite oder dritte Frage nachgeschoben (Bildung von Frageketten). Der junge Lehrer hält in der Regel die psychische Belastung nicht aus, die zwangsläufig entsteht, wenn die Frage sozusagen im Raum steht. Werden genau in diesem Augenblick die Schüler erwartungsvoll angeschaut, bekommt die gestellte Frage einen eindeutigen Charakter: Der Lehrer erwartet eine Antwort. Weicht der Blick aus und wird sofort eine weitere Frage gestellt, wirkt alles beliebig.

Die andere Situation ergibt sich aus dem typischen Anfängerfehler, im Verlaufe der Stunde immer schneller, lauter und hastiger zu sprechen. Psychologisch ist dies im selben Zusammenhang wie die Fragekette zu sehen. Fehlt bei der Lehrer-Schüler-Interaktion die Sprache als „Puffer", dann findet Kommunikation ganz unmittelbar statt, was vielfach sehr belastend ist. Schon wenige Augenblicke werden zu einer halben Ewigkeit (eisiges Schweigen). Trotzdem bewirkt absichtsvolles Schweigen im Unterricht eine Phase des Innehaltens. Konzentrierte Ruhe kann sich aufs neue einstellen. Daß man nicht gerade in den Augenblicken das Schweigen übt, wo man ohnehin nicht weiter weiß, versteht sich fast von selbst (vgl. „Schweigen", S. 120 ff.).

Natürlich gibt es auch beim Blickkontakt persönlichkeitsspezifische Varianten. Als ausgesprochen introvertierte Persön-

Den Einzelnen bewußt wahrnehmen

Achtung: Die Schüler nie zu lange und intensiv anschauen

Blick und Fragetechnik

Absichtsvolles Schweigen als Phase des Innehaltens

Persönlichkeitsspezifische Varianten

lichkeit sollten Sie sich nicht unbedingt in erster Linie auf den Blickkontakt konzentrieren. Und wenn Sie aus Unsicherheit den Blickkontakt meiden, werden Sie sie auch nicht dadurch bewältigen, daß Sie sich zum Blickkontakt zwingen. Jedoch wird das Training des Blickkontaktes vielen erstmals zu individueller Personwahrnehmung des Schülers verhelfen und darüber dann auch die Kontaktaufnahme zur Klasse insgesamt erleichtern.

3.3.2 Körperstellung vor der Klasse

Rednertypen:
– Der Wanderer

Wir alle kennen von Vorträgen oder Vorlesungen verschiedene Typen von Rednern, die sich in charakteristischer Weise vor ihrem Publikum bewegen. Die extreme Form ist der „Wanderer", der von seinem Rednerpult zuerst nach der einen, dann nach der anderen Seite des Podiums geht und dann wieder an sein Pult zurückkehrt. Das geschieht zumeist nach einem mit der Stoppuhr zu messenden Bewegungsrhythmus. Der Körper gehorcht erst dem einen Impuls, dann dem andern – in alternierender Folge. Der Redner möchte stehenbleiben und seine Rede halten (Zuwendungsimpulse). Gleichzeitig möchte er aber auch vor dem Publikum fliehen (Fluchtimpulse); denn jedes Publikum, auch wenn es noch so wohlwollend ist, erscheint der einsamen Gestalt des Redners in seiner exponierten Stellung als Bedrohung. Aufgrund dessen führt er alternierende Intentionsbewegungen aus. Er bleibt meist nicht ruhig stehen, sondern pendelt von der einen Seite zur anderen, vergleichbar den nervösen Drehbewegungen auf einem Drehstuhl. Übersteigt die motorische Unruhe einen generell nicht festzulegenden Punkt, dann leidet darunter die Aufmerksamkeit des Publikums. In der Regel ist der Punkt dann erreicht, wenn das Publikum den auffälligen Bewegungsrhythmus als Eigenart des Redners entdeckt hat und ihm dann mehr Aufmerksamkeit schenkt als dem Inhalt.

Training:
Lehrervortrag auf einem "Blatt" üben

Zur Übung könnten Sie sich eine Zeitung unter die Füße legen und, während Sie Ihren Lehrervortrag üben oder auch nur zu Hause einen Zeitungsartikel im Stehen laut vorlesen, auf dieser Zeitung ruhig stehen zu bleiben versuchen. Achten Sie dabei gleichzeitig auch auf aufrechtes Stehen, leicht durchgedrückte Knie und nebeneinander stehende Füße. Stecken Sie Ihre Hände dabei auch niemals für längere Zeit in die Taschen. Die frühere Regel jedoch, daß Sie die Hand überhaupt nicht in die Tasche stecken dürfen, gilt als überholt.

All diese Punkte der Körperhaltung sind als abhängige Variablen gleichzeitig mit dem Bewegungsrhythmus und der Körperstellung in Betracht zu ziehen, weil sich Vortragende auf diese Weise gern eine gewisse psychische Entlastung für das ruhige Stehen vor der Gruppe verschaffen. Die gleiche Funktion erfülle vor allem auch die *Übersprungshandlungen,* worunter man nervöse Ausweichhandlungen in Phasen höchster Anspannung wie etwa das Sichkratzen am Kopf, das Zerzausen oder vermeintliche Ordnen von Haaren, Wangen- und Bartstreichen, nervöses Reiben der Finger, Zurechtrücken der Krawatte usw. versteht. Auch die zahllosen Barrieresignale, auf die wir noch kommen werden, gehören mit in diesen Zusammenhang psychischer Entlastungsversuche. Bewegungsrhythmus und Körperhaltung sind also, wechselseitig aufeinander bezogen, zu trainieren.

Vermeiden Sie nach Möglichkeit unruhiges Hin- und Hergehen vor der Klasse. Sie lenken damit die Klasse vom Inhalt des Unterrichts ab. Anderseits wirkt eine steife Haltung unnatürlich und verklemmt, eine zu lässige Haltung arrogant.

Deshalb: Wechseln Sie ruhig im Laufe Ihres 20minütigen Lehrervortrages zwei- bis dreimal den Platz. Tun Sie es jedoch nicht überhastet, unkontrolliert, und verstärken Sie vor allem während des Platzwechselns den Blickkontakt mit der Klasse. Dadurch werden die Übergänge geschmeidig überbrückt, der Platzwechsel kaum bemerkt.

Der beste Platz für den Lehrer ist in der Nähe des Lehrertisches. Stellen Sie sich aber nicht hinter dem Tisch oder Overhead-Projektor auf, weil Sie dadurch Barrieren aufbauen, die sich als *Beziehungssperren* auswirken. Viele Lehrer benötigen diesen kleinen Intimbereich und verschanzen sich regelrecht hinter der Aktentasche, mitgebrachten Büchern und anderen persönlichen Habseligkeiten. Selbst die auf dem Lehrertisch abgelegte Armbanduhr erfüllt bisweilen symbolisch die Funktion einer Barriere zur Kennzeichnung des eigenen Revier auf das man sich bei Schwierigkeiten mit der Klasse schnell wieder zurückzieht. Wenn es von den räumlichen Voraussetzungen her irgendwie geht, sollten Sie sich lieber durch Zurückrücken des Tisches einen Mindestabstand von zwei Metern von der Klasse verschaffen als sich durch Beziehungssperren vor der Klasse zu verstecken versuchen.

Am günstigsten ist *das freie Stehen in der Nähe des Lehrertisches,* wodurch Sie von vielen Schülern in *der ganzen Körperlänge* gesehen werden können. Erst dadurch haben Sie die Möglichkeit, Körpersprache wirkungsvoll einzusetzen. Machen Sie selbst einmal den Versuch und setzen sich in die letzte Bank-

> *Abhängige Variablen mit Bewegungsrhythmus und Körperstellung in Betracht ziehen*

> *Übersprungshandlungen vermeiden*

> *Vermeiden: Unruhiges Hin- und Hergehen*

> *Während des Platzwechsels den Blickkontakt verstärken*

> *Keine Beziehungssperren aufbauen*

> *Durch freies Stehen in Lehrertischnähe ist die ganze Körperlänge sichtbar – Körperspracheneinsatz wird dadurch wirkungsvoller*

reihe in Blickhöhe der Schüler. Sie werden feststellen, daß für viele Schüler der Lehrer nur aus Kopf, Oberkörper und gestikulierenden Armen besteht (Abb. 9 und 10).

Abb. 9: Falsch! Unterrichtsgespräch, Lehrer am Tisch sitzend, für die Schüler in den hinteren Bankreihen kaum sichtbar, Kontakt zur ganzen Klasse ist unterbrochen

Abb. 10: Falsch! Blickhöhe eines Schülers in einer hinteren Bankreihe, Lehrer steht vor einer Sitzreihe, er ist kaum sichtbar, taucht vor der Klasse ab

Sitzen auf dem Tisch

Andererseits hält es kaum jemand durch, den ganzen Vormittag über zu stehen. *Setzen Sie sich dann am besten vorne seitlich auf den Lehrertisch,* wobei Sie nach Möglichkeit mit einem Fuß Bodenberührung haben sollten (Abb. 11). Lassen Sie sich aber nicht auf einem Schülertisch nieder, indem sie beide Füße auf einen Schülerstuhl stellen. Das ist erstens nicht besonders hygienisch, insofern auch kein gutes Beispiel für Schüler. Zweitens knicken Sie dadurch leicht vor der Klasse ein (Abb. 12). Auch neigt man dazu, eine solche Stellung länger beizubehalten als nötig. Letzteres gilt im übrigen auch für das Sitzen. Die Nähe des Lehrertisches hat zudem noch den Vorzug, daß Sie Ihre Unterlagen schnell einsehen und eine vertraute Wahrnehmungsperspektive zur Klasse einnehmen können, wenn Sie mal unsicher werden sollten.

> **Wichtig:**
> In ganzer Körperbreite sichtbar sein

Nach Möglichkeit sollten Sie für die Schüler in der ganzen Körperbreite zu sehen sein, insbesondere dann, wenn Sie mit einem Schüler sprechen. Der Blick über die womöglich noch hochgezogene Schulter bei gleichzeitig verschränkten Armen kann leicht als Verdeckungsgeste wirken, die Unsicherheit verrät und eine direkte Kontaktaufnahme erschwert. Eine Ausnahme bildet nur das fragendentwickelnde Verfahren, bei dem Sie etwas an die Tafel schreiben, während Sie mit der Klasse sprechen. Hier zeigen Sie sich absichtlich von der Seite, um die Aufmerksamkeit von sich weg auf die Tafel zu lenken (Abb. 13-15).

Abb. 11: Richtig! Sie können nicht die ganze Stunde stehen, durch diese Position verschaffen Sie sich Entlastung und haben trotzdem Kontakt zur ganzen Klasse

Abb. 12: Falsch! Füße auf dem Stuhl abgestützt (Hygiene), Oberkörper eingeknickt, Kontakt mit der Klasse unterbrochen

Eine Schwierigkeit ist immer wieder, daß Sie sich ganz von der Klasse abwenden müssen, wenn Sie einen *Tafelanschrieb* durchführen. Soll man weitersprechen oder nicht? Wir neigen eher zum Weitersprechen, weil die Schüler zumeist ohnehin mitschreiben, was an der Tafel steht, also auf ihr Heft konzentriert sind. Wenn Sie mit Ihrem Körper den Tafelanschrieb für die Schüler zunächst verdecken müssen, erleichtert das Weitersprechen das Mitschreiben. Jedoch sollte dann der gesprochene und der geschriebene Text im Aufbau strukturell gleich sein, weil die Schüler sonst durch die Verschiedenartigkeit der Informationen nur verwirrt werden (Interferenzen!).

Vorsicht vor Interferenzen beim Sprechen zur Tafel während eines Anschriebs

Oft werden die *Tafelanschriebe* vom Lehrer flüchtig durchgeführt, und zwar nicht primär aus Nachlässigkeit, sondern weil er befürchtet, daß dadurch der Kontakt zur Klasse (auch Blickkontakt) unterbrochen wird und daß einzelne Schüler hinter seinem Rücken stören. Lassen Sie sich dadurch nicht aus der Ruhe bringen! Sie können es doch nicht verhindern, daß hinter Ihrem Rücken Getuschel entsteht. Das ist auch noch nicht anders bei Vorträgen vor Erwachsenen. Denken Sie nur daran, daß in den allermeisten Fällen die Schüler nicht über Sie reden, auch wenn man es am Anfang immer wieder annimmt. Auf je-

Durch Getuschel hinter dem Rücken nicht aus der Ruhe bringen lassen

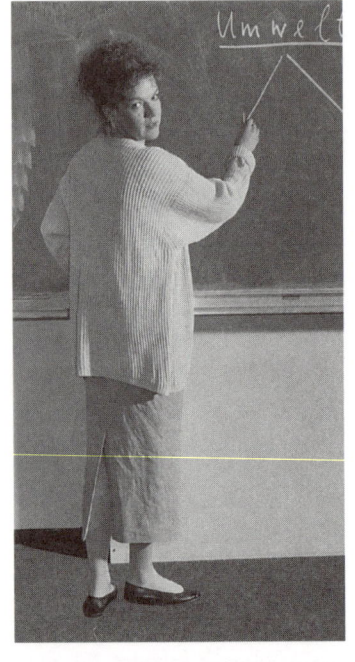

Abb. 13: Falsch! Blick über die Schulter (Beziehungssperre), Lehrer nicht in ganzer Köperbreite sichtbar

Abb. 14: Falsch! Lehrer rollt sich vor der Klasse ein, Blick zurück über die Schulter

den Fall wesentlich schlimmer ist der flüchtig hingeworfene, unüberlegte Tafelanschrieb, weil ihn die Schüler unmittelbar als Vorbild nehmen. Und noch immer gilt der alte Schulrat-Satz: „Man muß sich nur den Tafelanschrieb des Lehrers ansehen, um zu wissen, wie die Hefte der Schüler geführt sind".

Der Gefahr, daß hinter Ihrem Rücken Unruhe entsteht, können Sie partiell auch dadurch entgegenwirken, daß Sie die Schüler systematisch daran gewöhnen: *Der Tafelanschrieb wird mitgeschrieben!*

In der Regel ist für die Schüler das Ergreifen der Kreide durch den Lehrer bereits ein in frühester Jugend konditionierter Stimulus, auch ihrerseits das Schreibgerät in die Hand zu nehmen und sich auf das Mitschreiben einzustellen. Wenn man nicht möchte, daß die Schüler mitschreiben, sollte man es ausdrücklich sagen oder einen bestimmten Platz an der Tafel dafür reservieren. Dies ist leichter durchzusetzen als umgekehrt befürchten zu müssen, daß die Schüler während des Tafelanschriebs – auch aus Langeweile – nicht bei der Sache sind. Ein späteres

Schüler systematisch daran gewöhnen: Tafelanschriebe werden mitgeschrieben!

Ziel bleibt natürlich, daß die Schüler von sich aus das Wesentliche mitschreiben, egal, ob es an der Tafel steht oder nicht. Dies ist aber erst bei Oberstufenschülern möglich.

Nimmt der Lehrer aber Kontakt zur Klasse auf, während er etwas anschreibt, etwa um eine Frage zu stellen, so erfolgt fast immer spontan die Zuwendung über die jeweilige, zumeist rechte Schulter (Abb. 14). Dadurch kann kein offenes Kommunikationsfeld zwischen Lehrer und Klasse entstehen. Als Beziehungssperre bleiben Unter- oder Oberarm sowie die Schulter des Lehrers erhalten. Verstärkt wird diese Wirkung dann zusätzlich noch, wenn die Kontaktgeste mit dem Arm über Kreuz erfolgt, beispielsweise durch Strecken des rechten Armes in Richtung eines Schülers, der ganz links außen sitzt. Wünschenswert wäre an Stelle des Blicks über die Schulter, sich für einen Augenblick von der Tafel zu lösen und sich offen der Klasse zuzuwenden (Abb. 15).

Noch ein Wort zur Körperstellung des Lehrers vor der Tafel. In kritischen Phasen des Unterrichts neigen Anfänger dazu, sich langsam aus dem Klassenfeld zurückzuziehen (die Flucht anzutreten), um schließlich mit dem Rücken die Tafel abzuwischen (Abb. 25). Zwar gehört schon einiger Mut dazu, eine schwierige Situation offensiv durch den Schritt nach vorn anzugehen. Aber wenn man schon Halt und ein Stück Sicherheit an der Wand sucht, sollte man sich wenigstens nicht selbst betrügen und dies dann auch noch für Lockerheit halten.

Vermeiden Sie es aber auch, während des Sprechens gleichzeitig nach hinten ins Klassenzimmer zu gehen, weil die Schüler in den vorderen Reihen mit ihren Blicken dem Lehrer folgen (vor allem jüngere Schüler folgen mit ihren Blicken dem akustischen Reiz), sich umdrehen und dadurch abgelenkt werden. Erklären Sie vor allem nicht von hinten einen Tafelanschrieb, weil die Schüler dann zwischen den verschiedenen Informationsquellen hin- und hergerissen sind. Eine Ausnahme bildet nur, wenn die Aufmerksamkeit der Schüler eindeutig (bei Experimenten im Physikunterricht, bei Filmvorführungen oder der Projektion von Dias) nach vorn ausgerichtet ist. Und auch bei Stillarbeitsphasen können Sie sich hinten aufhalten, um die Schüler durch den Blickkontakt nicht unnötig abzulenken.

Abb. 15: Richtig! Lehrer „öffnet" sich vor der Klasse und wird zur „Kontaktbrücke" zwischen Tafel und Klasse

Achtung:
Nicht während des Sprechens nach hinten ins Klassenzimmer gehen

3.3.3 Proxemisches Verhalten

Wenn jemand das Wartezimmer eines Arztes betritt und sich an einem Ende einer ganzen Reihe leerer Stühle hinsetzt, kann man leicht voraussagen, wo sich der nächste niederlassen wird – nämlich nicht am entgegengesetzten Ende und auch nicht unmittelbar neben dem ersten Patienten, sondern etwa in der Mitte zwischen diesen beiden Positionen. Der nächste sucht sich die nächstgrößere Lücke. Und so geht das dann weiter, bis der letzte Ankömmling, für den nur noch ein Stuhl frei ist, sich gezwungen sieht, unmittelbar neben dem ersten Patienten Platz zu nehmen. Ähnliche Verhaltensweisen lassen sich im Kino, im Flugzeug, in der Eisenbahn und im Bus beobachten.

Der persönliche Umraum ist ein tragbares Territorium

Darin spiegelt sich die Tatsache wider, daß wir alle sozusagen ein *tragbares Territorium* mit uns führen, das man als persönlichen Umraum bezeichnen könnte. Dringt ein anderer in diesen Umraum ein, dann fühlen wir uns bedroht. Nur wenn ein Raum überfüllt ist, geben wir vorübergehend diesen Umraum auf, etwa im Fahrstuhl oder in der überfüllten S-Bahn. Die Methode besteht im Prinzip dann darin, daß wir die andern Körper quasi als Unpersonen behandeln. Wir ignorieren sie bewußt, und sie tun das gleiche. Wir schauen ausdruckslos weg, starren an die Decke oder auf den Fußboden und reduzieren unsere Körperbewegungen auf ein Minimum. Der persönliche Umraum – die Ellbogenfreiheit – ist für den Menschen ein lebenswichtiges Bedürfnis, das sich nicht ignorieren läßt, ohne daß es zu Schwierigkeiten kommt. Wenn wir beispielsweise einen Theater- oder Kinobesuch machen, kommt es anfänglich oft zu kleineren Feindschaftsbezeugungen gegenüber dem Nebensitzer. Die gemeinsame Armlehne kann zum Gegenstand eines zwar höflich, aber hartnäckig geführten Grenzdisputs werden. Diese territorialen Reibereien sind jedoch in der Regel vergessen, sobald der Vorhang aufgeht und sich das Interesse auf die Bühne verlagert.

Andere Körper werden als Unperson behandelt

Persönlicher Umraum läßt sich nicht ignorieren

Distanzzonen

Wollen Sie, daß sich Ihr Gesprächspartner im Umgang mit Ihnen wohl fühlt, ist es wichtig, auf diese Distanzzonen zu achten. Auf die *Ansprachedistanz* (3-4m) sind wir bereits eingegangen (S. 88). Sie ist bei Vorträgen zu beachten. Nur wenn Sie genügend Abstand zu den Schülern halten, können Sie alle im Blickfeld haben. Daneben unterscheidet man die Intimdistanz und die persönliche Distanz. Die *Intimdistanz* beträgt etwa 50-60 cm. Als Faustregel gilt: Wenn Sie den Arm ausstrecken, sollte der Gesprächspartner mindestens bis zum Handgelenk entfernt stehen. Die Verletzung der Intimdistanz wird als aufdringlich empfunden. Normalerweise wird sie durch das Zurückweichen eines Gesprächspartners automatisch immer wieder hergestellt. Sind Sie bei Freunden zu Besuch, haben an der Wohnungstür geklingelt, treten Sie unwillkürlich einen Schritt zurück, wenn die Tür geöffnet wird. Damit geben Sie unbewußt zu erkennen, daß Sie die Intimdistanz zum anderen respektieren und als Gast nicht aufdringlich wirken wollen.

Zwischen der Ansprache- und Intimdistanz liegt die *persönliche Distanz*. Sie beträgt etwa 60 cm-1,50 m. In diese müssen Sie eindringen, wenn Sie einen persönlichen Kontakt zu Personen aufnehmen wollen, die Ihnen noch nicht bekannt sind. Diese Entfernung wirkt nicht aufdringlich, sondern ermöglicht eine Kontaktaufnahme, bei der sich der Gesprächspartner angesprochen und wohl fühlt. Aus der persönlichen Distanzzone sollten Sie als Lehrer nur dann zurückweichen, wenn Sie gezielt Schüler-Schüler-Kontakte fördern wollen (3.5.3). Treten Sie dann etwas zurück, während Sie mit einer Handbewegung einen Schüler nach dem anderen zum Weitersprechen auffordern.

Sie sollten aber auch grundsätzlich im Umgang mit den Schülern auf die Einhaltung von Distanzzonen achten. Je unsicherer Sie persönlich oder die Schüler sind, um so größer sollte der Abstand zunächst sein. Das gilt vor allem für Schüler im Pubertätsalter. Sie können es für den Alltagsgebrauch natürlich auch umdrehen: Je näher Sie etwa an einen undisziplinierten Schüler herantreten, um so leichter wird er – in Verbindung mit durchgehaltenem Blickkontakt – unter Kontrolle zu bringen sein. Jedoch sollten Sie das Gebot der Fairneß nicht verletzen, denn die Schüler sind auf ihren Stühlen nicht so beweglich wie der Lehrer und können nur begrenzt sich durch Zurückweichen mit dem Oberkörper der Annäherung entziehen (Abb. 16).

Auf jeden Fall können Sie durch proxemisches Verhalten, also durch die Annäherung an einzelne Schüler, diesen aus der Anonymität der Klassengruppe herausholen und durch *Individualisierung einen persönlichen Kontakt zu ihm herstellen*. Und das gilt sowohl für Schüler, die im Schutz der Gruppe besonders vorlaut sind, als auch für solche, die eher schüchtern sind und sich in der Gruppe nicht vorwagen. Gerade bei letzteren können Sie durch Annäherung im Bereich der persönlichen Distanz einen unmittelbaren Kontakt herstellen, der auch dann nicht abbricht, wenn Sie allmählich wieder die Ansprachedistanz vor der ganzen Klasse einnehmen. Sie haben dann den schüchternen Schüler für eine Weile sozusagen mit unsichtbaren Fäden aus der Anonymität der Gruppe herausgezogen.

Die persönliche Distanz muß durchbrochen werden, um Kontakte zu unbekannten Personen aufzunehmen

Merke:
Im Umgang mit Schülern müssen Distanzzonen eingehalten werden

Positive Wirkungen durch Annäherung an schüchterne Schüler

Mit unsichtbaren Fäden aus der Anonymität ziehen

Abb. 16: Falsch! In die Intimdistanz der Schülerin einbrechend, Blick von oben nach unten, mit dem Körper die Schülerin „zudeckend"

Abb. 17: Richtig! Abstand zur Schülerin zwar gering (Intimdistanz), aber gleiche Augenhöhe und zusammen mit der Schülerin die Aufgabe lösen

Wichtig:
Nicht vor den Schülern aufbauen, sondern gleiche Blickhöhe einhalten

Vermeiden der pädagogischen Unsitte:
von hinten anschleichen

Bei dieser Annäherung ist es aber ganz wichtig, daß Sie sich nicht in ganzer Körpergröße hinter dem Schüler aufbauen (Abb. 18). Sie wirken dann durch den doppelten Größenunterschied (Schüler: kleiner und sitzend, Lehrer: größer und stehend) auf den Schüler unweigerlich als Bedrohung. Was bei vorlauten Schülern ab und an ein vielleicht legitimes Mittel sein kann, bewirkt bei schüchternen Schülern genau das Gegenteil von dem, was man beabsichtigt. Sie ziehen sich noch weiter in sich zurück. Den persönlichen Kontakt zu solchen Schülern können Sie am besten herstellen, *wenn Sie sich unter Wahrung der persönlichen Distanz auf gleicher Blickhöhe zunächst neben und dann vor den betreffenden Schüler setzen* (in die Knie gehen, Niederbeugen). So werden Sie allmählich zu seinem vertrauten Partner, mit dem der Schüler sozusagen Seite an Seite eine an der Tafel stehende Aufgabe gemeinsam löst (Abb. 17).

Aber viel naheliegender ist bezüglich der Distanzzonen noch eine andere pädagogische Unsitte. Sei es bei der Kontrolle von Hausaufgaben, in Phasen der Gruppen- oder Stillarbeit oder während einer Klassenarbeit: Lehrer gehen gerne so durch die Bankreihe, daß sie sich von hinten dem jeweiligen Schüler nähern. Das geschieht zumeist ohne jede böse Absicht. Oft ist diese Form der Annäherung auch einfach nur praktisch, bei bestimmter Form der Bestuhlung der Klassenzimmer sogar ohne Alternative. Dennoch ist es wichtig, die Sensitivität dafür zu

Abb.18: Falsch! „Herrschaftspose", Mit dem dominanten Arm in das persönliche Umfeld der Schülerin eindringend, Blick von oben nach unten.

behalten, wie unangenehm dies den Schülern in den allermeisten Fällen ist.

Natürlich ist es auch wünschenswert, bis in die persönliche Distanz sich einzelnen Schülern zu nähern, einfach auch um persönlichen Kontakt zu verstärken. Aber man sollte auf Signale achten. Weicht der Schüler zurück, sollte man nicht nachsetzen. Das gleiche gilt, wenn sich der Schüler im Stuhl zurücklehnt oder den Kopf einzieht („Totstell-Reflex").

Nicht unerheblich ist auch, wie man in dieser Distanzzone mit dem Arm in das persönliche Umfeld des Schülers eindringt, beispielsweise um eine bestimmte Stelle im Buch oder Heft zu zeigen. Wieder sollte nicht der Arm genommen werden, der dominant eine Schranke zwischen Lehrer und Schüler setzen würde, sondern der, der durch eine offene, bewegliche Gestik das positive Kommunikationsfeld unterstreicht.

Dominanzgesten

3.3.4 Körperhaltung

Kinesik = Kommunikation durch körperliches Verhalten

Die Körpersprache gehört in das Forschungsgebiet der Kinesik (Gr. „kinesis" = Bewegung), die in den USA im Unterschied zu uns bereits weitverbreitet ist. Sie ist die Wissenschaft von der Kommunikation durch körperliches Verhalten. Etwa zwei Drittel unserer Kommunikation findet ohne Worte statt, wobei die meisten Signale und Handlungen des Menschen überall auf der Erde in gleicher Weise entschlüsselt werden.

Konzentration auf die Körperhaltung

Auch wir registrieren Körpersprache. Wir sagen etwa: „In Gegenwart von X fühle ich mich nicht wohl – ich weiß nicht warum, aber es ist einfach so" oder „War sie gestern Abend nicht seltsam?" oder „Wenn diese beiden dabei sind, fühlt man sich einfach wohl – es liegt irgendwie an ihrer Art." Wir belassen es normalerweise bei dieser Feststellung. Die Kinesik als Teil der Ausdruckspsychologie (*Lersch*) versucht nun, angeborene, selbstentdeckte, übernommene, angelernte Handlungen und Signale auf ihre Gesetzmäßigkeit hin zu untersuchen. Die Ausdrucksfelder der Kinesik sind: Mimik, der gesamte Körper, Gang, Gestik, Bewegung der Füße und Beine, das Äußere, Körpersignale.

In diesem Trainingsabschnitt konzentrieren wir uns nun gezielt auf die Körperhaltung des Lehrers, die ein wichtiges Teilgebiet der Körpersprache ist. Auf Mimik und Gestik gehen wir noch einmal gesondert in der nächsten Trainingseinheit ein, um das Training nicht durch zuviel gleichzeitig gebotene Information zu belasten. Mit der Beobachtung der Körpersprache des jungen Kollegen bekommt das Training nun auch eine neue Qualität. Es geht von den mehr handwerklichen Fertigkeiten über zu Verhaltensweisen des Lehrers, die auch seine Person selbst berühren. Entsprechend vorsichtig und einfühlsam sollten Sie bei der Einschätzung vorgehen.

Mindestens drei gleichgerichtete Signale

Aus demselben Grund ist es auch wichtig, daß mindestens *drei sog. gleichgerichtete Aussagen* zusammenkommen müssen, um eine positive oder negative Folgerung ziehen zu können. Letzte, allerdings auch nur subjektive Gewißheit kann nur die jeweilige Kontextanalyse (*Birdwhistell*, S. 7) ergeben. Senkt man den Kopf und die Augen, so ist das eine wirklich schüchterne Reaktion, und sie ist durchaus wirkungsvoll. Auch wenn man mit erhobenem Kopf und forschem Blick jemanden ins Gesicht sieht, erweckt man den Eindruck der Echtheit. Tut man aber beides zugleich, dann weckt man widersprüchliche Empfindungen beim Beobachter. Eine kokette Miene setzt sich aus zwei *widersprüch-*

Zwei widersprüchliche Signale ergeben eine kokette Pose

lichen Signalen zusammen, dem scheu gesenkten Kopf und einem herausfordernden Blick. Täuscht man beispielsweise ein strahlendes Lächeln vor, obwohl man innerlich traurig und deprimiert ist, dann erfährt dieses Lächeln durch winzige, kaum identifizierbare Spannung im Gesicht wahrscheinlich eine leichte Verzerrung

Am weitesten verbreitet ist das Lächeln mit herabgezogenen Mundwinkeln. Aus irgendeinem Grund ist es weit schwieriger, das Hochziehen der Mundwinkel zu imitieren, wenn man innerlich traurig oder deprimiert ist, als die übrigen Elemente eines Lächelns nachzuahmen.

Widersprüchliche Signale resultieren allgemein daraus, daß wir neben geplanten Gesichtsausdrücken („Lächle ihm mal zu") auch solche haben, die wir niemals eindeutig identifiziert haben und die deshalb weit schwieriger von uns eingeschätzt werden können. In diese Kategorie fallen etwa Gesichtsveränderungen wie Zusammenkneifen der Augen, Anspannen der Stirnhaut, leichtes Einziehen der Lippen oder geringfügiges Anspannen der Kiefermuskeln. Echtheit und Glaubwürdigkeit einer Person hängen entscheidend von der Widerspruchsfreiheit all dieser Signale ab.

Widersprüchliche Signale

Am verläßlichsten sind noch die *autonomen, psycho-vegetativ gesteuerten Signale*. So ist es nahezu unmöglich, absichtlich zu schwitzen, die Wangen blaß werden zu lassen oder rote Flekken am Hals irgendwie zu beeinflussen. Auch das raschere und stärkere Heben und Senken der Brust beim Atmen läßt sich kaum kontrollieren und steht bisweilen in seltsamem Kontrast zu der lässigen Körperhaltung. Ein weiteres autonomes Streßsignal ist schließlich der bereits ausgeführte Blickkontakt. Ist jemand unsicher und fühlt sich im Gespräch intuitiv unwohl, so entzieht er sich dem direkten Kontakt durch den „Flackerblick", bei dem uns jemand so anschaut, als wollte er uns in die Augen blicken. Aber seine Augenlider zucken krampfhaft, als ob er die Augen gleichzeitig öffnen und schließen wollte, und keines von beidem gelingt. Oder der Betreffende blickt ungewöhnlich lange weg, weil er offenbar unseren Blick nicht ertragen kann.

Autonome, psycho-vegetativ gesteuerte Signale

Autonome Feinsignale lassen angelernte Handlungen besser einschätzen

Auf diese *autonomen Feinsignale* haben Sie als Beobachter besonders zu achten, weil Sie dadurch vordergründige, angelernte Handlungen besser einschätzen können, wie etwa oberflächliche Freundlichkeit zu den Schülern. Natürlich können Sie die Widersprüchlichkeit der Signale auch nur sehr vorsichtig zur Sprache bringen, zumal der Trainierende ja auch keinen Einfluß auf diese hat.

Trainingsmäßig angehbare Signale

Neben den autonomen Signalen aber gibt es im Bereich der Körpersprache doch zahlreiche Signale, die man auch trainingsmäßig angehen und die die Wirkung der Person des Lehrers positiv beeinflussen können. Als eine Art *Checkliste* sollen deshalb einige Körpersignale und (in Klammern) ihre Wirkung stichwortartig aufgeführt werden:

Die Checkliste: Körpersignale

1. die Stirn runzeln (Entrüstung)
2. mit der Hand über die Stirn streichen (Verlegenheit, Wegwischen von Sorgen)
3. den Kopf einziehen (Unsicherheit, Schuldbewußtsein)
4. das Kinn streicheln (Nachdenklichkeit)
5. den Kopf mehrmals ruckartig zurückwerfen (Trotz)
6. den Kopf senken (Unsicherheit, Schuldbewußtsein, Ergebenheit, Demut)
7. häufig die Lider bewegen (Nervosität)
8. die Augenbrauen heben (Skepsis, Erstaunen, Arroganz)
9. die Augenbrauen senken bzw. zusammenziehen (Ärger, Nachdenklichkeit)
10. keinen Blickkontakt mehr halten (Unsicherheit, Konzentration, Nachdenklichkeit)
11. guten Blickkontakt halten (Arroganz, Sicherheit)
12. sich kurz an die Nase greifen (Verlegenheit, sich ertappt fühlen)
13. sich die Nase reiben (Nachdenklichkeit)
14. mit dem Oberkörper weit nach vorne kommen beim Sitzen (Interesse, will unterbrechen, eingreifen, abbrechen, schaltet sich ins Gespräch ein)
15. den Oberkörper weit zurücklehnen (Abwarten, Ablehnung), vgl. Abb. 21 u. 22
16. die Beine übereinanderschlagen, zum Gesprächspartner hin (Aufbau eines Sympathiefeldes), vgl. Abb. 20
17. die Beine übereinanderschlagen, vom Gesprächspartner weg (Abbau eines Sympathiefeldes), vgl. Abb. 19
18. die Füße um die Stuhlbeine legen (Unsicherheit, Halt suchen)
19. die Füße nach hinten nehmen, im Sitzen (Ablehnung, Angriff)
20. mit den Füßen wippen, im Stehen (einmal: Unsicherheit, häufiger: Arroganz)
21. die Füße verschränken (Selbstsicherheit, Arroganz)

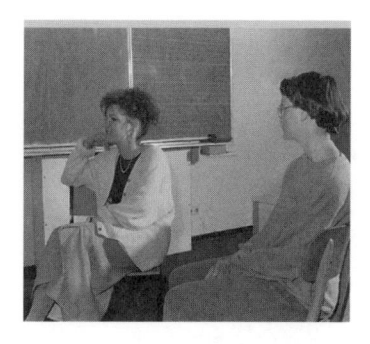

Abb. 19: Falsch: Beratungsgespräch: Blick geht in die Richtung, in die man entfliehen möchte. Langeweile, Enttäuschung, Desinteresse, Feindseligkeit.

Abb. 20: Richtig: Beratungsgespräch: Lehrin öffnet sich zur Schülerin hin, zeigt Interesse, offene Körperhaltung.

22. die Brille hastig abnehmen (Verwirrung, Erregung, Zorn)
23. die Brille hochschieben (will Zeit gewinnen, Nachdenklichkeit)
24. das Gesicht verdecken (Nachdenken, will entfliehen, Abschalten)
25. das Jackett öffnen (Entspannung, Sicherheit)
26. die Hände um die Stuhllehne klammern (Verkrampfung, Unsicherheit)

Um es noch einmal zu betonen: Natürlich sind das nur vereinzelte Körpersignale, die ergänzungsbedürftig sind und erst im Kontext mit mehreren gleichgerichteten Aussagen Gewicht erhalten. Aber schon jetzt zeigen die wenigen Ausführungen, daß man den pauschalen Eindruck von einem unsicheren, nachdenklichen oder selbstbewußten Lehrer besser von einzelnen Körpersignalen her differenzieren kann. Auf eine provozierende Schüleräußerung reagiert der eine vielleicht so, daß er den Kopf senkt, anschließend aus dem Fenster schaut, gleichzeitig einen Schritt zurück zur Tafel macht und die Hände über der Brust verschränkt. Ein anderer wird in einer solchen Situation den Blickkontakt durchhalten, den Körper straffen, einen Schritt auf den Schüler zumachen und die Augenbrauen zusammenziehen. Oder wenn ein Lehrer folgende Schlüsselsignale als stützende Elemente zeigt: kurzes Hochziehen der Schultern; eine Drehung der Hände, bis die Handflächen nach oben zeigen; ein Neigen des Kopfes nach einer Seite; Herabziehen der Mundwinkel und Hochziehen der Augenbrauen – dann werden wir das als eine stimmige Aussage einer „Ich-weiß-nicht" – Geste identifizieren.

Das sind nun schon in Verbindung mit den autonomen Signalen deutliche Hinweise, die auch von den Schülern in genau dieser Weise erkannt werden und die vorhandene oder fehlende Autorität eines Lehrers ausmachen. Natürlich gelten diese Signale auch umgekehrt für die Schüler und geben so auch dem Lehrer Aufschluß über die Schüler.

Viele dieser Körpersignale sind Ausdruck eines bestimmten Persönlichkeitstyps, erfolgen unbewußt und sind deshalb nur schwer zu kontrollieren. Aber sie enthalten auch Hinweise, wie man seine Körperhaltung als Lehrer vor der Klasse verbessern kann.

Wenn Ihnen beispielsweise Ihr Mentor sagt, Ihre Körperhaltung wirke auf ihn entweder lasch, lustlos, starr, unbeweglich oder straff, ausstrahlend, forsch, gespannt, hektisch, übertrie-

Abb. 21: Falsch: Begrüßungszene (Lehrer/Eltern u. ä.): Lehrer geht zwar auf Mutter zu, der sperrende Arm hält sie aber auf Distanz.

Abb. 22: Richtig: Begrüßungszene (Lehrer/Eltern u. ä.): Begrüßungsarm im positiven Bereich, lockere, freundliche Körperhaltung.

> Erst im Kontext mit mehreren gleichgerichteten Aussagen erhalten Körpersignale Gewicht

> Körpersignale sind Ausdruck eines Persönlichkeitstypus

Was ist trainierbar?

ben (Brust raus), steif usw., dann sind das Hinweise, die Sie aufnehmen können, ohne Ihre Persönlichkeit verändern zu müssen. Viele mögen anmerken „Wenn ich lustlos bin, wirke ich auch lustlos" und rechtfertigen damit das allgemeine Persönlichkeitstraining als einzige angemessene Ausbildungsform (vgl. S. 39 ff.). Bei der Ausbildung von Berufsqualifikationen geht es jedoch um die Ausformung eines Verhaltensrepertoires, das weitestgehend persönlichkeitsunabhängig ist.

Persönlichkeitsunabhängiges Verhaltensrepertoire

In diesem Sinne: Vermeiden Sie zu häufiges Anlehnen des Körpers an die Rückwand (mit dem Rücken die Tafel abwischen). In Verbindung mit Händen in den Hosentaschen, gekreuzten Beinen, gesenktem Kopf kann das Entspanntheit, aber auch Unsicherheit signalisieren (der Lehrer sucht Halt und überspielt dies mit Lässigkeit). Schon in I.2 (Körperstellung) hatte sich gezeigt, daß das *freie, ruhige Stehen* im Klassenzimmer am günstigsten ist, weil es zugleich Aktivierungsbereitschaft und Entspanntheit anzeigt (Abb. 23 u. 24). Und nur im freien Stehen können Sie Körpersprache wirkungsvoll einsetzen. Sie können überdies damit auch *Interaktionssignale* verbinden. Stehen Sie beispielsweise regelmäßig zum Lehrervortrag auf, dann läßt sich eine Klasse regelrecht dazu „erziehen", mit dem stehenden Lehrer eine Phase besonderer Konzentration zu verbinden, während er gesprächsorientierte Phasen im Sitzen leitet.

Freies Stehen ...

...als Signal der Interaktion

Abb. 23: Falsch! Halt suchen an der Tafel, Arme verschränkt

Abb. 24: Richtig! Arme und Hände in neutraler „Grundstellung", aus dieser Position sind aktive Kontaktgesten zur Klasse (etwa Ausstrecken des Arms) leicht möglich

Generell jedoch wirkt das *Sitzen hinter dem Lehrertisch* oft als *Barrieresignal,* wodurch der Kontakt zur Klasse erschwert wird. Dies ist auch der Fall, *wenn Sie im Stehen unterrichten und zu häufig intensiv in Ihre Aufschriebe blicken.* Darin sehen Schüler einmal Unsicherheit des Lehrers (ist nicht gut vorbereitet, kennt sich selbst nicht aus), zum andern „tauchen" Sie immer wieder vor der Klasse weg, wodurch der Kontakt zu den Schülern in den hinteren Sitzreihen unterbrochen wird (vgl. Abb. 10).

Lehrertisch als Barriere

Vermeiden Sie nach Möglichkeit eine Körperhaltung, von der negative Signale ausgehen. Verwenden Sie keine Überlegenheitssignale, wie etwa das Zurückwerfen des Kopfes während einer verbalen Attacke von Schülern, und zwar in einer für Sie ungewohnten und übetriebenen Form. In dieser flüchtigen „Erhöhung" spiegelt sich deutlich der vorübergehende Verlust der Selbstkontrolle wider.

Achtung: Signale vermeiden, die eine negative Ausstrahlung haben

Bevorzugen Sie lieber *aufmunternde Bewegungen* auf die Schüler zu. Schaffen Sie Blickkontakte in gleicher Höhe im Bereich der persönlichen Distanz und tragen Sie damit zu einer offenen, freundlichen, positiven Atmosphäre im Klassenzimmer (3.5.4) bei. Spottsignale (Auslachen), Zurückweisungssignale (den Körper abwenden, beide Hände den Schülern entgegenstrekken), Signale der Langeweile (glasiges In-die-Ferne-Starren, tiefes Seufzen, Gähnen, wiederholter Blick auf die Armbanduhr), der Ungeduld (Trommeln mit den Fingern, leichtes Klopfen mit dem Fuß, wiederholtes Schlagen der Hände gegen den eigenen Körper) sind hohe Dominanzgebärden, die dazu geeignet sind, Unsicherheit oder Ablehnung Ihnen gegenüber unter den Schülern zu verbreiten.

Aufmunternde Bewegungen unbedingt bevorzugen

Dominanzgebärden verbreiten Unsicherheit und Ablehnung

Vermeiden Sie aber auch solche *negativen Körpersignale, die die eigene Unsicherheit auf die Schüler übertragen könnten.* Dazu gehören unruhiges Zappeln mit dem Körper, Einknicken des Oberkörpers nach vorn, rhythmisch wippende Bewegungen, Kreuzen der Beine, Demutsgebärden (Abb. 25). Es soll ja auch vorkommen, daß sich ein Schüler drohend vor dem Lehrer aufbaut, den Körper anspannt, den Brustkasten aufpumpt, mit funkelndem Blick, geballten Fäusten und schnarrender Stimme, und daß der Lehrer daraufhin versucht, seinen Körper so klein wie möglich erscheinen zu lassen: Die Schultern sind gekrümmt, das Gesicht zuckt, die Hände sind gespreizt, und die Stimme ist hoch und weinerlich. Die Regel wird allerdings sein, daß der Lehrer durch solche dominanten Körperstellungen entsprechende Demutsgebärden von den Schülern erzwingen will, was natürlich ebenso abzulehnen ist.

Nervöse Körpersignale übertragen Unsicherheit

> **Deshalb:**
> **Den ganzen Körper in das Training der Körperhaltung einbeziehen**

Versuchen Sie, Ihren ganzen Körper in das Training der Körperhaltung einzubeziehen. Häufig bleibt die Sicht auf unsere *unteren Körperregionen* absichtlich versperrt, weil uns – im Gegensatz zum Oberkörper – die Bewegungen dieses Körperbereichs am wenigsten bewußt sind und doch entscheidende Informationen vermitteln können. Das ist ja auch der Grund, warum sich viele nur hinter dem Lehrertisch oder einem Stuhl wohlfühlen, der als Schutzschirm der unteren Region fungiert. Wir haben im Laufe der Zeit gelernt, daß sich das Hauptinteresse unseres Gegenübers im Gespräch auf das Gesicht und die oberen Körperpartien konzentriert. Diese zu kontrollieren, haben wir uns – mehr oder weniger gut – angewöhnt. Aber sieht man genauer hin, dann steht die kühle Gelassenheit des Oberkörpers oft in krassem Gegensatz zu den Bein- und Fußsignalen. In verräterischen, rhythmischen Bewegungen wird die psychische Beunruhigung motorisch abgeleitet. Die meisten Schüler registrieren diese Widersprüchlichkeit der verschiedenen Körperregionen sehr wohl, lassen sich aber nichts anmerken. Je widerspruchsfreier sich der ganze Körper bewegt, um so glaubwürdiger ist auch die Körpersprache des Lehrers und dadurch dann auch die Glaubwürdigkeit seiner Person.

> **Widerspruchsfreiheit aller Signale**

3.3.5 Gestik, Mimik

Wenn wir uns in diesem Trainingsabschnitt der Mimik und Gestik zuwenden, dann ist klar, daß man dies eigentlich nicht losgelöst von der Körperhaltung tun kann, ebensowenig im Grunde wie vom Blickkontakt, dem proxemischen Verhalten oder der Körperhaltung. Die Segmentierung erfolgt allein wegen des schrittweisen Trainingsaufbaus, die Anordnung dabei nach den schon mehrfach angeführten Kriterien. Obwohl alle Handlungskompetenzen in jeder Situation verfügbar sein müssen, kann man als Trainierender und Beobachter seine Konzentration doch nur jeweils auf wenige Aspekte lenken. Im Bereich der Körpersprache haben wir für Mimik und Gestik einen eigenen Trainingsabschnitt vorgesehen, weil für den Lehrer beides für wirkungsvolleres Unterrichten von besonderer Bedeutung ist.

Natürlich verwenden wir auch in Alltagssituationen unablässig Handbewegungen, mit denen wir verbale Aussagen unterstreichen. Wir wissen zwar, daß wir beim Sprechen mit unseren Händen „in der Luft herumfuchteln", aber wir wissen nicht exakt, was sie tun. Ähnlich verhält es sich mit der Mimik. Jedoch ist uns diese noch weniger bewußt. Lediglich indirekt –

Abb. 25: Falsch! „Verteidigungsposition," Arme gekreuzt, Oberkörper und Bein suchen Halt an der Rückwand, Hals eingezogen, Kopf nach hinten

aus den Reaktionen der Umwelt – haben wir vielleicht gelernt, die eine oder andere allmählich zu verstärken, weil die Umwelt darauf positiv reagierte. Der Lehrer aber sollte beides in begrenztem Umfang auch als Teil seiner Lehrfertigkeit erkennen. Das hat nichts mit Schauspielerei zu tun, sondern ist zunächst nur ein Sichbewußtwerden bestimmter Wirkungen von Körpersignalen. Wer sich am Ende immer noch zum Zerbiegen von Büroklammern bekennen möchte oder zum nervösen Hantieren mit dem Kugelschreiber, dem sei das unbenommen.

Nehmen wir zunächst noch ein Beispiel aus der Alltagskommunikation. Von Mimik und Gestik gehen Informationen aus, die uns unbemerkt entlarven. Wir können sozusagen mit dem Körper lügen, bzw. es gibt eine Reihe entscheidender Unterschiede zwischen den körperlichen Signalen beim Erzählen der Wahrheit und denen beim Lügen. So nimmt beim Lügen die Häufigkeit der mit den Händen gemachten Gesten ab. Unbewußt haben wir das Gefühl, wir könnten uns durch sie verraten, und daher unterdrücken wir sie. Außerdem erhöht sich beim Lügen die Häufigkeit der Selbstkontakte mit der Hand im Gesicht. Bei Täuschungsmanövern sind am häufigsten: das Kinnstreicheln, das Lippenzusammendrücken, das Mundbedecken, die Nasenberührung, das Wangenreiben, das Kratzen an den Augenbrauen, das Ziehen am Ohrläppchen und das Haarstreichen. Eine besondere Häufigkeitszunahme ist bei der Nasenberührung und beim Mundbedecken festzustellen. Das Bedecken des Mundes ist eine leicht zu verstehende Geste. Aus dem Mund kommen lügenhafte Worte. Die Nasenberührung ist ein getarntes Mundbedecken, die auch durch Nasenkitzeln als Folge nervöser Spannungen ausgelöst werden kann.

Beim Lügen zeigt sich ferner eine Zunahme der seitlichen Körperbewegungen (Fluchtreaktionen) sowie der stärkere Gebrauch einer ganz speziellen Handbewegung – dem Zucken der Hände.

Und schließlich die Veränderung im Gesichtsausdruck beim Lügen; denn sogar in den selbstbewußtesten Gesichtern sind winzige Ausdrucksveränderungen zu erkennen, die dem geschulten Auge die Wahrheit verraten. Die geringfügigen Veränderungen werden durch die blitzartige Fähigkeit des Gesichts verursacht, innere Gefühle zu spiegeln. Für einen kurzen Augenblick ist eine winzige und flüchtige Ausdrucksandeutung erkennbar. Sie wird allerdings so rasch unterdrückt, daß die meisten Menschen sie überhaupt nicht bemerken. Bei sorgfältiger Beobachtung kann man sie jedoch entdecken.

Informationen, die unbemerkt entlarven

Lügen mit dem Körper

Bedecken des Mundes

Seitliche Körperbewegungen

Sekundensignale im Gesicht

Ziel:
Dem trainierenden Kollegen hinter die Fassade sehen, um zu einem wirkungsvollerem Verhalten zu führen

Checkliste: Körpersignale und ihre Wirkung:

Aus diesem Beispiel wird deutlich, daß für den geübten Beobachter von Mimik und Gestik sehr aufschlußreiche Körpersignale ausgehen. Es ist hier ja aber nicht primär das Ziel, solche Beobachtungskompetenzen anzuregen, die geeignet scheinen, sozusagen dem trainierenden Kollegen hinter die Fassade zu sehen. Uns geht es in erster Linie um den Aufbau von solchen professionellen Fertigkeiten, die dem Anfänger zu einem wirkungsvolleren Verhalten vor der Klasse verhelfen. Deshalb sollen zunächst wiederum als eine Art *Checkliste* einige Körpersignale und ihre Wirkungen zusammengestellt werden, schwerpunktmäßig nun auf Mimik und Gestik bezogen:

1. den Mundwinkel heben (Zynismus, Arroganz, Überlegenheitsgefühl)
2. den Mund öffnen (Erstaunen, will unterbrechen)
3. die Lippen zusammenpressen (verhaltener Zorn, Starrsinn)
4. die Unterlippe hochziehen (Überlegung, Nachdenklichkeit)
5. die Arme vor der Brust verschränken (Abwarten, Ablehnung, Suche nach Geborgenheit, sich unter Kontrolle halten)
6. die Hände vor der Brust falten (Verkrampfung, Unsicherheit)
7. weite Armbewegungen (Sicherheit)
8. kurze, enge, andeutende Hand- und Armbewegungen (Unsicherheit)
9. mit den Händen ein Spitzdach formen in Richtung des Gesprächspartners (Ich wehre mich gegen jeden Einwand), nach oben (Nachdenklichkeit), vgl. Abb. 26
10. sich die Hände reiben, schnell (Schadenfreude), langsam (Zufriedenheit, Freude)
11. mit dem Bleistift, einer Heftklammer oder der Kreide spielen (Nervosität)
12. die Hand zur Faust verkrampfen (Zorn, verhaltener Zorn),
13. die Hand vor den Mund nehmen, während des Sprechens (Unsicherheit), nach dem Sprechen (will das Gesagte zurücknehmen)
14. die Hände in die Hüften stemmen (Imponiergehabe, Überlegenheitsgefühl, Entrüstung)
15. die Hände in die Hosentasche stecken (Entspannung, Arroganz)
16. Arme und Hände unter dem Tisch halten (Unsicherheit)

Abb.26: Falsch! Hände in Eisbrecher-Stellung, Zuhörer werden auf Distanz gehalten, Blick ist gesenkt.

17. die Hände vor die Brust legen (Beteuerungsgeste)
18. die Hände vor der Brust kreuzen (Ergebenheit, Demut)
19. die Hände auf den Rücken legen (Befangenheit, Arroganz, Autoritätshaltung), vgl. Abb. 27
20. die Hände zusammenkrampfen (Nervosität, Aggression)
21. die Hände im Nacken verschränken (Wohlbehagen, Entspannung)
22. die Fingerkuppen einer Hand aneinanderpressen (Unterstreichen einer Aussage, überzeugt sein)
23. mit dem Finger zeigen: „Sie sind..." (Entrüstung, Aggression), vgl. Abb. 30
24. den Zeigefinger heben (Belehrung, Tadel)
25. die Finger zum Mund nehmen, für kurze Zeit (Verlegenheit), für längere Zeit (Nachdenklichkeit)
26. mit den Fingern trommeln (Ungeduld, Nervosität)
27. mit den Fingern schnipsen, mehrmals (Lösung suchen), einmal (plötzlicher Einfall, Lösung gefunden)
28. mit dem Zeigefinger auf den Tisch pochen (Auf etwas bestehen, von etwas besonders überzeugt sein, Nachdruck verleihen)

Abb. 27: Falsch! Steife, fassadenhafte Haltung. Die Lippen sind aufeinander gepreßt, Unsicherheit, Distanzaufbau.

Welche Rückschlüsse lassen sich nun daraus für das Training ziehen? Gehen wir davon aus, daß das freie Stehen im Raum am günstigsten ist, vielleicht mit wechselnder Verlagerung des Körpergewichts von einem auf das andere Bein (Spielbein, Standbein). Diese Körperhaltung wirkt leicht steif, wenn sie nicht gleichzeitig durch eine wirkungsvolle Gestik ergänzt wird. Diese sollte nicht verkrampft, nicht hektisch, schon gar nicht theatralisch, sondern so sparsam und präzise wie möglich sein. *Grundsätzlich gilt, daß Hände unterhalb der Gürtellinie eine negative Aussage, Hände zwischen Gürtellinie und Brusthöhe eine neutrale Aussage und Hände auf Brusthöhe eine positive Aussage enthalten.* (Abb. 28, 29, 30, 31)

Natürliche Gesten kommen aus dem Oberarm (Kugelgelenk). Am günstigsten ist, *wenn Sie weite, offene, ruhige Kontaktgesten in Richtung auf die Schüler machen,* wobei sich die Arme in Brusthöhe bewegen und die Handflächen nach oben zeigen (Abb. 32 u. 33). Setzen Sie dabei zuerst die Geste ein und dann das Wort. Niemals umgekehrt!

Mit das größte Problem ist für den Anfänger, wo er während des Sprechens seine *Hände* lassen soll. Vor der Brust verschränkte Arme werden wie verschränkte Beine leicht als Verdeckungsgesten angesehen, die Distanz schaffen. Hinter dem Körper ver-

> Es gilt:
> Hände auf Brusthöhe erzielen eine positive Ausstrahlung

> Ruhige Kontaktgesten aus dem Oberarm
> Merke:
> Zuerst die Geste, dann das Wort

Abb. 28: Falsch!"Laschi-Pose". Hände im negativen Bereich, lasche Körperhaltung, kein Ausdruck.

Abb. 29: Richtig! Positive, präzise Geste, Hände im positiven Bereich

Abb. 30: Falsch! „Drohgebärde", jemanden beim Aufrufen mit dem gestreckten Zeigefinger „aufspießen"

In Brust- oder Bauchhöhe verbundene Hände strahlen konzentrierte Ruhe aus

Gesten der Zurückweisung:
Die Zeigefingergeste, die Drohgebärde
Arme verschränken

bundene Hände wirken ebenfalls steif und distanzierend (Abb. 27). Seitlich abgestützte Arme machen einen resoluten Eindruck, als wolle man mit seiner Körpermasse die Schüler zudecken. Hände in den Hosentaschen über eine längere Zeit wirken lässig, einfach herunterhängende Arme vielfach lasch (Abb. 28). *In der Regel am besten wirken in Brust- oder Bauchhöhe locker verbundene Hände, da sie entspannte Konzentration oder konzentrierte Ruhe ausstrahlen* (Abb. 34). Aus dieser Position können Sie auch auf kürzestem Weg Gestik gezielt einsetzen, um entweder Schüler zum Sprechen bzw. Weitersprechen aufzufordern oder mit einer Hand einen länger Sprechenden zu unterbrechen oder von einem Schüler zum andern zu zeigen, damit die Schüler auf die Argumente direkt eingehen, ohne daß Sie als Lehrer dazwischengeschaltet sind (Schüler-Schüler-Kontakte, 3.5.3). Denken Sie dabei daran, dann gleichzeitig einen Schritt zurückzutreten.

Unbedingt vermeiden sollten Sie in dieser Grundhaltung das *nervöse Bearbeiten der Kreide* oder eines Kugelschreibers (Übersprungshandlung), weil die Schüler mit Sicherheit dadurch abgelenkt werden. Setzen Sie aber auch Zeigefinger-Gesten („Zeigefinger-Taktschlag"), Drohgebärden (geballte Faust), Gesten der Zurückweisung (Handflächen nach vorn) nur äußerst sparsam ein (Abb. 30). All das erschwert eine emotional positive

Abb. 31: Falsch! Aufrufen mit dem falschen Arm (über Kreuz), gleichzeitig signalisiert der gekrümmte Zeigefinger Unsicherheit

Abb. 32: Falsch! Aufrufen mit dem falschen Arm (über Kreuz), der Arm wirkt als Beziehungssperre zwischen Lehrer und der Klasse

Abb. 33: Richtig! Aufrufen mit dem richtigen Arm; gute Kontaktgeste, da Oberarm vom Körper gelöst und die Handflächen offen sichtbar sind

Kontaktaufnahme zur Klasse. Vermeiden Sie ebenfalls Leerlaufgesten (ungezieltes Herumfuchteln mit den Händen), weil sie nur vom Zuhören ablenken und lediglich den Sprechenden motorisch entlasten. Vor allem aber sollten Sie *nicht zu häufig die Arme vor der Brust verschränken*. Tun Sie dies als Reaktion auf eine aggressive Schüleräußerung in Verbindung mit Senken des Kopfes und Zurückweichen zur Tafel, dann signalisiert dies anfänglich konzentriertes Nachdenken. Mit der Zeit aber sehen die Schüler darin ein Zeichen für Unsicherheit, weil Sie sich sichtbar dadurch vor der Klasse isolieren, sich auf sich selbst zurückziehen und Geborgenheit in sich selbst suchen (Abb. 25).

Was nun die *Mimik* anbelangt, so ist grundsätzlich am günstigsten, was man schon umgangssprachlich sagt: Den Schülern offen ins Gesicht sehen! Häufiges Mundbedecken, Nasenreiben, aber auch Lippenzusammendrücken, Stirnrunzeln, Wangenreiben und Hochziehen der Augenbrauen lassen Sie als fahrig, emotional unkontrolliert erscheinen. Vor allem aber ist diese Art von Mimik negativ einzuschätzen, wenn sie übertrieben oder – was noch schlechter ist – an inhaltlich unpassenden Stellen eingesetzt wird. Das bedeutet nun aber nicht, daß die Mimik fassadenhaft unbewegt sein sollte. Unterstützende Ausdrucksmimik ist auf jeden Fall zu fördern.

Eine übertriebene Mimik wirkt negativ

Unterstützende Ausdrucksmimik fördern

Abb. 34: Richtig! Hände locker in Brust- oder Bauchhöhe verbunden; Vorteil: Gestik schnell einsetzbar

Lachen

Positive Wirkung auf die Klasse hat offene, natürliche Freundlichkeit, wozu auch ein herzliches *Lachen* gehört. Aber lachen Sie nicht, wenn Ihnen nicht danach zumute ist. Aufgesetztes Lachen wirkt künstlich und bewirkt genau das Gegenteil von dem, was es bezwecken sollte: Es schafft keine Kontakte, sondern trennt den Lehrer von der Klasse, indem die Schüler das Lachen „nachäffen". Auf diese Weise entlarven Schüler Widerspruchssignale im Verhalten des Lehrers. Dann schon eher akzeptieren sie eine neutrale Mimik des Lehrers, die konzentrierte Sachlichkeit ausstrahlt. Andererseits sollten Sie sich aber so weit in der Gewalt haben, daß Sie nicht mit griesgrämiger, distanzierender oder arroganter Miene vor die Schüler treten. Die Schüler können nichts dafür, daß Sie Ärger mit Ihrem Direktor hatten! Nach kurzer Zeit wird sich dieser Gesichtsausdruck von Ihnen in den Gesichtern der Schülern widerspiegeln, was sich dann wiederum negativ verstärkend auf Sie auswirkt. Sie werden noch weiter isoliert sein und mit den Gedanken nicht mehr „ankommen".

3.3.6 Sicherheit

Mit diesem Abschnitt erhält das Training in der zeitlichen Abfolge wiederum eine neue Qualität. Das Thema „Sicherheit" trainingsmäßig anzugehen, setzt bereits ein fortgeschrittenes Vertrauensverhältnis zwischen dem Mentor und dem jungen Kollegen voraus, weil jetzt nicht nur personenbezogene Aspekte angesprochen werden müssen, sondern auch die wahrnehmbaren Schwächen des Betreffenden zur Sprache gebracht werden.

Signale der Unsicherheit sind leicht zu erkennen Zeichen: Übersprungssignale und autonome Signale

Wie im täglichen Leben, so sind auch beim Lehrer vor der Klasse die *Symptome der Unsicherheit* leicht zu erkennen bzw. zu beschreiben. Um so schwerer sind sie zu beeinflussen, da sie zumeist Ausdruck von tieferliegenden psychischen Irritationen sind, die der Betreffende verdrängt, kaschiert, überspielt. Sieht er sich auf diese Weise durchschaut, berührt das zumeist die allergrößten Empfindsamkeiten. Wie wir gesehen haben, sind als Zeichen von Unsicherheit Übersprungssignale und autonome Signale für jedermann leicht auszumachen. Als Folge vermehrter Adrenalin-Ausschüttung weiten sich die Pupillen, bekommen wir Schweißausbrüche, einen trockenen Mund, weiche Knie, wir zittern und werden blaß. Das Atemvolumen steigt, und der Blutdruck erhöht sich.

Anzeichen der Unsicherheit im Bereich der Körpersprache leicht festmachbar

Neben diesen psycho-vegetativen Reaktionen als Folge von Unsicherheit sind die Anzeichen im Bereich der Körpersprache ebenso leicht zu identifizieren. Füllen wir beispielsweise am Bankschalter unter den Augen des Kassierers einen Scheck aus, dann wird der Selbstbewußte es geradezu genießen, sein Gegenüber warten zu lassen, und wird in aller Ruhe Summe, Ort und Datum eintragen. Der Unsichere erlebt sich hier unter direkter Kontrolle, und seine Schrift wird immer krakeliger werden. Hastig steckt er das Geld ins Portemonnaie und ist froh, wenn er wieder draußen ist.

Angstsignale

Während der selbstbewußte Lehrer – „dem Feldherrn gleich" – seinen Blick ruhig über alle Schüler gleiten läßt, kann der nervöse seine Unsicherheit durch seine Körperhaltung und ganz bestimmte kleine Gesten vor den Schülern kaum verbergen. Wie wir gesehen haben: Er trommelt mit den Fingern auf den

113

Tisch, spielt mit seinen Haaren, vermeidet jeden Blickkontakt, macht fahrige Bewegungen und Gesten, verschränkt Arme und Beine, signalisiert Abwehr. Er schrumpft förmlich zusammen, indem er die Schultern hochzieht und den Kopf senkt.

Das psychopathologische Krankheitsbild

Wohlbemerkt: Wenn solche Angstsignale Symptome eines psychopathologischen Krankheitsbildes sind, ist auch das Training überfordert und ggf. eine psychiatrische Behandlung angezeigt. In den allermeisten Fällen jedoch werden diese Anzeichen von Unsicherheit leichtfertig dramatisiert und durch Überrreaktionen, etwa durch Tabletten oder gar psychotherapeutische Verfahren, zu kurieren versucht. Wer tatsächlich ein klares psychopathologisches Krankheitsbild zeigen sollte (schwere Kontaktstörungen, narzißtische Defekte, Neurosen usw.), der sollte sich ernsthaft – so schwer es im Einzelfall auch fallen mag – überlegen, ob er diesen Beruf wirklich ausüben will, weil er in ihm mit Gewißheit nicht glücklich werden wird. In der Regel jedoch handelt es sich um ganz normale Verhaltensweisen, wie sie jeder Anfänger zeigt, der nicht gewohnt ist, in all seinen Bewegungen von mindestens zwanzig Augenpaaren beobachtet zu werden. Deswegen benötigt er keine gruppentherapeutische Behandlung. Vielfach fehlt ihm einfach die Routine. Und es gibt etliche Maßnahmen, mit denen er diese Art von Unsicherheit relativ schnell verringern kann.

Checkliste:

Selbstbejahung

1. *Üben Sie sich in Selbstbejahung.* Nachdem Sie Ihre Stunde gut vorbereitet und anfangs auch geübt haben, gibt es kein Zurück mehr. Sehen Sie es positiv:
Ich werde eine gute Stunde halten, denn ich bin sorgfältig und umfassend vorbereitet. Rufen Sie sich das zwischendurch immer wieder ins Gedächtnis zurück. Trainieren Sie self-encouragement: „Ich kann es, denn ich will es."

Schüler verzeihen auch kleine Schwächen

2. *Bedenken Sie, daß Ihre Schüler ebenfalls „nur" Menschen sind, die kleine Schwächen gern verzeihen.* Denken Sie einmal darüber nach, ob Ihre Schüler Ihnen wirklich negativ gesonnen sind. Oder hilft Ihnen Bismarck, der sich einbildete, immer nur zu Kohlköpfen zu sprechen? Wer hat schon Schwierigkeiten, seine Rede vor Kohlköpfen zu halten! Achten Sie aber darauf, daß sich mit steigender Sicherheit daraus keine Überheblichkeit entwickelt. Bei vielen Lehrern, die sich abfällig über Schüler äußern, stand am Anfang Angst und Unsicherheit. Und merke: Zitternde Knie und der Druck in der Magengrube sind vom zuhörenden Schüler kaum zu erkennen.

3. *Haben Sie keine Angst, wenn mal ein Satz unvollständig bleibt.* Außer Ihnen wird es nur wenigen Schülern auffallen, wenn es eine Ausnahme ist. Es wirkt sogar oft menschlicher.

    Keine Angst vor Unvollständigkeit

4. *Sie müssen nur von dem überzeugt sein, was Sie den Schülern vermitteln wollen.* Denken Sie an Augustinus: „In dir muß brennen, was du in anderen entzünden willst." Wenn Sie wirklich etwas vermitteln wollen, werden Sie sehr schnell die nötige Ausstrahlung haben. Der Funke zur Klasse wird überspringen, und Ihr Lampenfieber ist schnell vergessen.

    Nur das vermitteln, von dem man selbst überzeugt ist

5. *Überprüfen Sie mehrmals die „technischen Voraussetzungen".* Halten Sie Ausschau nach einer zweiten Steckdose. Wo steht der zweite Film-, Dia- und Overhead-Projektor? Gibt es Schwierigkeiten mit den Medien, verlieren Sie unwillkürlich Ihre vielleicht gerade erst gewonnene Sicherheit.

    Prüfen der technischen Voraussetzungen

6. *Kümmern Sie sich vor einer wichtigen Lehrprobe mindestens die letzten zwanzig Minuten nicht mehr um Ihre Aufschriebe.* Es nützt jetzt nichts mehr, noch Korrekturen vornehmen zu wollen. Gut ist, wenn Sie sich von jemandem aufbauen lassen, der Ihnen noch „Mut" zuspricht. Merke: Je wichtiger die Stunde, desto länger sollte die Phase der Entspannung vor der Stunde sein.

    Phasen der Entspannung

7. *Setzen Sie unbedingt Hilfsmittel ein.* Folien, Hektogramme, Dias u.ä. können ein hervorragender Rettungsanker sein, wenn Sie zwischendurch einen „black-out" haben. Diese Hilfsmittel ersetzen Ihnen z.T. sogar lange Aufschriebe.

    Einsatz von Hilfsmitteln

8. *Wenn Sie einmal den Faden verloren haben, wiederholen Sie Ihren letzten Satz.* So gewinnen Sie Zeit zum Überlegen (etwa: „ich möchte noch einmal betonen...") und aktivieren bestehende Assoziationsketten. Stellen Sie Fragen an die Schüler. So verschaffen Sie sich eine Atempause (z.B.: „Habt ihr noch Fragen zu meinen Ausführungen?"). Versuchen Sie, durch besonders langsames Sprechen wieder den „Anschluß" zu finden. Oder wechseln Sie einfach das Thema („Kommen wir nun zu einem neuen Abschnitt..."). Oder wenn es nicht zu umgehen ist, so sagen Sie entwaffnend und ehrlich die Wahrheit: „Nun habe ich den Faden verloren." Es gibt nur sehr wenige Situationen, in denen Sie sich solch offenes Wort nicht leisten können.

    Zeit zum Überlegen gewinnen

9. *Finden Sie heraus, wovor Sie Lampenfieber haben:* Ist es die Angst vor den ungewohnten Räumlichkeiten, den Zuhörern, dem vorzutragenden Thema? Wenn Sie wissen, was Sie fürchten, können Sie leichter dagegen angehen.

    Angst, wovor?

Mittel einsetzen, die Sicherheit ausstrahlen

10. *Setzen Sie Mittel ein, die schon zu Beginn Sicherheit ausstrahlen, obwohl Sie – ganz normal – noch ein wenig unruhig sind:* Sprechen Sie ein wenig lauter. Wenn Sie unsicher sind, werden Sie automatisch in der Stimme leiser. Machen Sie weite, offene Armbewegungen. Solange Sie unsicher sind, bewegen Sie Ihre Hände nur unterhalb der Gürtellinie, und Sie bewegen nur noch Ihre Unterarme. Das erzielt keine Wirkung. Halten Sie unbedingt Blickkontakt mit allen Schülern. Und lernen Sie den Anfang, Schluß der Stunde und wichtige Schlüsselfragen (3.4.6) auswendig.

Einsatz der Atemtechnik

11. *Denken Sie an die Atemtechnik:* Machen Sie am Abend vor oder am Morgen der wichtigen Stunde Entspannungsübungen. Atmen Sie noch einmal tief aus, bevor Sie anfangen. Gehen Sie zu Beginn der Stunde mit festem, schnellem, aber nicht lautem Schritt auf den Lehrertisch zu. Achten Sie auch auf die verbrauchte Luft im Klassenzimmer bzw. auf rechtzeitiges Öffnen eines Fensters (möglichst nicht in Ihrer Nähe. Sie sind dann für die Schüler schwerer verstehbar).

12. *Essen Sie vor der Stunde nur eine Kleinigkeit.* Schwere Mahlzeiten belasten unnötig beim Denken und Sprechen. Essen Sie aber unbedingt eine Kleinigkeit, damit der Blutzuckerspiegel im Körper nicht allzusehr absinkt (Folge: Zittern, Nervosität, Aggressivität).

Lampenfieber positiv sehen

13. *Zum Schluß: Sehen Sie das Lampenfieber positiv.* Auch ein guter Schauspieler „fiebert" seinem Auftritt entgegen. Nur wer innerlich aufgeladen ist, besitzt die entsprechende Dynamik und das Durchstehvermögen für eine gute Stunde. Versuchen Sie, durch Beherzigen dieser Anregungen das Lampenfieber auf ein gesundes Mindestmaß zu reduzieren.

3.3.7 Kleidung, äußere Erscheinung, Pünktlichkeit

Diese Trainingskategorie scheint auf den ersten Blick an den Anfang, zum mehr handwerklichen Trainingsbereich zu gehören, wenn relativ leicht veränderbare Äußerlichkeiten im Beratungsgespräch zur Sprache gebracht werden. Jedoch handelt es sich hierbei um äußerst sensible Themen, bei denen sehr schnell der Persönlichkeitskern des jungen Kollegen mit entsprechenden Reaktionen berührt ist. Oftmals bekommen die Kleidung, der Haarschnitt u.ä. den Stellenwert letzter Inseln individueller

Sensibles Thema

Freiheit. Sie sind dann Ausdruck persönlicher Identität in einer überwiegend fremdbestimmt empfundenen beruflichen und sozialen Umgebung.

Dem kommt auch die insgesamt liberalere und tolerantere Einstellung der Gesellschaft gegenüber Bekleidungsgewohnheiten entgegen. Weder der Rock für die Kollegin noch die Krawatte für den Kollegen sind heute noch normierte Status-Signale eines angemessen gekleideten Lehrers(in). Insbesondere die fehlende Krawatte ist heute Ausdruck eines gewandelten Selbstverständnisses im Lehrerberuf. Der Lehrer baut durch die Art der Kleidung keine Distanzen mehr auf, um sich und seine Funktion auf den ersten Blick kenntlich zu machen, sondern er stellt sich mit seiner Kleidung auf den Zweck und die Zielgruppe ein. Häufig jedoch wird auch hier des Guten zuviel getan, was dann selbst von den Schülern als Anbiederei und Infantilisierung des Lehrers („Turnschuh-Generation") empfunden wird. Nicht ganz zufällig gehört es schon klischeehaft mit zum größten Glücksgefühl gerade an die Schule gekommener Referendare, wenn ein älterer Kollege ihn/sie für einen Schüler(in) hält.

Durch Kleider werden keine Distanzen mehr aufgebaut

Vorsicht: keine Anbiederei

Zwischen diesen Extremen gibt es eine große Spannweite von Möglichkeiten in der Bekleidung, die allein modisch bestimmt sind, zum persönlichen Intimitätsbereich des Betreffenden gehören und deshalb auch nicht Bestandteil der Lehrerausbildung sein sollten. Dies wird in der Mehrzahl der Fälle zutreffen.

Sie als Mentor haben es aber auch mit solchen Kolleginnen und Kollegen zu tun, die als Studenten sozusagen in einem Elfenbeinturm gelebt haben und denen ihre Wirkung auf die Umwelt ziemlich egal ist. Bei einer Befragung haben sich Schüler darüber beschwert, daß einige ihrer Lehrer aus dem Mund riechen und daß deren Kleider auch wohl lange nicht mehr gelüftet worden seien. Hier sollten Sie als Mentor, mit Taktgefühl und dezentem Humor, auch Ihre Verantwortlichkeit sehen. Der Anfänger muß sich bewußt werden, daß auch scheinbar unwichtige Äußerlichkeiten im weiteren Sinne zur rhetorischen Technik gehören, deren Gesetzmäßigkeiten nun auch mal für den Lehrer vor der Klasse Gültigkeit besitzen.

Wann ist der Mentor gefordert?

In ganz wenigen Ausnahmefällen könnten Sie auch einmal einen Hinweis auf die bessere Farbzusammenstellung der Kleidung geben und andeuten, daß extravagante und sexuell signalbesetzte Kleidung im Unterricht vor heranwachsenden Schülern fehl am Platze ist.

Unsicherheit und Distanz vs. offenes Jackett

Fast nur noch scherzhaft könnten Sie ansprechen, daß ein ganz zugeknöpftes Jackett ebenso wie ein bis oben geschlossenes Hemd Unsicherheit und Distanz signalisieren, ein offenes Jackett dagegen kontaktfreudig wirkt, ebenso wie das Öffnen der beiden obersten Hemdknöpfe. Drei und mehr geöffnete Knöpfe wiederum machen einen legeren bis unordentlichen Eindruck.

Pünktlichkeit...

Ebenso wie die Kleidung ist auch das Thema „*Pünktlichkeit*" beim jungen Kollegen stark emotional besetzt. Während man als Student bei Vorlesungen kommen und gehen konnte, wann man wollte, empfindet man den regelmäßigen Hinweis auf pünktliches Erscheinen zum Unterricht als typisches Zeichen für Ordnungsfetischismus in einer sich bürokratisch verselbständigenden Institution.

...ist die Höflichkeit der Könige

Damit Sie als Referendar den Hinweis auf die Pünktlichkeit aber fair einschätzen können, vergegenwärtigen Sie sich doch einmal, wie Ihnen zumute ist, wenn Sie sich mit jemandem verabredet haben und der Betreffende nicht pünktlich ist. Dann hört zumeist die Großzügigkeit sehr schnell auf. Wenn Sie zu spät kommen, verletzen Sie die Freiheit eines anderen und zwingen ihn in egoistischer Manier, sich auf Sie einzustellen. Im sozialen Zusammensein ist die eigene Zeit nicht mehr frei disponibel. Und je mehr ich bereit bin, im Sinne der Empathie mich auf die Erwartungen der andern einzustellen, um so größer ist die Wertschätzung, die ich damit dem anderen gegenüber zu erkennen gebe. Unpünktlichkeit sollte kein Status-Zeichen im sozialen Hierarchiegefüge sein, nach dem der Rangniedere auf den Ranghöheren zu warten hat. Und das gilt in besonderer Weise auch für Ihre Schüler. Zeigen Sie Ihre Wertschätzung gerade den „rangniederen" Schülern gegenüber durch ihr pünktliches Erscheinen. Entschuldigen Sie sich mit Angabe des Grundes, wenn Sie einmal nicht pünktlich sein konnten. Dann werden Sie Ihrer Aufgabe als nachahmenswertes Modell gerecht und können auch überzeugend und konsequent von den Schülern Pünktlichkeit erwarten (*Rutter-Studie*, S. 150, 169).

Merke:
Im sozialen Zusammensein ist die Zeit nicht mehr frei disponibel

Pünktlichkeit und Vorbildfunktion

3.4 Lehrersprache

Die zweite Trainingsdimension „Lehrersprache" ist parallel zur ersten Dimension aufgebaut und auf diese strukturell bezogen. Am Anfang werden wieder die weniger persönlichen, weniger sensiblen, weniger komplexen, leichter veränderbaren und mehr handwerklichen Aspekte der Lehrersprache erörtert bzw. trainiert. Erst gegen Ende des schulpraktischen Lehrertrainings, nachdem der junge Kollege also bereits einige Sicherheit vor der Klasse gewonnen hat, sind so schwierige und persönliche Themen wie „Sprech- und Sprachstil" des Betreffenden vorgesehen.

Ebenso wie die nichtverbale Körpersprache ist die verbale Sprache des Lehrers Ausdruck der individuellen Persönlichkeit. Sie hat sich über einen längeren Zeitraum aus den verschiedensten Gründen zu dem entwickelt, was sie im Augenblick charakterisiert, und ist als solche kurzfristigen Beeinflussungen nur noch schwer zugänglich.

Sprache als Ausdruck individueller Persönlichkeit

Andererseits hat gerade Sprache als Instrument der Informationsverarbeitung für den Lehrerberuf eine so herausgehobene Bedeutung, daß sie in der schulpraktischen Ausbildung nicht unberücksichtigt bleiben darf. Das erhellt auch schon im weiteren aus der Tatsache, daß es neben der individuellen Sprache (Sprachstil) so etwas wie eine professionelle Lehrersprache mit ganz charakteristischen Merkmalen gibt. Man braucht nur einer Gruppe von Reisenden zuzuhören. Unschwer sind – dem Vorurteil nach – darunter die Lehrer auszumachen. Sie sprechen länger und lauter als die anderen, stellen mehr Fragen. Ferner neigen sie dazu, anderen das Wort abzuschneiden und einen besserwisserischen, belehrenden Ton anzuschlagen. Der ganze Sprach- und Sprechduktus zielte angeblich ab auf Dominanz, wohingegen auf Kritik von anderen vorschnell emotional überreagiert werde. Diese Feststellungen haben ganz und gar nichts mit irgendwelchen Verunglimpfungen des Lehrerberufs zu tun. Sie gehören einfach zu den üblichen professionellen Deformationen, wie sie auch in allen anderen Berufen zu finden sind. Im Laufe des Lebens werden eben spezifische Berufsanforderungen häufig zu allgemeinen Persönlichkeitsmerkmalen. Dagegen kann man gar nichts machen, selbst wenn man wollte.

Den Lehrer erkennt man am Sprachstil ...

Um diesen speziellen Bereich der Lehrersprache geht es im folgenden, weniger um den individuellen Sprach- und Sprechstil. Es sollen charakteristische Merkmale der Lehrersprache auf einzelne Aspekte hin trainingsmäßig aufgeschlüsselt werden, mit der Absicht, daß der Lehrer seine Sprache im Umgang mit der Klasse kontrollierter und effektiver einsetzt, um damit zugleich die Ausstrahlung seiner Person wie vor allem die Wirkung der von ihm zu vermittelnden Unterrichtsinhalte zu erhöhen. Je kontrollierter die Sprache eingesetzt wird, um so größer ist auch die Behaltensleistung der Schüler.

Je kontrollierter der Spracheinsatz, desto...

3.4.1 Schweigen

Am Anfang des Trainings zur Lehrersprache soll paradoxerweise das Schweigen stehen. Jedoch als Phase des Nicht-Sprechens ist das Schweigen indirekt auf die Lehrersprache bezogen und wirkt auch auf diese zurück. Das bewußte Schweigen länger durchzuhalten, gehört für den Anfänger ebenso wie für den erfahrenen Kollegen mit zu den größten psychischen Belastungen, weil es ein hohes Maß an Selbstkontrolle voraussetzt. Sekunden des Wartens können zu einer halben Ewigkeit werden. Von daher gesehen, wäre an sich ein späterer Trainingszeitpunkt auch günstiger. Es an den Anfang zu stellen, scheint allein nur dadurch gerechtfertigt, daß es sich beim Schweigen – ähnlich dem Blickkontakt (3.3.1) – um eine gut überschaubare, wenig komplexe Trainingskategorie handelt, die als solche auch trainingsmäßig leicht zu bewältigen ist.

Bewußtes Schweigen ist sehr belastend und setzt Selbstkontrolle voraus

Psychisch belastend ist das Schweigen vor Gruppen vor allem deswegen, weil es in Verbindung mit dem Blickkontakt eine Form von außerordentlich *intensiver Kommunikation* darstellt. Für die meisten Lehrer nämlich hat Sprache in der Lehrer-Schüler-Interaktion auch eine Art Puffer-Funktion. Denn Sprache kann Unsicherheiten verdecken, kann Aktivität vortäuschen, kann von eigenen Unzulänglichkeiten ablenken. In der Sprechpause jedoch werden Körpersignale unmittelbar und deshalb besonders intensiv registriert. Aufgrund dessen ist das Schweigen hervorragend dazu geeignet, im Kommuni-kationsprozeß zwischen Lehrer und Schülern gezielt Akzente zu setzen, sei es, um die Spannung zu erhöhen, die Aufmerksamkeit wiederherzustellen oder auf kleinere Disziplinverstöße einzuwirken.

Schweigen als intensive Kommunikation

In Sprechpausen werden Körpersignale intensiv registriert; gezielte Akzentsetzung

Um das Schweigen mit solcher Absicht im Unterricht wirkungsvoll einzusetzen, ist ein Potential an Sicherheit und Erfahrung eine unabdingbare Voraussetzung. Der Anfänger kann die sprichwörtliche „eisige Stille" zumeist kaum ertragen, zumal wenn er von mindestens zwanzig Augenpaaren gerade in diesem Augenblick besonders genau fixiert wird. Häufig kommt es

Voraussetzung: Sicherheit und Erfahrung

in solchen Situationen zu einem regelrechten Blackout. Die plötzliche Stille stellt eine so enorme psychische Mehrbelastung dar, daß die Konzentration auf einen Gedanken nicht mehr möglich ist (Mittel dagegen: vgl. S. 89 f.). Häufig sprechen junge Kollegen deshalb im Laufe der Stunde immer schneller, lauter, hektischer und versteigen sich in immer abwegigere Gedankengänge, während die Schüler sich in Gegenreaktion immer weniger am Gespräch beteiligen.

Nicht zuletzt ist darauf auch der hohe Sprechanteil des Lehrers im Unterricht zurückzuführen. Nach dem sog. „Zweidrittelgesetz" von *Flanders* (nach *Ziefuß*, S.81) entfallen zwei Drittel der Redezeit auf den Lehrer. *Deshalb: Versuchen Sie von Anfang an den wichtigen Grundsatz zu beherzigen, daß man über alles als Redner sprechen kann, nur nicht länger als zwanzig Minuten!*

Andererseits ist das Schweigen im Unterricht deshalb so schwierig, weil es sehr einfühlsam praktiziert werden muß. Manchmal entscheiden Bruchteile von Sekunden darüber, ob die Pause als rhetorisches Mittel die beabsichtigte Wirkung erhöht oder ob damit ein plötzlicher Spannungsabfall verbunden ist, wodurch eine mühsam aufgebaute gedankliche Atmosphäre von einem Augenblick auf den andern „entzaubert" werden kann. Zumeist ist für den Rest der Stunde dann der Faden „abgerissen", die Konzentration der Schüler auf anderes abgelenkt. Tatsächlich handelt es sich immer wieder um eine Art Gratwanderung, die in jeder Situation anders verläuft: Zu langes Schweigen fördert einerseits Langeweile. Durch zuviel und zu schnelles Sprechen verbreitet sich andererseits eine hektische Atmosphäre. Viel hängt davon ab, ob Sie durch den Blickkontakt und entsprechende Mimik und Gestik die Pause mit „aktivem Schweigen" überbrücken, so daß der Kontakt zur Klasse auf der Beziehungsebene eigentlich keinen Augenblick lang unterbrochen ist.

Zu Beginn des Trainings zum Schweigen könnten Sie sich auf zwei Situationen konzentrieren, in denen Pausen dem Lehrer recht schwerfallen, andererseits aber besonders wirkungsvoll wären: Der Augenblick, nachdem Sie eine Frage gestellt haben, und der, nachdem ein Schüler eine Frage gestellt oder eine Bemerkung gemacht hat. Was ersteres betrifft, so sollten Sie nicht versuchen (vgl. auch 3.4.2), die Frage sofort zu wiederholen oder durch eine andere zu ergänzen, sondern warten Sie nach einer gestellten Frage – so schwer das auch fällt – mindestens *drei Sekunden* (Zählen Sie im Stillen mit!), bis Sie weitersprechen oder einen Schüler aufrufen. *Rowe* (nach *Gage/Berliner*, Bd. 2, S.

Eisige Stille beim Blackout

Flanders Zweidrittelgestz

Pause als rhetorisches Mittel mit der richtigen Dauer

Aktives Schweigen

Schweigen nach gestellter Frage

Auswirkung zu langer Wartezeiten:

678) hat die günstigen Auswirkungen dieser längeren Wartezeit auf die Antworten der Schüler in zehn Punkten zusammengefaßt:

1. die Länge der Antworten nimmt zu;
2. die Anzahl der nicht auf eine Anregung zurückgehenden, aber angemessenen Antworten nimmt zu;
3. das Ausbleiben von Antworten nimmt zu;
4. das Selbstvertrauen nimmt zu, was sich in einer Abnahme von Antworten mit Inflexion (fragenähnlicher Tongebung der Stimme) zeigt;
5. die Häufigkeit spekulativer Antworten nimmt zu;
6. die Häufigkeit der Vergleiche von Daten, die von verschiedenen Kindern stammen, nimmt zu;
7. die Häufigkeit von Äußerungen, die Schlußfolgerungen aus Informationen darstellen, nimmt zu;
8. die Häufigkeit der von den Schüler gestellten Fragen nimmt zu;
9. die Häufigkeit der Antworten von Schülern, die von den Lehrern als relativ langsam eingeschätzt werden, nimmt zu;
10. die Vielfalt der von den Schülern gezeigten Verhaltensweisen nimmt zu.

Unsitte:
Nicht ausreden lassen

Aus verschiedenen Gründen neigen viele Lehrer dazu, trotz gewisser Wartezeiten zu schnell auf eine Schülerfrage zu reagieren. In dem Augenblick, wo der Lehrer während der Schülerfrage den Aussagekern erfaßt und dazu eine verinnerlichte Auffassung parat hat, ist er leicht versucht, den Schüler erst gar nicht ausreden zu lassen und mit seiner Antwort in die Schülerfrage hineinzuplatzen. Einmal abgesehen davon, daß dies gegenüber dem Schüler nicht besonders höflich ist, gibt eine solche Verhaltensweise zu erkennen, daß sich der Betreffende schon in stark eingeschliffenen Denkschablonen bewegt und nicht mehr bereit ist, Schülerfragen individuell zu behandeln.

Verhalten in eingeschliffenen Denkschablonen

Schweigen als Zeichen von Inkompetenz

Ein anderer Grund liegt in der möglichen Verunsicherung des Lehrers. Wer lange wartet, kann in den Verdacht fachlicher Inkompetenz geraten. Schon als reines Körpersignal demonstriert das lebhafte, prompte „Anspringen" auf eine Schüleräußerung dem Klischee nach, daß es sich hier um eine Reaktion handelt, die sachgemäß und deshalb über jeden Zweifel erhaben ist.

Und schließlich befürchten viele Lehrer, daß sie sich durch zu langes Zögern und durch das dann eintretende bedrückende

Schweigen überhaupt nicht mehr konzentrieren können, was dann zum Blackout führen kann. Viele haben sich deshalb die nicht unbedingt empfehlenswerte Technik angewöhnt, zunächst irgend etwas zu antworten, um Zeit zum Nachdenken zu gewinnen, und dann erst allmählich – wenn überhaupt – auf die Schülerbemerkung einzugehen.

Das Training erst dann beginnen, wenn die Antwort ganz sicher ist

Beginnen Sie das Training des Schweigens deshalb besser in solchen Augenblicken, in denen Sie sich Ihrer Antwort sicher sind. Lassen Sie die Schüler absichtlich etwas warten. Ihre Sicherheit werden die Schüler unzweifelhaft durch die begleitende Körpersprache (Mimik, Gestik) spüren und um so gespannter auf die Antwort sein. Bauen Sie von hierher die Wartezeit allmählich auch in solchen Situationen aus, in denen Sie inhaltlich Ihrer Sache noch nicht so sicher sind. Sie geben dem Schüler dann dadurch zu erkennen, daß Sie ihn ernst nehmen und wirklich nachdenken. Auch bei Ihnen selbst fixiert sich darüber die Wartezeit allmählich zur Verhaltensstereotype, die Sie auch dann nicht mehr aus der Bahn wirft, wenn Sie einmal wirklich nicht mehr weiter wissen.

Absichtliches Warten

Neben diesen beiden Grundsituationen gibt es noch weitere Formen des Schweigens, die Sie im Anschluß daran mit differenzierter Intention trainieren könnten. *Allen* und *Ryan* (S. 139 ff.) haben die beiden Grundsituationen des Schweigens folgendermaßen weiter aufgeschlüsselt:

Aufgeschlüsselte Grundsituationen

1. Schweigen (des Lehrers) nach einer eigenen verbalen Äußerung, um deren Bedeutsamkeit zu unterstreichen;
2. Schweigen nach einer Schülerfrage, um selbst nachdenken zu können und die Schüler zum weiteren Nachdenken anzuregen;
3. Schweigen, nachdem den Schülern eine Frage gestellt wurde;
4. Schweigen nach einer Schüleräußerung, um den Schüler zum Weitersprechen und Weiterdenken anzuregen, unterstützt durch erwartungsvolle Mimik und Gestik des Lehrers.

Bevor Sie sich auf eine solche Differenzierung im Training oder in der Beobachtung einlassen, sollten Sie die beiden Grundsituationen zuvor erst einmal fest in Ihr Verhaltensrepertoire eingebaut haben. Dies allein ist für den Anfänger schon schwer genug, wie wir aus zahllosen Übungen zum Microteaching wissen. Lassen Sie sich aber nicht entmutigen, beharrlich an dem

Vorteile der Sprechpause:

Ziel zu arbeiten, eine kontrollierte längere Pause des Schweigens entweder nach einer eigenen Frage bzw. Äußerung oder nach einer Schülerfrage bzw. -bemerkung konsequent durchzuhalten und situationsangemessen auszubauen. Die Vorteile einer solchen Pause noch einmal im Überblick:

1. Sie unterstreicht die Wichtigkeit Ihrer Aussage.
2. Die Schüler können das Gesagte besser aufnehmen.
3. Sie zeigt Ihr Interesse an den Schülern. Nicht umsonst wird bei „Schnellsprechern" öfter vom Desinteresse an den Zuhörern gesprochen.
4. Die gekonnte Pausentechnik gibt Ihnen Zeit, den nächsten Punkt auf Ihren Aufschrieben zu erfassen und gibt Ihnen damit eine gewisse Sicherheit.
5. Sie können sich entspannen und ausreichend Luft holen. Dies ist entschieden besser, als während des Lehrervortrags „nach Luft zu ringen".
6. Eine gekonnte Pause schafft Spannung: „Was wird er wohl jetzt sagen?"
7. Eigene Verlegenheit kann durch eine Pause überbrückt werden.
8. Eine längere Pause wird unaufmerksame Schüler wieder zur Konzentration zurückführen.

Stille am Anfang der Stunde als dritte Grundsituation

Das Einsammeln der Schüler mit dem Blick schult das aktive Schweigen

Und noch eine Grundsituation soll angeführt werden, in der man als Lehrer aktives Schweigen üben sollte. Sie betrifft den Stundenanfang. Nicht selten wird von vielen Lehrern zu Beginn der Stunde ein regelrechter verbaler oder motorischer Aktionismus gestartet, um anfängliche Unsicherheiten zu überspielen (Sprache als „Kommunikations-Puffer"). Gewöhnen Sie sich konsequent an, die Stunde mit einem Eröffnungsritual zu beginnen (Begrüßen, Sinnspruch, Lied singen ...). Üben Sie aktives Schweigen in der Weise, daß Sie zunächst alle Schüler mit dem Blick einsammeln (siehe 3.3.1). Stellen Sie die Kontaktaufnahme zur Klasse zunächst über das nonverbale Signal her, und lassen dann das „Guten Morgen" folgen. *Das körpersprachliche Signal sollte dem verbalen vorausgehen.* Das sollte aber nicht in dieser häufig zu beobachtenden Form geschehen: Während man die Grußformel spricht, geht der Blick in Richtung Fenster oder Tür. Als vom Affekt gesteuert, deutet das körpersprachliche Signal an, wohin man am liebsten im Augenblick entfliehen möchte.

3.4.2 Fragen nachschieben

Eng verbunden mit dem typischen Anfängerfehler, Schweigepausen nicht durchhalten zu können, ist das Phänomen, daß es jungen Kollegen offenbar äußerst schwerfällt, unmittelbar nach einer gestellten Frage nicht sofort eine zweite oder dritte nachzuschieben. Die nicht durchgehaltene Wartezeit nach einer Lehrerfrage (3.4.1) einerseits und das Nachschieben immer neuer Fragen (3.4.2) andererseits sind lediglich unterschiedliche Akzentuierungen bzw. Differenzierungen derselben psychischen Belastungssituation. Daraus eine eigene Trainingskategorie zu machen scheint nur deshalb gerechtfertigt, weil eine Verhaltensänderung in diesem ganzen Bereich ohnehin nicht von heute auf morgen gelingt und weil speziell mit dem Nachschieben von Fragen noch einige inhaltliche Besonderheiten verknüpft sind, die auch gesonderte Aufmerksamkeit erforderlich machen.

Besonderheiten beim Nachschieben von Fragen

Zu diesen Besonderheiten gehört, daß den jungen Kollegen das Einhalten von Wartezeiten in der Regel weniger Mühe macht als die Anzahl der Fragen zu reduzieren. Nach eigenen Erfahrungen im Microteaching können wir die Untersuchungsergebnisse von *Borg, Langer* und *Keller* voll bestätigen, wonach trainierende Kollegen während des Unterrichtens trotzdem immer wieder Fragen nachgeschoben haben, obwohl sie nach der vorherigen Absprache eigentlich üben wollten, gerade dies zu vermeiden. Woran liegt das?

Fragen nachschieben – nur schwer vermeidbar

Offenbar zunächst an derselben psychischen Irritation, die durch die schwer erträgliche Stille nach einer gestellten Frage entsteht – nun aber nicht wegen des psychischen Drucks, der unmittelbar aus dem Schweigen erwächst, sondern wegen *unbewußter Versagensängste*, daß die Schüler die gestellte Frage nicht beantworten könnten. Jede richtige Schülerantwort bedeutet für den Lehrer ja auch ein Erfolgserlebnis, sei es als direkte Lernerfolgskontrolle, oder sei es auch nur als Gefühl emotionaler Verbundenheit mit der Klasse. Bleibt die erhoffte Reaktion von Seiten der Schüler aus, dann werden sie zumeist so lange mit immer neuen Fragen torpediert, wird die befürchtete Leere und Beziehungslücke so lange verbal zugedeckt, bis sich schließlich ein Schüler – nicht selten aus Mitleid – meldet, der dann auch vom Lehrer – geradezu reflexhaft – sofort mit einem Gefühl großer innerer Erleichterung aufgerufen wird.

Lehrer fühlt sich auf dem Prüfstand

Diese Zusammenhänge sollte man auch als Mentor sehen, wenn man z.B. die Empfehlung ausspricht, mit dem Aufrufen einzelner doch noch etwas länger zu warten, damit sich noch mehr Schüler melden können. Jeder, der als Trainer eine solche Unterrichtssituation einmal beobachtet hat, wird sich schon insgeheim dabei ertappt haben, wie er auf die Häufung von Fragen innerlich unwirsch reagierte („Hol' doch endlich einmal Luft", „Mach' doch endlich Schluß", „Ich habe doch schon lange verstanden, worauf die Frage abzielt. Die Schüler und ich – wir sind doch keine Dummköpfe"). Nur wird man sich auf dieser Ebene kaum mit dem jungen Kollegen verständigen, geschweige denn ihm eine Hilfe anbieten können.

Fragen präzise stellen

Besser scheint, die Aufmerksamkeit des Trainings auf einige wenige Sachverhalte zu lenken, die dann auch systematisch geübt werden müssen. Lernen Sie als erstes, eine Frage *präzise zu formulieren* (schlechtes Beispiel: „Wir haben soeben den Versuch zum Ohmschen Gesetz durchgeführt. Was ist Euch dabei aufgefallen? Welches Gesetz sollte denn nachgewiesen werden, und wie könnte man das Ergebnis sprachlich formulieren? Ist Euch der Zusammenhang von Stromstärke und Schaltung klar geworden?") Wenn Sie selbst nicht wissen, was Sie eigentlich fragen wollen, können auch die Schüler die Antwort nur schwer finden. Oft ist es erstaunlich, wieviel die Schüler doch noch aus einer unpräzis gestellten Frage machen.

Scheinfragen

Ferner sollte Ihnen die Frage, die Sie an die Schüler stellen, auch als *Frage bewußt werden,* d.h. sie muß auch mit der Erwartung einer Schülerantwort verknüpft sein und nicht als Scheinfrage (rhetorische Frage) vom Lehrer selbst beantwortet werden. Oftmals merkt der Betreffende ja erst an einigen sich meldenden Schülern, daß er überhaupt eine Frage gestellt hat; eigentlich hat er sie nur an sich selbst gerichtet und auch selbst beantworten wollen. Ein untrügliches Zeichen fehlender Objektbeziehung.

drei bis vier Schlüsselfragen formulieren

Beides fällt dem Anfänger verständlicherweise noch schwer, weil er in der Regel so stark auf den Inhalt und damit auf sich selbst konzentriert ist, daß er zu einer solchen Wahrnehmung – wozu ja auch die Offenheit für eine wirklich erwartete Schülerantwort gehört – noch gar nicht fähig ist. Deshalb ist es auch gar nicht schlimm, sondern sogar empfehlenswert, wenn Sie anfangs vor der Stunde *drei oder vier Schlüsselfragen schriftlich ausarbeiten* und beinahe wörtlich auswendig lernen.

Fragen kurz und einfach formulieren

Diese Fragen sollten *nicht zu lang* und vor allem *einfach formuliert* sein. Das ist deshalb wichtig, damit der Fragekern eindeutig herausgestellt wird. Sonst ist bei inhaltlich überfrachteten Fragen die Streubreite möglicher Schülerantworten zu groß (vgl. 3.4.6). Parallel dazu steigt dann auch schnell die Unsicherheit der Schüler und die Hemmung, überhaupt etwas zu sagen, was dann wiederum im Rückschluß weitere Fragen des Lehrers nach sich zieht. Einfach und kurz sollten die Fragen auch deshalb formuliert sein, weil Sie nicht über den ganzen Vormittag mit einem Grad hoher Konzentration bei den Schülern rechnen können. Je einfacher, langsamer und klarer eine Frage gestellt ist, um so größer ist die Wahrscheinlichkeit, daß sie auch von all denjenigen wahrgenommen wird, die im Augenblick etwas weniger aufmerksam waren.

Je klarer eine Frage gestellt wird, desto höher ist ihr Aufnahmegrad

Haben Sie eine in diesem Sinne präzise Frage an die Klasse gerichtet, dann besteht für Sie kein Grund mehr zur Beunruhigung. *Warten Sie in Ruhe ab!* Unterstreichen Sie die Bedeutsamkeit der Frage noch dadurch, daß Sie zuvor eine kurze Pause einlegen. Oder setzen Sie vor oder während der Fragestellung eine äußerlich wahrnehmbare Zäsur durch Veränderung der Stimmlage, des Sprechtempos, der Körpersignale, etwa durch intensiveren Blickkontakt oder durch akzentuierende Mimik und Gestik.

Nach der Frage in Ruhe abwarten

Meldet sich nicht sofort ein Schüler, dann sagt das absolut nichts über die Qualität Ihrer Frage aus. Denken Sie in dieser Situation reflexhaft daran, daß die Schüler *Zeit zum Nachdenken* benötigen. Entschlüsseln Sie die scheinbare Leere im Gesicht der Schüler richtig. Sie ist oft nur Ausdruck von konzentriertem Überlegen. Wenn Sie jetzt vorschnell eine weitere Frage nachschieben, führt das zwangsläufig zu Interferenzen. Die Schüler haben dann sowohl die erste Frage und ihre vorbereitete Antwort vergessen als auch die neue Frage nicht genau verstanden. Übrig bleibt nach der Batterie von Fragen nur die totale gedankliche Konfusion oder eine vage Ahnung von dem, in welche Richtung wohl die Fragen abgezielt sein mögen.

Interferenzentwicklung beim Schüler

Nur in ganz wenigen Fällen gelingt durch solche Frageketten der sogenannte *Prozeß der schrittweisen Erhellung,* bei dem der Schüler erst allmählich durch mehrere Fragen an den Problemkern herangeführt wird. Dies ist aber keine Übung für den Anfänger, weil solche planvoll aufgebauten Frageketten sehr viel Erfahrung und Überblick voraussetzen.

Schrittweise Erhellung durch Frageketten

Sollte sich selbst bei ausreichender Wartezeit niemand melden, verstärken Sie die gestellte Frage dadurch, daß Sie sie nach Möglichkeit wortwörtlich, zumindest aber strukturell gleichartig noch einmal wiederholen. Eine solche *Wiederholung* unterstreicht die Bedeutung der gestellten Frage (an ihr kommen die Schüler sozusagen nicht vorbei), bietet eine inhaltliche Vergewisserung und gibt vielen Schülern den letzten Anstoß. Denn

Verstärken der Frage durch Wiederholung

> *Positiv: Einen Schüler aufrufen, um zur Mitarbeit anzuregen*

Sie werden es oft bemerken, daß zahlreiche Schüler die Antwort förmlich auf den Lippen haben, trotzdem aber bis zuletzt Hemmungen haben, sich zu melden.

Und in ganz wenigen Ausnahmefällen, in denen sich dann immer noch niemand meldet, wird es von den meisten Schülern auch nicht als unangenehm empfunden, wenn Sie jemandem die Entscheidung abnehmen und ihn *aufrufen* („Klaus, mich würde Deine Ansicht interessieren", „Klaus, kannst Du uns weiterhelfen?"). Denn oftmals ist es dem Image des Schülers in der Klasse abträglich, wenn er sich freiwillig meldet (Streber). So sagt er lieber nichts, obwohl er inhaltlich vielleicht gern Stellung genommen hätte. Durch das Aufrufen können Sie solche und überhaupt auch zurückhaltende Schüler ermutigen und zur Mitarbeit anregen.

Wenn Sie das Training so angehen, daß Sie mit vorbereiteten Schlüsselfragen beginnen und an ihnen exemplarisch üben, keine weiteren Fragen nachzuschieben und trotzdem die Schüler konsequent zu einer Stellungnahme hinzuführen, wird es Ihnen später leichter fallen, auch in unvorbereiteten Situationen die Häufung von unkontrollierten Fragen allmählich zu verringern, weil sich aus dem konsequenten Training in einigen wenigen Situationen mit der Zeit eine fest verankerte Verhaltens- und Wahrnehmungsstereotype entwickeln wird.

Neben dem Training zur Verringerung von Frageketten können Sie zu diesem Zeitpunkt Ihre Aufmerksamkeit auch schon auf einige *allgemeinere Fertigkeiten zur Lehrersprache* lenken.

> *Allgemeine Fertigkeiten zur Lehrersprache:*
>
> *Sprechtempo*

1. *Wie ist Ihr Sprechtempo?* Wenn Sie sehr *langsam* sprechen, dann wirken Sie phlegmatisch und träge. Oder es entsteht bei den Schülern der Eindruck, daß Sie sich interessant machen wollen. Das führt meist zum Desinteresse an dem Gesagten und zum allmählichen Abschalten. Die Ursachen für zu *schnelles Sprechen* liegen zumeist in der Nervosität und Unsicherheit des Lehrers. Die Schüler haben das Gefühl, überfahren zu werden (der Lehrer scheut Fragen). Zu schnelles Sprechen signalisiert Desinteresse. Der Lehrer ist nur auf sich selbst bezogen und findet bei den Schülern deshalb keine Anerkennung.
Das *ideale Sprechtempo* liegt bei 80 bis 100 Wörtern in der Minute. Üben Sie zu Hause das richtige Sprechtempo ein, indem Sie einen entsprechend langen Zeitungsartikel in einer bestimmten Zeit laut vorlesen.

Variieren Sie Ihr Sprechtempo im Laufe der Stunde. Sprechen Sie mal langsamer, mal schneller. Das erhöht die Aufmerksamkeit der Schüler und vermindert den Eindruck einer monotonen Sprechweise.

2. *Wie ist Ihre Stimmstärke?* *Zu lautes Sprechen* ist sehr oft ein Zeichen von Erregung und fehlender Beherrschung. Gerade in hitzigen Diskussionen mit der Klasse, oder wenn sie sich in die Enge gedrängt fühlen, werden Lehrer unbewußt lauter mit der Stimme. Auf die Dauer kann sich daraus ein Signal für Aggressionen bei den Schülern entwickeln. Oder sie schalten einfach ab. Andererseits kann etwa lauteres Sprechen bestehende Unsicherheiten auch leichter bewältigen helfen (vgl. S. 116).

Stimmstärke
– zu laut

Zu *leises Sprechen* ist in der Regel in einer gewissen Schüchternheit und Unsicherheit begründet. Wer gehemmt und von seiner Sache nicht überzeugt ist, wird meist automatisch leiser sprechen. Die Folge ist bei den Schülern, daß sie den Lehrer akustisch erst gar nicht verstehen, schnell ermüden, private Gespräche beginnen und dadurch den Lehrer noch schlechter verstehbar machen.

– zu leise

Auch in diesem Bereich sollten Sie versuchen zu *variieren*. Eine alte Mentoren-Regel lautet: Werden Sie immer leiser, je lauter die Klasse wird. Das klappt manchmal, aber nicht immer! Vor allem dann nicht, wenn davon zu häufig und ohne Glaubwürdigkeit insgesamt Gebrauch gemacht wird. Ist der Unterricht insgesamt langweilig, bewirkt auch die Variation der Stimmstärke nur wenig. Aber steigern Sie die Wirkung bestimmter Äußerungen, indem Sie an einer spannenden Stelle bewußt leiser und langsamer sprechen, oder indem Sie an einer emphatischen Stelle kontrolliert lauter werden. Aber denken Sie immer daran: Die Sprechtechnik kann eine bestimmte Wirkung nur verstärken. Sie kann nicht den Zweck haben, allein diese Wirkung zu erzielen. Sie wirkt dann eher lächerlich. Auch sind bei einigen Kollegen von den physiologischen Voraussetzungen her gewisse Grenzen gesetzt. Wer von Natur aus leiser spricht, wird es einfach schwerer haben, die Stimmstärke variierend einzusetzen.

Merke:
Werden Sie immer leiser,
je lauter die Klasse wird

3. *Wie ist Ihre Stimmlage?* Wenn Sie sehr *hoch* sprechen, ist die Ursache meist plötzliche Verspannung oder auch aufkommender Ärger oder Zorn. Dies wirkt leicht lächerlich, was dann wiederum den Zorn des Betreffenden noch

Stimmlage

weiter steigert. Die hohe Stimme kann aber auch Ängstlichkeit anzeigen.

Mit einer sehr *tiefen Stimme* können Sie als väterlich, aber auch als nicht engagiert genug eingeschätzt werden. Auch wird solchen Lehrern oft eine selbstgefällige Art zugeschrieben („Sheriff-Typ"), aber auch – in Verbindung mit andern körperlichen Symptomen – eine gewisse Gemütlichkeit.

Die eigene Stimme als Kontrast

Soweit es sich um angeborene Eigenschaften handelt, sind dem Training natürlich Grenzen gesetzt. Üben aber läßt sich beispielsweise, die Sprache *kontrastierend* einzusetzen, d.h.: Sprechen Sie kontrolliert langsamer und leiser als Reaktion auf eine erregte, laute Schüleräußerung – und umgekehrt. Steigern Sie sich vor allem nicht im Laufe der Stunde in eine immer schnellere und hektischere Sprechweise hinein. Lernen Sie insoweit, Ihre Stimme wirkungsvoll einzusetzen. Achten Sie als Mentor auch darauf, ob die Sprechweise des trainierenden Kollegen

Welche Sprechweise?

„*rhythmisch*" oder „*abgehackt,* ob seine Stimme „*hart*" oder „*weich*", „*dünn*" oder „*voluminös*", „*monoton*" oder „*engagiert*" und „*abwechslungsreich*" ist. Achten Sie darauf, ob der Betreffende auch hinten im Klassenzimmer noch „*deutlich zu verstehen*" ist, oder ob er „*nuschelt*", Silben oder gar ganze Wörter „*verschluckt*".

Nach Lautstärke, Sprechtempo und Stimmlage nun noch abschließend stichwortartig zu einigen kleineren, unzusammenhängenden Empfehlungen zur Lehrersprache, auf die Sie – nach Auswahl – im Training auch eingehen könnten:

Kleinere Empfehlungen zu:

– Dialekt

1. *Dialekt*: Eine leichte mundartliche Färbung stört in den seltensten Fällen. Im Gegenteil: Sie lockert meist auf und wirkt persönlich. Andererseits sollten Sie Ihren Dialekt auch nicht gerade „pflegen" und ausbauen, weil Sie dadurch leicht kauzig oder gar provinziell wirken könnten.

– Privatdiskussion

2. *Privatdiskussion:* Vermeiden Sie es nach Möglichkeit, mit einzelnen Schülern eine Privatdiskussion zu führen. Wenn Sie sich zu intensiv auf Zwischenfragen einlassen, wird die Konzentration der übrigen Schüler mit Sicherheit sehr schnell nachlassen. Geben Sie die Frage entweder an die ganze Klasse zurück oder – was schade, aber doch das geringere Übel ist – vertrösten Sie den Schüler auf die Zeit nach der Stunde, was Sie dann allerdings auch einhalten sollten.

3. *Zusammenfassungen*: Versuchen Sie, im Laufe der Stunde ein- bis zweimal die Zwischenergebnisse zusammenzufassen. Das ist nicht immer einfach, zumal für den Anfänger, da ihm noch die notwendige Übersicht fehlt. Aber die Zusammenfassung ist als Verstärkung für eine bessere Behaltensleistung von großer Bedeutung. Bevor Sie also zum nächsten Abschnitt übergehen, wiederholen Sie oder ein Schüler das Bisherige ganz knapp (4 oder 5 Punkte) zum Mitschreiben (vielleicht mit Tafelanschrib) für alle. Das verhindert auch, daß Sie sich in abwegige Gedankengänge versteigen und den roten Faden verlieren.

— *Zusammenfassungen*

4. *Arbeitsaufträge*: Erläutern Sie erst den Arbeitsauftrag, bevor Sie die Arbeitsblätter austeilen. Formulieren Sie am besten den Arbeitsauftrag noch einmal schriftlich auf dem Arbeitsblatt, und zwar in klarer und knapper Form. Insbesondere bei der Gruppenarbeit ist wichtig, daß der Arbeitsauftrag auch noch einmal an die Tafel geschrieben wird, weil die Schüler zunächst nur auf die Gruppenbildung konzentriert sind und dann auf einmal ziemlich ratlos sind, was sie eigentlich machen sollten.

— *Arbeitsaufträge*

5. *Sprechanteil*: Versuchen Sie, Ihren Sprechanteil zu verringern. Hilfreich sind kürzere, gedanklich knapper ausgeführte Sätze. Komplizierter Satzbau verleitet zum „Weiterspinnen" der Gedanken. Folge: Schüler können dem komplizierten Satzbau nicht mehr folgen, schalten ab, und der Lehrer verschleiert dies unbewußt durch eine weitere Steigerung des Sprechanteils.

— *Sprechanteil*

3.4.3 Lehrer- bzw. Schülerecho

Zeitlich parallel zum „proxemischen Verhalten" (3.3.3) ist im Zusammenhang mit der Lehrersprache zunächst eine weitere Eigen- bzw. Unart vieler Lehrer im Laufe des Trainings anzusprechen, nämlich Schülerantworten wortwörtlich zu wiederholen. Sie erwächst aus demselben psychischen Konnex wie das Unvermögen, als Lehrer Pausen durchzuhalten (3.4.1 und 3.4.2). Nur sind es jetzt nicht die immer neuen Fragen des Lehrers, die die drohende Pause überbrücken helfen sollen, wenn Schülerreaktionen ausbleiben. In diesen Fällen wird die drohende Pause nach einer Schülerfrage oder -antwort dadurch überbrückt, daß der Lehrer – echohaft – die Schüleräußerung noch einmal inhalts- und wertungsneutral wiederholt. Die Schüler wissen dann zunächst gar nicht, woran sie sind.

...*der psychische Konnex*

Überbrückung von drohenden Pausen

> **Lehrerecho in der Sammelphase als sprachliche Brücke zwischen Schüleräußerungen**

Besonders beliebt ist das Lehrerecho in solchen Unterrichtsphasen, in denen Schüleräußerungen gesammelt werden. Der Lehrer ruft einen Schüler nach dem andern auf und verwendet die Wiederholung des Schülerbeitrags lediglich als *sprachliche Brücke* zwischen dieser und der nächsten Schüleräußerung. Manchmal erfüllen auch „unisono-Antworten" dieselbe Funktion. In solchen selteneren Fällen kann das Lehrerecho auch sinnvoll sein, um die Sammelphase nicht durch Kommentierungen vorschnell abzubrechen und gleichzeitig doch dem betreffenden Schüler zu zeigen, daß sein Beitrag registriert wurde. Wird dieser allerdings im weiteren Verlauf inhaltlich nicht wieder aufgenommen, bleibt es also bloß bei der leerformelhaften Verstärkung des Schülerbeitrags, wird die Bereitschaft der Schüler, sich am Gespräch zu beteiligen, sehr bald abnehmen.

> **Wiederholung automatisch...**

Und in der Tat wird vermutlich dies die häufigere Form von Lehrerecho sein. Die Wiederholung erfolgt quasi automatisch aus dem Kurzzeitgedächtnis, ohne daß der Inhalt unbedingt verstanden worden sein muß. Wir kennen dies ja noch umgekehrt aus der eigenen Schulzeit, wenn uns der Lehrer bei eigenem abwesendem Gesichtsausdruck aufforderte, seinen letzten Satz zu wiederholen. Das gelang zumeist – zum Leidwesen des Lehrers, obwohl wir tatsächlich ja auch nicht zugehört hatten. In diesen Fällen hat das Lehrerecho nicht die Funktion einer sprachlichen Brücke, sondern setzt den Schülerbeitrag im Grunde herab zu einer reinen Sprachhülse, die lediglich dazu dient, dem Lehrer *Zeit zum Nachdenken* über anderes zu geben. Dann wird lediglich der Anschein einer sprachlichen Kommunikation aufrechterhalten, obwohl eigentlich niemand dem andern so richtig zuhört („kommunikativer Autismus").

> **...als Sprachhülse, um Zeit zu gewinnen**

> **Alternativen zum Lehrerecho**

All das ist andererseits aber auch wiederum allzu verständlich. Wer will es einem Lehrer schon verübeln, daß er es unbewußt als Entlastung des eigenen Sprechens und Denkens empfindet, wenn er das Wort an einen Schüler weitergibt? Versuchen Sie aber trotzdem, sich überhaupt erstmal Ihr Lehrerecho bewußt zu machen und es dann mit der Zeit auch etwas zu reduzieren. Oftmals kann auch „aktives Schweigen" bzw. „aktives Zuhören" dieselbe Funktion erfüllen. Durch aufmunterndes Kopfnicken, durch bestätigende Körpersignale, durch nachdenkliche Mimik u.ä. erreichen Sie die gleiche – wenn nicht sogar bessere – Wirkung wie mit dem Lehrerecho. Allerdings kommt man nicht umhin festzustellen, daß Schüler automatisches Kopfnicken (vgl. 3.5.1) ebenso schnell als Scheinkommunikation „entschlüsseln" werden wie leerformelhaftes Lehrerecho. Denn der psychische Kausalzusammenhang bleibt ja derselbe, nur mit dem Unterschied, daß der eine Kollege diese und der andere jene Verarbeitungsform als etwas weniger belastend empfinden mag.

Auch in diesem Trainingsabschnitt können nun nach dem typischen Anfängerfehler „Lehrerecho" noch weitere Fertigkeiten zur Lehrersprache herangezogen werden. Zunächst dazu, mit welchen relativ einfachen sprachlichen Mitteln sich die *Spannung* im Unterricht leichter aufrechterhalten läßt. Nach *Kounin* (aus *Wagner*, S. 192) sind dies folgende Techniken:

Aufrechterhaltung von Spannungen nach Kounin:

1. erst die Frage stellen, dann den antwortenden Schüler aufrufen (aber keinen Schüler aufrufen, um ihn absichtlich bloßzustellen!);
2. nicht die Reihenfolge vorgeben, nach der die Schüler – etwa beim Vorlesen – drankommen;
3. schnelles Fragen an verschiedene Kinder;
4. schnelles Unterbrechen einer falschen Antwort und schnelles Weiterfragen bei andern Schülern;
5. Hinweis auf etwas besonders Schwieriges oder Spannendes, um das Interesse der ganzen Klasse aufrechtzuerhalten;
6. den Antwortenden zufällig herauspicken, um die Spannung zu halten;
7. Pause machen, um sich schauen, bevor man aufruft, um Spannung zu erzeugen.

Darüber hinaus läßt sich die Wirkung der Lehrersprache durch einige wenige *Stilmittel* deutlich verbessern. Als nicht so komplexe, leicht überschaubare Aspekte sind sie dem jetzigen Trainingsstadium angemessen, d.h. sie berühren zwar schon den sensibleren Bereich des Sprachstils, aber doch ohne dem trainierenden Kollegen persönlich zu nahe treten zu müssen. Wiederum in Auswahl könnten nach vorheriger Absprache einige Techniken zum Gegenstand des aktiven Trainings gemacht werden.

Wirkung der Lehrersprache durch Stilmittel verbessern

1. *Wiederholungstechnik*: Durch absichtliche Wiederholung eines Wortes oder einer Redewendung läßt sich die Wirkung einer Lehreräußerung steigern. Achten Sie jedoch darauf, daß Sie diese Technik nur wenige Male verwenden, da sie sich sonst in ihrer Wirkung ins Gegenteil verkehrt. Zu häufige Wiederholungen wirken langweilig bis lächerlich, zumal die Schüler die rhetorische Absicht schnell erkennen und sich dann manipuliert fühlen (Bei-

Wiederholung verstärkt

spiel: „In der Spielzeit 1979/80 betrug der Zuschuß der öffentlichen Hand zu den Betriebsausgaben der Theater pro Karte genau 72,24 DM – ich betone: 72,24 DM").

Mediatoren verbessern die Behaltensleistung

2. *Zitate- und Sprichworttechnik*: Flechten Sie in Ihren Lehrervortrag Zitate und Sprichwörter ein. Als „Mediatoren" verbessern diese die Behaltensleistung erheblich (Beispiel: Folgende grammatisch wichtige Wörter in der altgriechischen Sprache- „labe", „heure", „elthe", „ide", „eipe" – kann man sich durch den Satz „Labet eure Eltern in der Kneipe" ein Leben lang merken). Dadurch können Sie aber auch den Lehrervortrag auflockern, lebendiger und interessanter machen (Beispiel: „Sie müssen sich schon anstrengen. Zum Erfolg gibt es keinen Lift, Sie müssen schon die Treppe benutzen").

Auch durch treffende *Beispiele* lassen sich viele Sachverhalte anschaulicher vermitteln („Jedes Jahr wird in der Deutschland eine Kleinstadt ausgelöscht" ist besser als „15 000 Verkehrstote"). Auch *Redensarten* erzielen eine ähnliche Wirkung („Den Bock zum Gärtner machen", „Laus in den Pelz setzen", „Mit den Wölfen heulen", „Da liegt der Hase im Pfeffer").

Mit Wortspielen abstrakte Inhalte besetzen

3. *Wortspiel*: Auch ein Wortspiel ist sehr einprägsam und ist geeignet, abstrakte Inhalte mit einem hohen Erinnerungswert zu besetzen (Beispiel: In Biologie behandeln Sie die inneren Organe des Menschen und sagen bei den Nieren: „bei heißem Wetter sollten Sie viel trinken, dann klatschen Ihre Nieren vor Freude in die Hände").

Kontratechnik...

4. *Kontra-Technik*: Zwei Gegensätze werden in einem Satz bzw. einem Wort verflochten (Beispiele: „Kühler Kopf und heißes Herz", „Recht haben und recht behalten ist noch lange nicht dasselbe").

...erzeugt Spannung

5. *Pausen- und Verstummungstechnik*: Eine weitere Differenzierung der Trainingskategorie „Schweigen" ist die Pausen- und Verstummungstechnik. Brechen Sie mitten im Satz – gekonnt – ab. Sie werden erleben, welche Spannung Sie bei den Schülern erzeugen (Blickkontakt halten!). Bisweilen werden Sie aber auch enttäuscht sein, wie wenige Zuhörer dies überhaupt bemerken. Die Pausen- und Verstummungstechnik ist also auch ein wichtiges Hilfsmittel, um zu testen, wie aufmerksam die Schüler noch sind.

6. *Überraschungstechnik*: Denselben Zweck verfolgt man mit der Überraschungstechnik. Machen Sie wissentlich eine

falsche Aussage, um die Aufmerksamkeit der Schüler zu testen („Hält die gegenwärtige Geburtenrate an, gibt es im Jahr 2000 nur noch 5 Millionen Deutsche"). Oft werden Sie entsetzt sein, wie wenige Schüler Zweifel anmelden.

> *Wissentlich falsche Aussagen erzeugen Aufmerksamkeit*

Dies ist jedoch auch eine gefährliche Methode. Auch wenn Sie sich sofort korrigieren, kann Ihnen dieses Verfahren als Arroganz ausgelegt werden. Die Schüler könnten es als Provokation auffassen und aggressiv reagieren („Wenn der Unterricht interessanter wäre, wenn Sie nicht so lange reden würden, würden wir auch besser zuhören").

Machen Sie lieber einmal eine unmotivierte, abrupte Geste mit der ausgestreckten Hand, oder verursachen Sie unerwartete Geräusche (in die Hände klatschen, plötzliches Aufstehen). Öffnen Sie zwischendurch mal ein Fenster, intensivieren Sie den Blickkontakt, legen Sie eine Pause ein, verändern Sie die Sprechtechnik, wechseln Sie den Standort, beziehen Sie die Schüler durch Fragen ein. Diese indirekten Verfahren sind letztlich wirkungsvoller, um die Aufmerksamkeit zu verbessern, als inhaltlich absichtlich eine falsche Aussage zu machen.

> *Indirekte Verfahren*

7. *Steigerungstechnik*: Bauen Sie Ihre Sätze ab und zu so auf, daß drei aufeinanderfolgende Sätze jeweils eine Steigerung darstellen (Beispiel: „Es ist gut, wenn Sie aufmerksam zuhören. Es ist besser, wenn Sie den Tafelanschrieb auch mitschreiben. Am besten wäre es, wenn Sie selbständig mitschrieben.").

3.4.4 Reflektierendes Sprechen

Eine direkte inhaltliche Weiterführung des „Lehrer- bzw. Schülerechos" stellt die Trainingskategorie „reflektierendes Sprechen" dar. Nur ist sie erheblich schwieriger zu realisieren, selbst in diesem fortgeschrittenen Trainingsstadium. Die Technik des reflektierenden Sprechens ist ein kunstvolles Verfahren aus der Gesprächstherapie und setzt intensive Schulung voraus. Dennoch soll auch in diesem Zusammenhang auf die Grundzüge aufmerksam gemacht und trainingsmäßig eingegangen werden, weil es auch für den Lehrer ein recht wirkungsvolles Mittel wäre, zurückhaltende Schüler zum längeren Sprechen anzuregen. Das setzt allerdings voraus, daß man grundsätzlich den Sprechanteil der Schüler im Unterricht im Vergleich zu dem des Lehrers erhöhen möchte, eine Auffassung, die ja nicht von jedem geteilt wird

> *Gesprächstherapie setzt intensive Schulung voraus*

(„Schüler lasse ich nur reden, um zu testen, ob sie es verstanden haben. Sonst rede ich lieber selber. Das hat dann wenigstens Hand und Fuß"). Auch ist natürlich klar, daß die Technik des reflektierenden Sprechens nicht das einzige Interaktionsmuster im Unterricht sein kann. Sie eignet sich überwiegend nur für bestimmte Fächer und auch da nur für gesprächsorientierte Phasen des Unterrichts. Auf Grundmotive des reflektierenden Sprechens jedoch stößt man in allen Unterrichtsbereichen.

Was ist reflektierendes Sprechen?

Aber was ist nun eigentlich unter dieser Technik zu verstehen? Das reflektierende Sprechen steht in enger Verbindung mit der nicht-direktiven, klientenzentrierten Gesprächstherapie nach *Rogers* (1973). Nach dem Prinzip der *Selbstexploration* soll der Klient angeregt werden, ein Ereignis, eine Situation oder eine Lebensschwierigkeit zu verbalisieren und auf diese Weise bewältigen zu lernen. Der Therapeut hat dabei die Aufgabe, dem Klienten bei der Selbstexploration zu helfen, indem er das wiederholt, was der Klient zuvor geäußert hat. Er schafft ein Klima, das frei ist von Spannungen, Bedrohungen und Belastungen, und bildet für den Klienten eine Art Spiegelbild seiner selbst. Indem er das Vorgebrachte wiederholt, signalisiert er dem Klienten Verständnis und einfühlende Wertschätzung und regt ihn darüber zum Weitersprechen an. Bei der *Verbalisierung* genügt es jedoch nicht, durch ein abwesendes, routinemäßiges „Ja" dem Klienten zwischendurch zuzustimmen, sondern der Therapeut muß zu erkennen geben, daß er ihn verstanden hat. Er muß „mit ihm" und nicht bloß „an ihn" denken (Empathie).

Selbstexploration des Klienten

Echoantwort

Der einfachste Typ der Verbalisierung ist die „*Echo-Antwort*". Sie läßt sich jedoch nicht oft geben, denn der Klient würde durch die bloße Wiederholung mißtrauisch gemacht werden und schließlich nicht einmal die Spur eines echten Bemühens um Verständnis sehen. Es ergeben sich im Grunde dieselben Probleme wie beim Lehrerecho (3.4.3).

Verbalisierung mit anderen Worten

Eine schon anspruchsvollere Form ist die *Verbalisierung mit andern Worten,* die der Klient als gleichwertig empfindet. Die Antworten des Therapeuten beginnen etwa folgendermaßen: „Sie finden, daß ...", „Mit anderen Worten ...", „Sie spüren . . .", „Sie empfinden ...". Die Verbalisierung mit andern Worten läuft auf eine Paraphrasierung des Gesagten hinaus und kann dem Klienten schon in höherem Maße zu erkennen geben, daß er verstanden worden ist. Ähnlich wie diese „wiedergebende" setzt auch die „*zusammenfassende Verbalisierung*" an. Nur zeigt

zusammenfassende Verbalisierung

sich hierbei schon deutlicher das Kernproblem aller Formen des reflektierenden Sprechens, daß es nämlich nicht zu einer Interpretation oder Verschiebung des Wesentlichen kommen darf, was ja dem Grundsatz der Selbstexploration widerspräche. Ein Beispiel zur wiedergebenden Verbalisierung (nach *Mucchielli*, S. 43):

Klient: „Ich bin völlig entmutigt und kann einfach nicht mehr."
Therapeut: „Sie fühlen sich am Ende Ihrer Kräfte."
Klient: „Das ist nicht eine Frage des jetzigen Augenblicks, es handelt sich nicht um eine vorübergehende Erscheinung."
Therapeut: „Sie empfinden, daß es Ihnen nicht nur jetzt schlecht geht, sondern es handelt sich um etwas länger Dauerndes."

Weil der Therapeut weder kommentierend noch tröstend oder beurteilend eingreift, bleibt das Gespräch auf den Klienten und dessen Problem zentriert. Antwortet der Klient auf die wiedergebende Verbalisierung vor einer neuen Explorationsperiode mit Bemerkungen wie „Ja, genau" oder „Ganz richtig", dann zeigt dies dem Therapeuten, daß seine Verbalisierung zutreffend gewesen ist.

Die schwierigste und wirkungsvollste Komponente des reflektierenden Sprechens ist die sog. *klärende Verbalisierung*. Sie zielt darauf ab, den Sinn der Aussage des Klienten zu erhellen und ihm diesen wieder zu vermitteln. Hier besteht die Schwierigkeit darin, vom Wesentlichen, so wie es vom Klienten wahrgenommen wird, auszugehen. Das Risiko der Interpretation ist groß, zumal die Darstellung durch den Klienten oft verworren und widersprüchlich ist. Auch dazu ein Beispiel (*Mucchielli*, S. 45):

> *Wirkungsvollste Komponente: Klärende Verbalisierung*

Klient: „Mein Schwager ist einfach unglaublich anmaßend. Für ihn zählt nur einer, und das ist er selbst. Nur er hat etwas zu sagen. Sobald er irgendwo erscheint, führt er ganz allein die Unterhaltung, und ich kann dann allen nur noch ‚Gute Nacht' wünschen und weggehen."
Therapeut: „Der Kern Ihres Problems liegt nicht so sehr in seinem Auftreten ..., sondern vielmehr eher darin, daß seine Art und Weise Sie irgendwie persönlich trifft, Sie beiseite schiebt."

Übertragbar auf den Unterricht?

Natürlich lassen sich diese verschiedenen Formen der Verbalisierung aus der Psycho- und Verhaltenstherapie nicht einfach auf die Unterrichtssituation übertragen. Einmal fehlt dem Lehrer die langwierige gesprächstherapeutische Ausbildung. Zum andern ist die Voraussetzung eine ganz andere. Die Schule hat es nicht mit kranken Menschen zu tun, und sie hat keine analytisch-therapeutische Absicht, sondern ist durch lehrzielorientiertes Unterrichten charakterisiert. Dennoch scheinen einige Elemente – wie schon angedeutet – auch in der Schule von Bedeutung zu sein. Dazu gehört vor allem, daß die Lehrerantwort nicht in einem reinen Echo oder Nachplappern einer Schüleräußerung bestehen sollte, sondern von dem echten – also auch nicht nur vorgetäuschten – Bemühen um Verständnis und Wertschätzung getragen sein sollte. Im weiteren ist auch für den Lehrer wichtig zu erkennen, daß sich Schüler häufig „verschlüsselt" (*Gordon*) äußern. Auch der Lehrer als Gesprächsleiter muß dafür sensibilisiert sein, solche Bemerkungen der Schüler richtig zu „*entschlüsseln*", um mit seiner Reaktion dem jeweiligen Schüler auch tatsächlich gerecht zu werden. So ist z.B. Widerstand gegen das Lernen fast immer ein Hinweis auf Probleme des Schülers:

Verschlüsselte Botschaften

Schüler: „Ich habe keine Lust mehr."
Lehrer: „Die Aufgabe ist für dich zu schwierig."
Schüler: „Ich kann mein Referat doch auch vom Platz aus halten."
Lehrer: „Du möchtest Deinen vertrauten Platz nicht verlassen."
Schüler: „Ich finde Gruppenarbeit langweilig."
Lehrer: „Es ist für Dich ungewohnt, etwas zu arbeiten, ohne daß ich dabei bin."

Aktives Zuhören

Ein Beispiel für „aktives Zuhören" findet sich auch bei *Gordon* (S. 88), in dem der Lehrer am ersten Schultag mit „Eddie", einem Schüler aus der 2. Klasse, folgendes Gespräch führt:

Lehrer: „Was machst du, Eddie?"
Eddie: „Nichts (Pause). Müssen wir den ganzen Tag in der Schule bleiben?"
Lehrer: „Du würdest lieber draußen sein."
Eddie: „Hmhm. Hier kann man gar nichts machen. Man muß den ganzen Tag auf seinem Stuhl sitzen und schreiben und lesen."

Lehrer:	„Es tut dir leid, daß du nicht mehr den ganzen Tag draußen spielen kannst wie im Sommer."
Eddie:	„Ja, ich würde lieber spielen und schwimmen und auf Bäume klettern."
Lehrer:	„Das hat dir Spaß gemacht, und darum ist es auch schwer, das alles aufzugeben und wieder zur Schule zu gehen."
Eddie:	„Ja, hoffentlich ist bald wieder Sommer."
Lehrer:	„Du freust dich richtig auf den nächsten Sommer."
Eddie:	„Ja, wenn wieder Sommer ist, kann ich tun, was ich will."

Das wichtigste Element bei der Übertragung dieser Gesprächstechnik auf die Schule scheint jedoch die Fähigkeit des *Zuhörens* zu sein. Wie auch in den andern Bereichen des täglichen Lebens, ist die Fähigkeit des Zuhörens bei Lehrern nur noch sehr gering ausgeprägt. Viele Lehrer sind bei Schüleräußerungen mit ihren Gedanken ganz woanders oder nehmen nur noch selektiv wahr, was gerade in die eigenen Gedankengänge hineinpaßt. Wie oft passiert es, daß Lehrer, und Schüler aneinander vorbeireden, sich nicht vergewissern, ob sie richtig verstanden worden sind, und dann schnell aus Unsicherheit auf eine scheinbare Harmonisierung zusteuern. Zumeist nickt dann der Schüler schließlich auch zustimmend, nur um nicht noch stärker in den Mittelpunkt der allgemeinen Klassenaufmerksamkeit zu rücken.

Zuhören leider nur noch gering ausgeprägt

Im Laufe der Berufsjahre schleifen sich bei jedem immer festere Assoziationsketten ein. Auf ein bestimmtes Stichwort eines Schülers hin werden immer wieder dieselben Argumente vorgebracht (vgl. S. 122). Damit bleibt der Lehrer immer stärker in seiner Ichbezogenheit gefangen. Bei jedem jungen Kollegen sollte in diesem Zusammenhang eine Kontrollampe aufleuchten, wenn er z.B. zum ersten Mal vor der Klasse feststellt: „Ich pflege immer zu sagen." Das ist ein untrügliches Zeichen eingeschränkter Objektwahrnehmung. Kein Wunder, daß sich die Schüler in einem solchen Interaktionsstil nicht ernst genommen fühlen und schließlich abschalten.

Feste Assoziationsketten

Andererseits wissen wir doch auch, wie sympathisch uns Menschen sind, die sich noch die Zeit nehmen, uns richtig zuzuhören. Heutzutage sind wir ja schon soweit – zumindest in Kalifornien –, daß man „Zuhörer" mieten kann. Gegen eine Gebühr sind kalifornische Psychologie-Studenten bereit, die „Schwerstarbeit" des Zuhörens zu verrichten. Schüler dagegen sind unfreiwillige, kostenlose Zuhörer des Lehrers. Und diese

Schüler als unfreiwilliger und kostenloser Zuhörer

beschweren sich dann noch (welche Paradoxie!), daß sich vor allem ältere Schüler so wenig am Unterricht beteiligen. Jedoch gerade Heranwachsende lassen sich nicht zu angepaßten Stichwortgebern des Lehrers degradieren, wenn sich der Lehrer seinerseits nicht der Mühe unterzieht, sich auf die – zugegeben – oftmals verworrenen Gedankengänge der Schüler einzulassen.

Zumindest die phasenweise Verwendung von Elementen des reflektierenden Sprechens drückt dagegen die einfühlende Wertschätzung des Lehrers seinen Schülern gegenüber aus. Sie geben damit Verständnis für Ihre Schüler zu erkennen. Und denken Sie in einzelnen Unterrichtssituationen immer wieder daran: *Der Zuhörer ist der Flexiblere* Der Souveränere und Flexiblere ist der Zuhörer, nicht der Sprecher! Als Lehrer sollten Sie versuchen, diesen anspruchsvolleren Weg zu gehen.

Zuhör-Übung Eine interessante, aber auch schwierige *Zuhör-Übung* für das Simulationstraining könnte das Training „vor Ort" ergänzen. Notwendig sind drei Mitspieler: A und B und der Beobachter C. Wählen Sie ein kontroverses Thema („Pro und contra Ehe", „Frauen zur Bundeswehr", „Bürgerinitiativen", „Leistungs- contra Freizeitgesellschaft"). A gibt seine Meinung an B. B antwortet nicht, sondern wiederholt zunächst die Worte von A („Wenn ich Sie richtig verstanden habe, dann sagten Sie ..."). Wiederholt B nicht die Worte im gleichen Sinne, so sagt A „falsch", und B muß nochmals versuchen, den Inhalt, den A gegeben hat, richtig zu wiederholen Gelingt dies nicht, muß A nochmals seine Worte wiederholen. Zu beachten ist, daß nicht genau wörtlich, aber doch sinngemäß alles gesagt werden muß. Der Beobachter – C – kann ebenfalls eingreifen, wenn er der Meinung ist, daß die Antwort nicht vollständig ist. Zeitdauer 5-7 Minuten. Dann Wechsel der Personen: A gibt an C seine Meinung zu einem kontroversen Thema. B ist jetzt Beobachter.

3.4.5 „Wir wollen ..."-Bemerkungen des Lehrers

Unart des Lehrers: stereotype Redewendungen Eine weitere Unart in der Lehrersprache ist die häufig auftretende stereotype Redewendung des Lehrers: „Heute wollen wir uns mit ... beschäftigen" oder „Jetzt wollen wir die Hausaufgaben notieren" usw. In diesem Trainingsabschnitt soll zunächst auf diese typische Eigenart der Lehrersprache eingegangen werden. Am Ende werden dann wieder einige allgemeinere Auffälligkeiten zur Sprache angesprochen.

Wenn Lehrer „wir" sagen, wo sie eigentlich „ich" meinen, dann kann das mehrere Gründe haben. Denkbar sind zunächst zwei stilistische Grundmuster: als „Pluralis majestatis" („Wir, Wilhelm, von Gottes Gnaden, deutscher Kaiser...") und als „Pluralis modestiae". Bei letzterem, dem Plural der Bescheidenheit, will der Sprechende in der Menge aufgehen. Der Pluralgebrauch durch den Lehrer hat darin wohl auch seine ursprüngliche Bedeutung. Jedoch trägt er heute eher zu einer Vermischung der Interaktionsstruktur zwischen Lehrer und Schüler bei. In versteckter Form können so Aufforderungen und Anweisungen ausgesprochen werden, ohne ihnen zugleich die Schärfe eines direkten Befehls zu geben. Dadurch aber wird eine Harmonie im Unterricht sprachlich vorgetäuscht, die der wahren Beziehungsstruktur zwischen Lehrer und Schülern nur selten entspricht.

Gründe für das „Wir" des Lehrers

Wenn ein Lehrer sagt: „Wir müssen noch genauer werden", dann hat schon allein die sprachliche Formulierung etwas Absonderliches an sich. Zugleich sagt sie auch etwas über die Verschleierung der Interaktionsstruktur aus. Ehrlicher und vielleicht sogar höflicher wäre: „Können Sie das noch etwas genauer ausdrücken?"

Wenn man im privaten Kreis im Plural spricht („Wollen wir ins Schwimmbad oder in die Stadt gehen?"), dann bezieht sich der Sprechende selbst mit ein, ohne daß das Ergebnis bereits feststeht. Sagt der Lehrer dagegen „Die Klassenarbeit wollen wir am nächsten Mittwoch schreiben", dann ist zwar auch er von dieser Mitteilung betroffen, jedoch können sich die Schüler der damit getroffenen Festsetzung nicht entziehen. Wegen dieser Widersprüchlichkeiten ist die „Wir-Formel" zu einer typischen Eigenart der Lehrersprache geworden, die im alltäglichen Sprachgebrauch so nicht vorzufinden ist.

Widersprüchlichkeiten

Besser scheint es, die Sprache der wahren Interaktionsstruktur anzupassen. Das ist auf jeden Fall ehrlicher. Dazu gehört zunächst, daß der Lehrer lernt, öfter „ich" zu sagen. Wer „ich" sagt, der wird als individuelle Person erkennbar – und nicht nur als Funktionsträger. Er wird damit dann allerdings auch kritisierbar. Wer „ich" sagt, kann betroffen sein und persönlich enttäuscht werden, aber auch ungerecht sein und Fehler machen. Zur Personwirkung des Lehrers gehört eben, daß er auch sprachlich die Bereitschaft zu ungeschützter Offenheit gegenüber den Schülern zu erkennen gibt (vgl. S. 14 f.).

Das" Ich" läßt die individuelle Person erkennbar werden

In denselben Zusammenhang gehören die sog. „Ich-Botschaften" des Lehrers (*Gordon*). Wenn Lehrer von der „Wir-Formel"

Ich-Botschaften formulieren

abweichen, dann zumeist nur, um sich mit „Konfrontationsbotschaften" an die Schüler zu wenden („Du hörst damit sofort auf!", „Du benimmst dich wie ein Baby", „Du solltest das besser wissen!"). Keine dieser Du-Botschaften verrät etwas über den Lehrer, seine Gefühle und über den Grad seiner Betroffenheit. Nach *Gordon* müßte ein Lehrer, der seinen Schülern gegenüber Wertschätzung empfindet und als Person Echtheit zu erkennen geben will, seine Äußerung als Ich-Botschaft formulieren („Ich bin wirklich ärgerlich, wenn Ihr Euch herumschubst", „Ich bin enttäuscht, daß so wenige mitmachen").

> *Aufbau von Distanz:*
> *"Mir fehlt hier noch etwas"*

Eher als Kuriositäten der typischen Lehrersprache sind solche Redewendungen einzuschätzen, in denen Lehrer schon traditionell vom Pluralgebrauch abweichen, etwa: „Hier fehlt mir noch etwas", „So was kannst du mir nicht bringen". Durch solche Formulierungen bringt der Lehrer seine individuelle Person nicht ein, sondern baut im Gegenteil Distanz zwischen sich und dem Schüler auf. Der Satz: „Hier fehlt mir noch etwas", hat von der Interaktionsstruktur her denselben Stellenwert wie, „Wir müssen noch genauer werden". Sachlicher und höflicher zugleich ist auch in diesem Fall die Redewendung: „Können Sie das noch etwas genauer ausdrücken?".

> *Sie-Standpunkt*

Diese Redewendung macht auch noch auf etwas anderes aufmerksam. Verwenden Sie den „*Du*"- bzw. „*Sie*"-Standpunkt, und zwar nicht im Sinne einer Konfrontationsbotschaft, sondern als ein Zeichen einfühlender Wertschätzung gegenüber den Schülern (Empathie). In der Ich-Botschaft drückt der Lehrer seine persönliche Betroffenheit und damit Echtheit aus. Durch die Verwendung des „Sie"-Standpunktes bemüht er sich, auch die Vorkenntnisse, Erwartungen und Einstellungen der Schüler erkennbar zu reflektieren (Was können die Schüler schon wissen? Was interessiert sie? Was belastet sie? Was lenkt sie ab?). Dadurch fühlen sich die Schüler direkt einbezogen und nicht zum passiven Lernobjekt degradiert. Einige Beispiele dafür, wie Sie in Zukunft den „Sie"-Standpunkt ausdrücken können: „Sie können vielleicht hieraus folgendes verwenden" (statt: „Ich kann Ihnen hierzu folgendes erzählen"), „Auch wenn es vom Thema abschweift, so erfahren Sie doch jetzt" (statt: „Ich möchte nicht zu weit abschweifen, doch ich ... "), „Folgende These ist für Sie vielleicht auch neu ... " (statt: „Ich habe diese These zum ersten Mal gehört.").

> *Deshalb:*
> *Kein unpersönliches „Man"*

Und wer meint, Sprache könne nur das wiedergeben, was an realen Machtstrukturen vorhanden sei, und andere Redewendungen des Lehrers trügen lediglich zu ihrer Verschleierung bei, der verkennt die große Bedeutung, die der Lehrer als Vorbild gerade für den Umgangston im Klassenzimmer hat. Sicherlich beschränkt sich dies zunächst auf das Klassenzimmer. Dies aber scheint kein Hinderungsgrund zu sein, Alternativen dort zu praktizieren, wo der einzelne Lehrer direkt Einfluß und Verantwortung hat. Versuchen Sie auch, das unpersönliche „*man*" aus Ihrem Wortschatz zu streichen. Dahinter kann sich der Lehrer als Person ebenso verstecken wie hinter der „Wir"-Formel. Sie finden bestimmt eine bessere persönliche Anrede. Meist werden Sie „man" durch „Sie" bzw. „Du" ersetzen können. Beispiel: „Man kann immer wieder Autofahrer beobachten, die ..." besser: „Sie haben sicherlich auch schon Autofahrer beobachtet, die ...").

Auch in diesem Trainingsabschnitt können Sie abschließend als Mentor noch einige weitere, kleinere Besonderheiten der Lehrersprache – nach Auswahl – ins Training einbeziehen. So sollten Sie nach Möglichkeit versuchen, *Negatives positiv auszudrücken*. Das hat entsprechende Auswirkungen auf das Klima und den Umgangston in der Klasse, wenn auch nur allmählich und zumeist unbewußt.

Negatives positiv ausdrücken

Auch dazu einige Beispiele: Einwand (besser: Diskussionsbeitrag), nicht geschafft (besser: noch zu erledigen, begonnen), nicht gestattet (besser: nur mit Erlaubnis, erlaubt für), sich streiten (besser: argumentieren), Tricks (besser: Tips, Vorschläge), schlecht (besser: weniger gut), Strohdumm (besser: nicht besonders intelligent, mehr praktisch begabt), unfähig (besser: glücklos, falsch eingesetzt), durchtrieben (besser: clever, gewieft, pfiffig), nichtssagend (besser: allgemein gehalten, mit Leben erfüllen).

Vermeiden Sie nach Möglichkeiten auch solche *typischen Lehrerwendungen*, die auf sensiblere Ohren eher skurril wirken, etwa: „Jetzt, bitte, Herrschaften" oder „Also, Leute, ich muß schon sagen ...". Schwieriger ist es schon mit der *„Vielleicht"-Floskel* („Ich weiß nicht, vielleicht sollten wir auf diese Frage später eingehen"). Dadurch soll der Lehreräußerung die Schärfe genommen und dem Schüler Offenheit signalisiert werden. Oft aber verbreitet sie nur Unsicherheit und ist auch wohl nicht selten in solcher begründet. Es ist also im Einzelfall abzuwägen, ob das „Vielleicht" die vom Schüler zu Recht erwartete Klarheit und Bestimmtheit der Lehreräußerung eingeschränkt oder ob sie dadurch auf die Schüler geschmeidiger und damit ansprechender gewirkt hat. Beim Microteaching jedenfalls sind die Trainierenden selbst immer wieder überrascht, wie oft sie unbeabsichtigt „vielleicht" gesagt haben.

*Vermeiden:
Typische Lehrerfloskeln*

Vielleicht-Floskeln

> *Vorsicht:*
> *Nicht zu viele Füllwörter verwenden*

Auch wenn es zur individuellen Eigenart eines Sprechstils gehören kann, sollten Sie doch nicht zu viele *Füllwörter* verwenden („äh", „also", „echt", „praktisch", „nicht wahr"). Sie könnten sich zur Marotte fixieren und dann auf die Schüler belustigend wirken. Genau zu unterscheiden von reinen Füllwörtern sind jedoch emphatische Äußerungen („oh", „ah", „Mensch", „halt", „na"), die die Lehrersprache abwechslungsreicher und interessanter machen können.

3.4.6 Fragetechnik

Kernstück des Trainings zur Lehrersprache ist zweifellos die Lehrerfrage. Über sie läuft der größte Teil der Lehrer-Schüler-Interaktion im Unterricht ab. Eingebunden in den sich fragend-entwickelnden Unterricht werden über sie die meisten Lehrstoffe an die Schüler herangetragen. Daß die Lehrerfrage das Grundmuster der Interaktionsstruktur des Unterrichts ausmacht, haben verschiedene Untersuchungen belegt. Danach stellt ein Lehrer im Durchschnitt in der Minute 2 bis 4 Fragen, in einer Unterrichtsstunde also etwa 150 Fragen (*Tausch, Tausch*, S. 206 ff.; *Gage, Berliner,* Bd. 2, S. 671). Eine genauere Aufschlüsselung des kognitiven Niveaus von Lehrerfragen ergab, daß bis zu 80% Wissens- oder Erinnerungsfragen, während nur etwa 20% Fragen „höherer Ordnung" sind und damit intellektuelle Prozesse beim Schüler wie Interpretation, Anwendung, Übertragung, Analyse usw. voraussetzen. Bereits zu einem früheren Trainingszeitpunkt (3.4.2) ist auf einige Aspekte der Fragetechnik eingegangen worden. Die verschiedenen Fragetypen werden jetzt etwas systematischer dargestellt.

> *zwei bis vier Fragen in der Minute*
>
> *Art der Frage*

Um den besonderen Charakter der Lehrerfrage innerhalb der Interaktionsstruktur des Unterrichts besser zu verstehen, soll zunächst mit der Beschreibung einer Alltagssituation begonnen werden. Wenn Sie als Fußgänger einen Passanten nach einer Straße fragen, dann tun Sie dies doch in der Erwartung, etwas zu erfahren, was Sie bisher noch nicht wußten. Man muß sich diese Binsenweisheit vergegenwärtigen, um die Besonderheit der Lehrerfrage im Unterricht richtig einzuschätzen. Hier stellt der Lehrer eine Frage, die die Schüler zu beantworten versuchen, obwohl diese annehmen müssen, daß der Lehrer die Antwort schon weiß. An sich eine absonderliche Kommunikationsform. Jüngere Schüler machen sich dies noch nicht bewußt, da sie primär dem Lehrer selbst, wenn sie ihn mögen, die Antwort geben. Weiter unterscheiden sie nicht.

> *Besonderheit der Lehrerfrage*

Ältere Schüler dagegen sehen richtigerweise in der Lehrerfrage ein bloßes Abfragen. Sie entlarven die Lehrerfrage als ein Bemühen um Scheinkommunikation und verstehen nicht, warum sie sich freiwillig dieser offensichtlichen Kontrolle unterziehen sollten. Wenn schon, dann soll der Lehrer sie wenigstens aufrufen, damit auch vor aller Augen klar wird, daß sie nur der „Not gehorchen – nicht dem eigenen Triebe". Die wenigen, die sich freiwillig melden, tun dies entweder aus Gutmütigkeit oder aus Gewohnheit oder aus Ehrgeiz; dann allerdings mit dem Risiko, als „Streber" in der Klasse verschrien zu sein. Man muß die Motivationslage der Schüler so differenziert analysieren, um andererseits auch verständliche Äußerungen verzweifelter Lehrer richtig einschätzen zu können, daß sich nämlich die Schüler in der Oberstufe kaum noch „herablassen", sich am Unterricht zu beteiligen.

Weitere Aspekte zur Lehrerfrage

Schon *Gaudig* war in den 20er Jahren als Vertreter der Arbeitsschulbewegung ein entschiedener Gegner der Lehrerfrage. Er sah in ihr das „fragwürdigste Mittel der Geistesbildung" (S. 13), den „ärgsten Feind der Selbsttätigkeit" (ebd. S. 14). Aus der Art und Form der gestellten Lehrerfrage sei meist ohne große Besinnung die Antwort zu erraten. Die Lehrerfrage töte und gefährde aufs schlimmste die Spontaneität, die Eigentätigkeit und die Eigenartigkeit. Sie sei eine typische Kunstform des Unterrichts, d.h. eine künstliche Schulform des geistigen Verkehrs, „die das Leben so gut wie gar nicht kennt. Im Leben wird man nicht von jemand gefragt, der uns das wissen lassen will, was er weiß, sondern wenn man uns fragt, so will der Fragende von uns das wissen, was er nicht weiß!" (ebd. S. 14).

20er Jahre: Lehrerfrage als Kunstform des geistigen Verkehrs (Gaudig)

Man mag über die Lehrerfrage so oder auch anders denken. Entscheidend ist, daß sie auch 60 Jahre nach diesen kritischen Feststellungen noch das Grundmuster unterrichtlicher Kommunikation ausmacht – aus welchen Gründen auch immer. Sowohl Schüler als auch Lehrer haben diesen Interaktionsritus tief verinnerlicht, identifizieren mit dem fragend-entwickelnden Verfahren *die* Unterrichtsform schlechthin. In diesem Rahmen kann es also nur darum gehen, die Lehrerfrage begründeter und überlegter im Unterricht einzusetzen.

60er Jahre: Lehrerfrage als Grundmuster unterrichtlicher Kommunikation

Wer Echtheit des Lehrers als anzustrebendes Verhaltensziel hoch einschätzt, müßte scheinbare, fiktive Fragen, die nur der Prüfung, Kontrolle und Wiederholung dienen, eigentlich ablehnen. Da man im fragend-entwickelnden Verfahren aber auch auf solche Fragentypen kaum verzichten kann, sollte man sich zumindest bei älteren Schülern – sozusagen augenzwinkernd – darüber verständigen, daß es eben nicht anders gehe, und daß

Echtheit des Lehrers als anzustrebendes Verhaltensziel

Ein Thema durch die Lehrerfrage gedanklich entwickeln

Verschiedene Fragetypen

Das FIAC unterscheidet vier Fragetypen

man ohne Prüfungsabsicht einfach bemüht sei, den Unterricht etwas aufzulockern. So in die Reflexion des Unterrichtens mit einbezogen, sind dann auch ältere Schüler eher bereit, sich an dem „Spiel" der gedanklichen Entwicklung eines Themas durch Lehrerfragen zu beteiligen.

Kommen wir aber nun zur systematischen Darstellung verschiedener *Fragentypen* selbst. Je nach theoretischem Vorverständnis kommt man zu recht unterschiedlichen Klassifizierungen, die in ihrer Komplexität manchmal eher verwirren, als daß sie dazu geeignet sind, das eigene Frageverhalten transparenter zu machen. Dazu – in Andeutung – einige Beispiele (Zusammenstellung nach *Grell*, S. 57 ff.). Das modifizierte FIAC (vgl. S. 56 ff.) unterscheidet vier Fragetypen:

1. *Kognitive Gedächtnisfragen*: Hier wird vom Schüler verlangt, Fakten wiederzugeben, die er gelernt hat.
2. *Konvergente Fragen*: Der Schüler muß nachdenken, wenn er die Antwort finden will. Die Frage verlangt eine „richtige" oder „angemessene" Antwort.
3. *Divergente Fragen*: Die Schüler werden angeregt, eine unbegrenzte Vielzahl von Antworten zu finden. Divergente Fragen fördern kreatives Denken.
4. *Evaluative Fragen*: Die Schüler sind aufgefordert, Werturteile zu formulieren und zu begründen.

Measel und Mood

Measel und *Mood* gliedern die Fragentypen nach den Denkvorgängen, die durch die Fragen ausgelöst werden. Danach gibt es Fragen, die zur Begriffsbildung anregen (Aufzählen, Kategorisieren, Einordnen), die zur Interpretation auffordern (Erklären, Begründen, Informationen sammeln, Schlüsse ziehen) und die auf Anwendung von Prinzipien abzielen (Hypothesen entwickeln, stützen, verifizieren).

Lippitt

Auf das wissenschaftlich-experimentelle Problemlösen sind die Fragentypen von *Lippitt* zugeschnitten, wobei jeder Fragentyp auf einen Schritt im Prozeß methodischer Problemlösung abzielt: Beschreibung, Vergleich, historische Frage, kausale Frage, Vorhersage (Wie wird es ausgehen?), experimentelle Hypothese, methodologische Frage, Frage nach der Bedeutsamkeit oder Anwendbarkeit.

Barnes

Barnes analysierte Lehrerfragen nach folgenden Kategorien: Faktenfragen, Fragen nach dem Namen eines Phänomens, Informationsfragen, Denkfragen, geschlossene und offene Denkfragen, Beobachtungsfragen, „soziale" Fragen, Kontrollfragen,

Appellfragen, andere Fragen und offene Fragen, die kein Denken verlangen.

Und schließlich die Arten von Lehrerfragen nach *Stöcker*. Er unterscheidet zwischen echten, wirklichen und scheinbaren Fragen, die im Unterricht abzulehnen sind. Dazu rechnet er die Ergänzungsfrage oder Klapperfrage (der Schüler ergänzt aus dem Sinnzusammenhang heraus nur ein Wort oder einen Satzteil), die Suggestivfrage und die Entscheidungsfrage (der Schüler kann nur zwischen zwei vom Lehrer vorgegebenen Möglichkeiten entscheiden). Als bedingt anwendbar gilt für ihn die Prüfungs-, Wiederholungs- und Kontrollfrage (die sog. W-Fragen). Voll berechtigt ist nach *Stöcker* die echte, natürliche Lehrerfrage im Sinne des wirklichen Fragebegehrens und Wissensverlangens.

Stöcker

Die Überschneidungen in den verschiedenen Klassifizierungssystemen sind offensichtlich. Verschieden sind nur die Ordnungsgesichtspunkte, nach denen die Fragentypen zusammengestellt werden. So wichtig und interessant solche Zuordnungen aus strukturanalytischen Gründen auch sein mögen, in dieser Differenziertheit und Abstraktheit scheinen sie im praxisnahen Training sowohl den trainierenden Kollegen als auch den beobachtenden Mentor zu überfordern.

Überschneidungen bei Klassifizierungssystemen

Unter dieser Vorbedingung scheint es sehr sinnvoll, das Training zur Fragetechnik zunächst mit ganz einfachen Unterscheidungen zu beginnen, deren trainingsmäßige Ausformung bereits eine wesentliche Verbesserung des Ist-Zustandes bewirken könnte und die geeignet wären, überhaupt erstmal die Sensitivität des jungen Kollegen für die Lehrerfrage zu erweitern.

Am Anfang mit einfachen Unterscheidungen beginnen, um Sensitivität zu erweitern

Zunächst sollte nur zwischen *engen* und *weiten Fragen* unterschieden werden. Setzen Sie beide Fragentypen in verschiedenen Phasen des Unterrichts einmal kontrolliert ein und achten dabei gleichzeitig auf die Art der Schülerantworten. Enge Fragen sind solche, die den Schüler zu einer kurzen, vorhersagbaren Antwort auffordern (Beispiel: „Wie heißt die Hauptstadt von Frankreich?"). Enge Fragen häufen sich in lehrerzentrierten Unterrichtsphasen (fragend-entwickelndes Verfahren) und sind tendenziell eher bei jüngeren Schülern angebracht (Wettbewerbsmotivation).

enge und weite Fragetypen:

– enge Fragen: Lehrerzentriert, bei jüngeren Schülern

Weite Fragen dagegen verlangen eine längere Schülerantwort. Sie fordern den Schüler zu einer ausführlicheren Stellungnahme und zur Bildung von Hypothesen heraus. Dieser Fragentyp ist besser bei älteren Schülern und in schülerorientierten Unterrichtsphasen geeignet (Beispiel: „Welche Gründe sprachen für den Eintritt Deutschlands in die EU?")

– weitere Fragen: Schülerorientiert, bei älteren Schülern

Das fragend-entwickelnde Verfahren

Die Häufigkeit des Auftretens von engen bzw. weiten Fragen ist sicherlich von Fach zu Fach, von Stoffgebiet zu Stoffgebiet verschieden. Grundsätzlich ist jedoch anzustreben, daß parallel zu mehreren Unterrichtsphasen einer Stunde auch verschiedenartige Fragentypen vorkommen. So sind beim fragend-entwikkelnden Verfahren in der Informations- oder Erarbeitungsphase enge Fragen wahrscheinlicher als in gesprächs- oder impulsorientierten Phasen, etwa zu Beginn der Anwendungs- (Transfer-)phase.

Konvergente/divergente Fragestellungen

Für das Training wünschenswert wäre, auch noch zwischen *konvergenten* und *divergenten Fragen* zu unterscheiden. Hier spielt nicht die erwartete Antwortlänge eine entscheidende Rolle, sondern es geht darum, ob es auf die Lehrerfrage eine eindeutig richtige oder falsche Schülerantwort gibt, egal wie lang sie ausfällt. Bei konvergenten Fragen ist die „richtige" Antwort von vornherein festgelegt (Beispiel: „Wie ist das Grundgesetz aufgebaut?").

> konvergent = festgelegte Antworten
>
> divergent = offenes Nachdenken

Divergente Fragen dagegen schaffen eine Situation des offenen Nachdenkens, da es verschiedene Antwortmöglichkeiten gibt (Beispiel: „Wie läßt sich die Energiekrise lösen?"). Da dieser Fragentyp den Schüler zur eigenen Stellungnahme herausfordert, wird er häufiger – aber nicht zwangsläufig – mit der weiten als mit der engen Frage korrelieren.

Schon diese vier Fragentypen kontrolliert einzusetzen bzw. zu beobachten, setzt einige Anstrengung voraus. Es kann aber in dieser Trainingsform nicht darum gehen, exakt alle im Unterricht verwendeten Fragentypen im einzelnen aufzuschlüsseln. Dieser vorgeschlagene Differenzierungsgrad aber erlaubt bereits, das Beratungsgespräch zur Lehrerfrage auf einer fundierten Grundlage zu führen, etwa wenn man sich darüber verständigt, in welcher Altersstufe, in welchem Fach, bei welchem Thema, in welcher Phase des Unterrichts der jeweilige Fragentyp angemessen ist.

> Achtung:
> Erst eine gewisse Sicherheit bei der Differenzierung der Fragetypen gewinnen

Erst wenn Sie einige Sicherheit gewonnen haben, diese verschiedenen Fragentypen kontrolliert im Unterricht zu verwenden, könnten Sie – nach Auswahl – noch auf einige andere Aspekte im Zusammenhang mit der Lehrerfrage achten.

1. Gestellte Fragen nicht selbst beantworten, sondern an die Klasse zurückgeben (Rückfragetechnik).
2. Keine Fragen stellen, auf die nur mit Ja oder Nein geantwortet werden kann.

3. Lehrerfragen klar formulieren (nicht: „als wir gestern im Wald waren, was haben wir da gefunden und beobachtet, und warum haben wir uns dann verirrt?", sondern „warum haben wir uns gestern im Wald verirrt?").
4. Wenn sich auf eine gestellte Frage niemand meldet, einzelne Schüler direkt zur Beantwortung auffordern.
5. Fragen selbst nicht wiederholen.
6. Wichtige Fragen vorher schriftlich formulieren. Auch überlegen, ob Sie sie nicht besser in Stillarbeit, Partnerarbeit oder Gruppenarbeit beantworten lassen.
7. Minimale Lernhilfen zur Beantwortung der Frage geben.
8. Erst die Frage, dann der Namensaufruf!
9. Sprachliche Richtigkeit: Stellen Sie das Fragewort an den Anfang, nicht an den Schluß („und dann geschah was?").
10. Das richtige Fragewort wählen (nicht „zu was", sondern „wozu"; nicht „aus was", sondern „woraus" ...).
11. Vermeiden Sie nach Möglichkeit unbestimmte und vieldeutige Verben (haben, sein, werden): „Wie hat die Mutter ihr Kind?" (lieb).
12. Ersetzen Sie das Fragewort „warum" durch die Formulierung „aus, welchen Gründen". Sie wirkt verbindlicher und „erschlägt" die Schüler nicht. Sie geben ihnen gleichzeitig die Möglichkeit, mehrere Gründe zu nennen.

Darüber hinaus gibt es etliche Fragentypen, die Sie gezielt als *rhetorisches Hilfsmittel* einsetzen können, um die Schüler für Ihre Argumentation zu gewinnen. Da Sie hierbei die Schüler jedoch bewußt Zwangssituationen aussetzen, sollten Sie nur in Ausnahmefällen davon Gebrauch machen:

Frage als rhetorisches Hilfsmittel

1. *Alternativfrage*: „Wollt Ihr die Videoaufzeichnung machen?" (besser: „Wollt Ihr die Videoaufzeichnung nächsten Dienstag oder Donnerstag machen?").
2. *Suggestivfrage*: Sie wollen die Schüler in eine bestimmte Richtung drängen. Sie bauen entsprechende Füllwörter in die geschlossene Frageform („etwa", „sicher", „doch", „auch nicht", „wohl"): „Sicher stimmt Ihr mir zu, daß wir das Kapitel erst zu Ende lesen müssen."
3. *Rhetorische Frage*: „Wer könnte da etwa anderer Meinung sein?"
4. *Gegenfrage*: Dadurch können Sie unliebsamen Einwänden von Schülern begegnen, und zwar nach verschiedenen Methoden.

- Unschuldsmethode: „Wie meinen Sie das?" „Wie kommen Sie zu dieser Ansicht?"
- Informationsmethode: „Warum interessiert Sie das?"
- Definitionsmethode: „Was verstehen Sie unter langweilig?"
- Hörfehlermethode: „Wie bitte?" oder „Können Sie die Frage noch einmal erläutern?"
- Rückstellmethode: „Darf ich darauf später eingehen?" (Nicht oft verwenden!)

5. *Motivierende Frage*: „Sie haben sich ja schon einmal damit beschäftigt. Was sagen Sie als Fachmann dazu?"

> *Die Lehrerfrage umbedingt mit reflektierendem Sprechen verknüpfen*

All das sind aber Methoden, die Sie nur einsetzen sollten, wenn Sie durch Schüleräußerungen in Bedrängnis geraten. Diese sind nicht geeignet (siehe unechte Lehrerfrage), eine faire, offene Kommunikation mit den Schülern aufrechtzuerhalten. Am besten scheint es, die Lehrerfrage möglichst eng mit der Methode des *reflektierenden Sprechens* (vgl. 3.3.4) zu verknüpfen, weil Sie damit zumindest das Bemühen um Verständnis zu erkennen geben.

> *Die Impuls-Technik lenkt auf inhaltliche Kernpunkte*

Vielfach können Sie zudem eine Lehrerfrage auch leicht in einen *Impuls* (Denkanstoß) umformulieren, der weniger Kontroll- und Überprüfungscharakter hat, sondern die Konzentration der Schüler auf den inhaltlichen Kernpunkt lenkt. Da der Impuls zumeist eine – auch mal provozierende – These enthält, ist er gerade für ältere Schüler recht gut geeignet. Diese nehmen bekanntlich sehr wohl gern inhaltlich Stellung bei einer interessanten Thematik. Nur wollen sie dies aus freien Stücken tun und nicht zwanghaft eine Frage beantworten müssen. Aber auch bei jüngeren Schülern fördert der Impuls die Eigentätigkeit und Beobachtungsfähigkeit. Er läßt dem Schüler einen größeren Spielraum und regt selbständiges Nachdenken und zusammenhängende Äußerungen an. Außerdem enthält der Unterrichtsimpuls mehr die Formelemente eines natürlichen Gesprächs. *Beispiele*: „Ich habe Euch eine Blume mitgebracht" (statt: „Wer kennt diese Blume?"). „Beobachte genau den Halm und beschreibe ihn" (statt: „Wie lang ist er?", „Wie dick?", „Wieviel Stengelknoten?", „Wo sitzen sie?"). „Viele meinen, Frauen sollten auch zur Bundeswehr" (statt: „Was spricht dafür, was dagegen, daß auch Frauen zur Bundeswehr mussen?").

> *Merke:*
> *Der Impuls fördert die Eigentätigkeit*

> *Präzisierung einer Äußerung durch den Impuls, dann erst die Frage*

Natürlich ist die Lehrerfrage und der Unterrichtsimpuls nicht ausschließlich alternativ zu sehen. Manchmal muß die gezielte Lehrerfrage die notwendige Präzision bringen. Aber die Reihenfolge ist wichtig. Beginnen Sie mit dem Impuls und geben damit dem Schüler die Möglichkeit zu einer freien Stellungnahme. Engen Sie dann bzw. strukturieren Sie dann die Äußerungen durch immer gezieltere Fragen. Wenn Sie sich dabei auch inhaltlich auf die Stellungnahmen der Schüler beziehen (Zuhören! Reflektierendes Sprechen!), diese sich also ernst genommen fühlen können, dann werden sie auch leichter die engeren Fragen beantworten.

Aber nicht nur aus der Art der Formulierung ergibt sich der Unterrichtsimpuls in Abgrenzung von der Lehrerfrage. Es lassen sich noch andere Formen unterscheiden. In *sprachlicher Form* gibt es ihn noch als Imperativ („Berichte!" – „Beobachte!" – „Erzähle!" – „Vergleiche!" – „Begründe!"), als allgemeinen Bekräftigungsimpuls („Ja!" – „Dann!" – „Und!" – „Wirklich?" – „Interessant!" – „Weiter!") und als anleitenden Hinweis („Hm!" – „Meinst Du?" – „So?" – „Das ist fraglich!" – „Überlege es noch einmal!" – „Ich habe es anders beobachtet!" – „Das steht nicht drin!").

Unterrichtsimpulse werden auch gegeben durch *Mimik, Gestik* und *Gebärde* (vgl. 3.3.5): Gesichtsausdruck, Achselzucken, Kopfschütteln, Handbewegungen, dann Klopfen, Zeigen, Hinweise usw. Es gibt eine unübersehbare Fülle individueller Ausdrucksmöglichkeiten der Zustimmung, Ablehnung, des Zweifels, der Anfeuerung, Beschwichtigung und Aufmunterung.

Und dazu gehören im weiteren Sinne auch stumme *Impulse,* etwa das kontrolliert eingesetzte Schweigen (vgl. 3.4.1), die richtige Pausentechnik und alle Nuancen des „aktiven Zuhörens" (vgl. 3.4.2 und 3.4.3).

Wichtig ist nur das glaubwürdige Zusammenspiel der verschiedenen Impulse. Der Eindruck von Echtheit und ungezwungener Natürlichkeit entsteht erst, wenn die einzelnen Impulse widerspruchsfrei gekoppelt werden. Und auch nicht in jeder Klasse sind gleich zu Beginn alle Formen und Grade von Impulsen möglich. Kommen Sie neu in eine Klasse, werden Sie die verschiedenartigen Impulse zunächst akzentuierter einsetzen. Mit der Zeit genügt dann ein fragender Blick, ein erstauntes Schweigen, eine nachdenkliche Miene, um die Klasse zu weiterer Arbeit anzuhalten oder sie zu tieferer Besinnung zu führen.

Andere Impulsformen

– sprachlich

– Mimik, Gestik, Gebärde

Echtheit durch widerspruchsfreie Kopplung

Wichtig:
Die Klasse an bestimmte Impulse gewöhnen

3.4.7 Sprachstil

Auch am Ende der Trainingsdimension „Lehrersprache" steht mit dem „Sprachstil" eine Trainingskategorie, die eng mit dem gesamten Persönlichkeitsprofil des Trainierenden verbunden ist. Deren Besprechung setzt demzufolge auch eine längere, vertrauensvolle Zusammenarbeit mit dem Mentor voraus. Aber selbst dann wird nicht zu erwarten sein, daß Erfolge schnell und problemlos eintreten werden. Vielfach wird es bei einem rein deskriptiven Aufmerksammachen auf stilistische Besonderheiten bleiben müssen. Aber allein das zu hören, was andere als Auffälligkeit des eigenen Sprachstils empfinden, kann für viele junge Kollegen schon von Vorteil sein und einen Einfluß ausüben.

Der Sprachstil ist mit dem gesamten Persönlichkeitsprofil verbunden

Auf einige kleinere, weniger persönliche Aspekte des Sprachstils ist ja bereits zu einem früheren Zeitpunkt des Trainings eingegangen worden (vgl. 3.4.2). Dazu gehörte das Sprechtempo (schnell oder langsam, rhythmisch oder abgehackt), die Stimmstärke (laut oder leise, hart oder weich) und die Modulationsfähigkeit der Stimme (hoch oder tief, dünn oder voluminös). Eng damit verbunden war die Frage, wie gut jemand artikuliert („Verschlucken von Silben", „Nuscheln"), ob der Betreffende eine strenge Stimme hat, die Distanzen aufbaut, oder eine „sympathische" Stimme, die für die Kontaktaufnahme zur Klasse eher förderlich ist. Kurzum: Es ging im weiteren Sinne um die Verstehbarkeit der Stimme.

Sprechtempo und Verstehbarkeit der Stimme

Jetzt zum Abschluß geht es mehr um die Verständlichkeit der Sprache. Hier ist der *Satzbau* von großer Bedeutung. Sprechen Sie in kurzen und vollständigen Sätzen. Beides hängt eng zusammen. Je kürzer Ihre Sätze sind, um so geringer ist die Gefahr, daß Sie sich versprechen. Außerdem werden Sie durch den kurzen Satz gezwungen, langsamer zu sprechen. Die Stimme wird am Ende eines Satzes automatisch tiefer. Lange, hypotaktische Satzkonstruktionen werden von denjenigen bevorzugt, die mehr einen reflektierenden, kontemplativen Unterrichtsstil bevorzugen (bzw. die entsprechenden Fächer unterrichten) und dazu neigen, sich selbst zu unterbrechen. Diejenigen, die – vielleicht auch aus Unsicherheit – mit ihrem Satz nicht zum Ende kommen, überfordern ihre Zuhörer. Nur wer sich ganz konzentriert in die Gedankengänge eines solchen Lehrers einpaßt und jedes kritische Hinterfragen ausblendet, kann den Ausführungen folgen. Die Schüler werden durch die Sprache des Lehrers regelrecht erschlagen und schalten schließlich ab, was dann wieder-

Je kürzer die Sätze, desto geringer die Gefahr des Versprechens

um häufig ein noch hastigeres Sprechen und einen noch undurchsichtigeren Wortschwall des Lehrers nach sich zieht.

Versuchen Sie auch, durch Verbesserung Ihres *rhetorischen Wortschatzes* lebendig zu sprechen. Verwenden Sie, wo immer es angebracht ist, anschauliche Beispiele, Sprichwörter, Vergleiche, lautmalerische Formulierungen u.ä. Sie erhöhen dadurch die Aufmerksamkeit und die Behaltensleistung der Schüler erheblich, weil die Sprachbilder wahrnehmungs- und behaltenspsychologisch die Funktion von Ankerbegriffen übernehmen, mit denen sich abstrakte Denkinhalte assoziativ verbinden, und so schnell nicht gelöscht werden. Natürlich können auch stimmliche Hervorhebungen und Visualisierungen (Dias, Bilder, Tafelanschrieb, Unterstreichungen, bunte Kreide ...) die gleiche Aufgabe erfüllen.

Den rhetorischen Wortschatz verbessern, um lebendiger zu sprechen

Wir wissen ja vom Entwicklungsmodell *Piagets,* daß die Stufe der konkreten Operationen (logische Operationen nur anhand von konkreten Dingen) entwicklungsmäßig der formaloperationalen Denkfähigkeit zeitlich vorgelagert ist. Wir alle verwenden anschauliche Beispiele – gehen also auf die Stufe der konkreten Operationen zurück, wenn wir Schwierigkeiten haben, abstrakte Denkinhalte zu vermitteln. Auch jüngere Schüler tun dies unbewußt, wenn sie Formulierungen verwenden wie: „Unter dem erweiterten Infinitiv versteht man zum Beispiel ...". Nutzen Sie diese entwicklungsmäßigen Erkenntnisse aus, indem Sie möglichst lebendig sprechen und die Sätze anschaulich zu Ende führen („Der Baum schwankte hin und her wie ... ein Schilfrohr im Wind", „Das Feuer tobte wie ... ein Orkan", „Die plötzliche Stille war so unangenehm, daß ... sie uns zu erdrücken schien", „Er ist gefürchtet wie ... ein Marder auf dem Hühnerhof").

Anschauliche Beispiele verwenden

Entwicklungspsychologische Erkenntnisse nutzen

Versuchen Sie, Ihren rhetorischen Sprachstil auch dadurch zu verbessern, daß Sie Ihren *Wortschatz aktivieren.* Verwenden Sie nach Möglichkeit einen anderen, lebendigeren Ausdruck. Auch dies kann die Aufmerksamkeit und Behaltensleistung steigern (Beispiele: „Der Wanderer geht – stapft – durch den Schnee", „Die alte Frau geht – schlurft – durch die Straßen", „Der Mann ging – steuerte auf ... zu – zur Haltestelle"). Für das Wort „sterben" oder „gestorben" gibt es zahllose andere Ausdrücke, die im Einzelfall wesentlich treffender und damit anschaulicher sein können: ableben, entschlafen, dahinscheiden, erliegen, heimgehen, umkommen, abberufen werden, erlöst werden, die Augen schließen, dran glauben müssen, Freund Hein hat ihn geholt ...

Lebendigere Ausdrücke steigern die Behaltensleistung

| *Unbedingt vermeiden, den Jargon von Jugendlichen zu sprechen* |

Vermeiden Sie es aber, aus Gründen falsch verstandener Solidarisierung mit den Schülern *im Jargon von Jugendlichen* zu sprechen. Hier ist es ähnlich wie mit der Kleidung (vgl. 3.3.7), daß die Schüler dies kaum honorieren, sondern eher davon abgestoßen werden. Durch diese Art der Anbiederung geben Sie sich eher der Lächerlichkeit preis. Durch Ihre Lehrerrolle ist eine Grenze zu den Schülern gezogen, die zu überschreiten Sie nicht versuchen sollten. Sie müssen als Lehrer Ihre eigene Identität finden, die funktionale und altersmäßige Distanz zu den Schülern und damit das eigene Älterwerden akzeptieren lernen, um sich als Vorbild mit den Schülern solidarisch erklären zu können. Das muß ja nicht bedeuten, daß Sie sich in der sterilkorrekten Langweiligkeit der typischen Beamtensprache üben. Andererseits scheinen Ausdrücke im Unterricht wie „Scheiße", „Ich hab' heute Null-Bock", „Das finde ich irre gut", „Da fahr' ich drauf ab" die tolerierbare Grenze der Aufgeschlossenheit für modische Strömungen deutlich zu überschreiten. Das gilt

| *Deshalb: Als Lehrer die eigene Identität finden, um als Vorbild solidarisch zu erscheinen* |

| *Nicht gestelzt mit der Sprache umgehen* |

natürlich genauso für den *gestelzten Umgang mit der Sprache* („Ich würde sagen", „Ich würde meinen") und für den unpassenden Gebrauch von Fremdwörtern, und zwar sowohl für den Bildungsbürger-Jargon („cum grano salis") als auch für den Soziologen-Jargon („curricular determiniert").

Wenn es richtig ist, daß die Verwendung von Schüler-Jargon durch den Lehrer den Eindruck von peinlicher Anbiederung erwecken kann, sollte der Lehrer andererseits Sprache auch nicht verwenden, um künstlich Distanzen aufzubauen, um damit hierarchische Machtverhältnisse zu unterstreichen. Untersuchungen haben ergeben (*Döring*, S. 32 f.), daß sich in mehr als 35% der Lehreräußerungen „Irreversibilität" spiegelt, d.h. diese Art von Aussagen sind für den Schüler nicht umkehrbar und auf den Lehrer anwendbar (Beispiel: „Das ist doch Blödsinn", „Das ist so, weil ich das so sage").

| *Mit Sprache keine künstlichen Distanzen aufbauen* |

Reversibilität in der Lehrersprache

Zwar kann man geteilter Meinung darüber sein, ob konsequente *Reversibilität* in der Lehrer-Schüler-Interaktion überhaupt möglich ist. Unübersehbare Unterschiede zwischen Lehrer und Schüler ergeben sich allein schon daraus, daß Unterricht einen durch den Lehrer gesteuerten, zielgerichteten Kommunikationsprozeß darstellt, daß der Lehrer die Verantwortung für den Entwurf von Zielperspektiven hat, daß er über eine höhere Sachkompetenz verfügt und der Altersunterschied zu den Schülern – was auch eine andere Sprachfähigkeit einschließt – beträchtlich ist.

Reversibilität meint im Kern ja aber auch etwas anderes, nämlich daß die Haltung des Lehrers dem Schüler gegenüber von

Wertschätzung geprägt sein sollte. Nutzen Sie nie Ihre herausgehobene Position vor der Klasse dazu, die vermeintlich „kleinen Würstchen" persönlich zu verletzen. Jede auch noch so kleine sprachliche Nachlässigkeit wird genau registriert. Daß die Schüler jünger sind und auch noch nicht über eigenes finanzielles Einkommen verfügen, bedeutet ja nicht, daß sie weniger empfindsam wären. Ganz im Gegenteil!

Was Sie persönlich vielleicht als emotional unkontrollierte, aber doch letztlich gutmütige Äußerung einschätzen, kann von den Schülern negativ als patriarchalisch-gönnerhafte Bemerkung empfunden werden. Kontrollieren Sie sich immer wieder: Möchten Sie selbst von Ihrem Direktor so angesprochen werden (Empathie)? Auf sprachliche Höflichkeit und Korrektheit hat selbst der jüngste Schüler Anspruch. Und wer dies als Anbiederung oder als emotionslose Korrektheit bewußt mißverstehen möchte, der drückt damit eigentlich nur seine mangelnde Wertschätzung und sein gering ausgeprägtes Einfühlungsvermögen anderen Menschen gegenüber aus. Man kann auch streng sein, ohne zugleich persönlich verletzen zu müssen.

Versuchen Sie nach Möglichkeit, auch sprachlich eine positive Atmosphäre zu schaffen. Dazu einige Beispiele: „Ihr müßt bis 11 Uhr arbeiten" (besser: „Ab 11 Uhr machen wir eine kleine Pause"), „Das ist bestimmt nicht richtig" (besser: „Bitte überprüfen Sie doch noch einmal Ihre Angaben. Meines Erachtens ..."), „Ist das etwa Ihr Ernst?" (besser: „Wollen Sie das nicht noch einmal überdenken?"), „Ich kann Ihnen das beweisen" (besser: „Sie können sich davon überzeugen"), „Sie müssen einsehen, daß ..." (besser: „Sind Sie mit mir einer Meinung, daß ..."), „Haben Sie denn einen besseren Vorschlag zu machen?" (besser: „Bitte schlagen Sie mir eine andere Lösung vor"). Letztlich sind es diese Kleinigkeiten, durch die Sie zu erkennen geben, daß Sie trotz Ihrer herausgehobenen Stellung die Schüler ernst nehmen und in der geistigen Auseinandersetzung im Unterricht als Partner respektieren. Solche positiven Formulierungen bleiben allerdings nur Makulatur, wenn sie nicht zugleich Ausdruck einer entsprechenden inneren Haltung des Lehrers sind. Beides ist wechselseitig aufeinander zu beziehen.

> *Sprachliche Nachlässigkeiten werden von den Schülern registriert*
>
> *Deshalb:*
> *Kontrollieren Sie sich ständig*

> *Durch Sprache eine positive Atmosphäre schaffen*

3.5 Der Lehrer im Umgang mit der Klasse

„...lehrerzentriert..."

In den beiden vorigen Trainingsdimensionen stand die Grundannahme im Vordergrund, daß der Lehrer im heutigen schulischen Interaktionsprozeß unverzichtbar eine herausgehobene Stellung besitzt. Seine natürliche Dominanz sei in seiner Funktion als Wissensvermittler, als jemand, der Unterricht maßgeblich anrege, strukturiere und steuere, begründet. Dieser Grundsatz bildet überhaupt erst die logische Voraussetzung für die Entwicklung eines systematischen Trainingsprogramms zum Lehrerverhalten, und er war dementsprechend auch bestimmend für die Auswahl und Zusammenstellung der einzelnen Trainingskategorien. Insbesondere in den beiden ersten Trainingsdimensionen standen deshalb auch solche Lehrfertigkeiten im Vordergrund, die in Verbindung mit dem Verhalten des Lehrers vor der Klasse und mit der Lehrersprache die Person des Lehrers primär und unmittelbar berührten.

... als Voraussetzung für das Training ...

Zwar ist unbestritten, daß das Lehrerverhalten immer auch in Bezug auf die jeweilige Klasse gesehen werden muß und daß das aktuelle Lehrerverhalten immer auch als Reflex auf eine spezielle Klassensituation analysiert werden muß. Aber bei der schrittweisen Ausbildung von Berufsqualifikationen des Lehrers auf einem mittleren Exaktheitsgrad muß es zunächst erstmal um solche Verhaltenssegmente gehen, über die als relativ überdauernde Fertigkeiten des Lehrers weitestgehend Konsens besteht und die – auf die Person des Lehrers bezogen – als ausbildbar zu beschreiben sind.

Ausgangspunkt: Verhalten des Lehrers vor der Klasse

Dies gilt prinzipiell nun auch für die dritte Trainingsdimension „Der Lehrer im Umgang mit der Klasse". Nur verlagert sich der Schwerpunkt jetzt ein wenig. Ausgangspunkt bleibt zunächst wiederum das Verhalten des Lehrers vor der Klasse. Insoweit ergeben sich auch Rückbezüge bzw. Querverweise zu den beiden andern Trainingsdimensionen. Das besondere Augenmerk bei diesem Trainingsaspekt aber richtet sich nun auf solche Fragen, wie der Lehrer durch sein Verhalten auf die Klasse einwirken, mit welchen Maßnahmen er das Klassenklima positiv beeinflussen und den Interaktionsprozeß unter den Schüler steuern kann. Der Schüler als Betroffener und Handelnder im Unterrichtsprozeß tritt stärker in den Mittelpunkt, aber immer aus der Sicht von Einwirkungsmöglichkeiten des Lehrers. Zwar ist nicht minder maßgeblich, wie der Lehrer durch sein Vorbildverhalten in den verschiedensten Bereichen indirekt Einfluß auf die Klasse bzw. einzelne Schüler ausübt. Gesonderte Beachtung aber verdienen jene Verhaltensweisen, mit denen der Lehrer unmittelbar auf die Klasse einwirkt, sei es in Form des Lobes oder der Disziplinierung, sei es zur Herstellung einer positiven Klassenatmosphäre oder zur Förderung von Schüler-Schüler-Kontakten. Kurzum: Es geht im weitesten Sinne um den Führungsstil des Lehrers, durch den er Gruppenprozesse beeinflußt, die wiederum Rückwirkungen auf sein eigenes Verhalten im Umgang mit der Klasse haben.

Der Führungsstil des Lehrers beeinflußt die Gruppenprozesse

3.5.1 Lob, Zustimmung

Es gehört mit zu den allgemein akzeptierten pädagogischen Grundeinsichten, daß das Lob des Lehrers eine positive Wirkung auf Schüler hat, weil diese dadurch ermutigt werden und sich akzeptiert fühlen. Insbesondere der Anfänger macht sich diese Auffassung sehr schnell zu eigen. Aus welchem Grunde? Schon in anderm Zusammenhang (vgl. 3.4.1 und 3.4.2) ist herausgestellt worden, wie groß die psychische Belastung für den jungen Kollegen ist, wenn Schüler nicht sofort auf eine Lehrerfrage oder einen Impuls reagieren. Meldet sich dann schließlich doch ein Schüler, dann möchte man ihn als Lehrer nicht enttäuschen. In extremen Fällen wird deshalb eigentlich mehr die Bereitschaft, sich überhaupt am Unterrichtsgespräch zu beteiligen, bekräftigt als die jeweilige inhaltliche Äußerung des Schülers. Dahinter steht dann oft die heimliche Befürchtung, daß sich, wenn nun auch noch die wenigen gutwilligen Schüler enttäuscht würden, bald niemand mehr am Unterricht beteiligen würde. So ist die Gefahr gerade für den Anfänger groß, daß er das Lob sehr bald nach jeder Schüleräußerung mehr oder weniger mechanisch verwendet. Aus der anfänglichen Unsicherheit heraus erwächst daraus dann allmählich die allgemeine Verhaltensstereotype auch erfahrener Lehrer, im Unterricht oft ungezielt und unkontrolliert Schüleräußerungen zu loben und damit schließlich auch auf die Schüler unecht zu wirken. Denn diese merken sehr bald, daß das „Ja" oder „Genau" des Lehrers nicht ernst gemeint war, wenn er gleichzeitig mit abwesendem Gesichtsausdruck in seinen Aufschrieben blättert und sich anschließend inhaltlich nicht mehr auf die Schülerbemerkung bezieht.

Die fehlende Echtheit in der Wirkung des Lehrers und damit verbunden die mangelnde Wertschätzung des Schülers resultiert aber nicht allein aus dem mechanischen Gebrauch des Lobes. Verstärkend kommt hinzu – und das nur in scheinbarem

Durch Lob fühlen sich Schüler akzeptiert

*Gefahr:
Lob zu oft und mechanisch einsetzen*

> *Deshalb:*
> *Loben Sie Schüler, indem Sie sich auf Gedanken von ihnen beziehen. So zeigen Sie, daß Sie ihnen wirklich zugehört haben*

Widerspruch zum Vorigen –, daß das Lob insgesamt nur einen sehr geringen Stellenwert im schulischen Unterricht besitzt. In nicht mehr als 6% der Gesamtzeit verwendet der Lehrer im Durchschnitt das Lob (*Gage, Berliner,* Bd. 2, S. 679; Rutter-Studie, S. 155). Dem könnte man ironisch-selbstgefällig entgegnen, daß es im Unterricht eben nur wenig zum Loben gäbe. Die Schüler hätten eben ein so miserables Niveau. Mit einer solchen Auffassung aber reduziert man Unterricht leicht auf reine Wissensvermittlung und verkennt damit zugleich, daß Wärme und Wertschätzung – also die Beziehungsebene – daneben eine eigene Qualität besitzen. Wie im alltäglichen Leben überhaupt, so auch speziell im schulischen Unterricht sagt man sich viel zu selten auch mal etwas Nettes. Viel zu wenig wird das gewünschte Verhalten, wenn es einmal gezeigt wird, positiv bekräftigt. Dagegen werden nicht erwünschte Verhaltensweisen stereotyp getadelt („Zappel nicht so herum") und damit im negativen Sinne bekräftigt. Nicht selten zeigen Schüler gerade in den Unterstufenklassen z.T. das unerwünschte Verhalten nur deswegen, weil sie nur auf diese Weise die erwünschte direkte Zuwendung durch den Lehrer erfahren.

> *Lob als Teil der Beziehungsebene*

Die Gefahr, die sich von Beginn der Lehrtätigkeit an mit dem Lob verbindet, besteht also nicht nur darin, daß es mechanisch eingesetzt wird. Der Umgang zwischen Lehrern und Schülern ist auch noch dadurch charakterisiert, daß viel zu selten positive Wertschätzung ausgedrückt wird. Was spricht eigentlich dagegen, bei einem leistungsschwachen Schüler in erster Linie den individuellen Lernfortschritt positiv zu bekräftigen, als die objektiv schlechte Leistung zu tadeln? In den meisten Fällen erreichen Sie durch diese Art von Ermutigung, daß der Schüler tatsächlich besser wird („Pygmalion-Effekt"). Nur in wenigen Ausnahmefällen wird sich der Betreffende dadurch in falscher Sicherheit wiegen. Und selbst wenn kein Lernfortschritt zu verzeichnen sein sollte, spricht doch vieles dafür, zur psychischen Stabilisierung leistungsschwacher Schüler kompensatorisch zu ihnen eine positive Beziehung herzustellen, und sei es auch nur in der Form, daß man ihnen etwas Nettes sagt über ihre Kleidung, über ihr Moped, über eine schlagfertige Äußerung u.ä. Dies ist zugegebermaßen manchmal nicht einfach, weil einige Schüler dann enttäuscht sein könnten, wenn Sie die Schulleistung schließlich doch schlechter bewerten müssen, als man als Schüler aus dem Grad Ihrer Zuwendung hätte erwarten können („Der hat ja nur freundlich getan"). Diesen Leidensdruck können in der Tat nicht alle Lehrer ertragen. Dennoch scheint dies der einzige Weg zu sein, Schüler mit

> *Zu selten positive Verstärkung*

> *Psychische Stabilisierung lernschwacher Kinder durch Lob*

> *Achtung:*
> *Schüler mit schwacher Lernleistung nicht menschlich abqualifizieren*

schlechter Schulleistung nicht zugleich auch menschlich abzuqualifizieren.

Will man sich der Gefahr entziehen, die Wirkung des Lobes durch mechanischen Gebrauch schnell zu entwerten, mißt man andererseits dem Lob zur Herstellung eines positiven Klassenklimas große Bedeutung zu, dann scheint es sinnvoll, sich zunächst einen weiteren gedanklichen Zusammenhang bewußt zu machen. Lernpsychologisch gesehen gehört das Lob *als positiver Verstärker* zum Bekräftigungslernen (vgl. S. 50 f.). Zumeist beschränkt sich positive Bekräftigung auf verbale Äußerungen („Das hast Du gut gemacht", „Prima", „Weiter so", „Ausgezeichnet"). Damit sich diese Form der Verstärkung aber nicht bald abschleift, sollte man systematisch auch noch andere Formen positiver Verstärkung verwenden.

Lob als positiver Verstärker

Nonverbale Verstärkung: Wirkungsvoller als mechanisch verwendete verbale Verstärker können Formen nonverbaler Verstärkung sein, weil sie häufig spontaner und damit auch ehrlicher wirken. Die Funktion von nonverbalen, positiven Verstärkern können übernehmen: zustimmendes Kopfnicken, offene Hand- und Armbewegungen, freudiger Gesichtsausdruck, freundliches Lächeln und spontanes Lachen, warmer Blickkontakt (vgl. 3.3.1). Mit in diesen gedanklichen Kontext gehört - obwohl strenggenommen ein verbaler Verstärker - auch das Aufrufen des Schülers mit Namen. Sie drücken damit in hohem Maß Ihre Wertschätzung Schülern gegenüber aus. Diese registrieren sehr genau, in welcher Reihenfolge sich der Lehrer welche Namen merkt. Lassen Sie sich deshalb sofort einen Klassenspiegel anfertigen oder Paßbilder von den Schülern geben.

Nonverbale Verstärkung

Materielle Verstärker: Als solche gelten Materialien, die bei den Schülern einen angenehmen Zustand auslösen (Süßigkeiten, „Fleißkärtchen", „Sternchen", kleine Bilder oder Plättchen, die später gegen Belohnungen oder Vergünstigungen eingetauscht werden können). Bereits bei den sog. Philantropen um 1770 (*Basedow*) gab es ein ganzes System von Belohnungen, von Tugendnägeln und -billets bis zu Meritentafeln und besondern Tugendorden. In den USA weitverbreitet sind die sog. Tokenökonomien, nach denen Schüler in Tests Punkte erzielen können, die sie dann für materielle Güter (Bücher, Freizeit im Gesellschaftsraum, Stadtrundfahrt, Versandhausartikel, Mahlzeiten in einem Restaurant usw.) einlösen. Auch können sich die Schüler in einen Kurs durch „Gebühren" (Vorschußpunkte) einkaufen, die sie durch gute Leistungen im Kurs abverdienen, und weite-

Materielle Verstärker

Tokenökonomien

159

> **Umbedingt von fragwürdigen Übertreibungen absehen**

> **Achtung:**
> Schnell bildet sich eine einseitig materialistische Einstellung

> *Verstärker – erwachsen aus dem Lerngegenstand*

> *Selbstbekräftigung als Ziel*

> *Soziale Verstärker*

> **Anregungen aus den verschiedensten Bereichen aufgreifen*

re Punkte hinzuverdienen. Sieht man einmal von fragwürdigen Übertreibungen ab, sind Grundelemente der materiellen Verstärkung zweifellos wirkungsvoll und auch für den schulischen Unterricht geeignet (vgl. *Rutter-Studie*, S. 154 ff. und S. 224 ff.). Jedoch sollte man auch sehr sensibel für die damit verbundenen Gefahren sein, daß sich nämlich eine einseitig materialistische Einstellung bereits bei den Kindern ausbreitet. Die Grenze des guten Geschmacks scheint auf jeden Fall bereits überschritten, wenn – wie mancherorts üblich – Kinder für den Besuch des Kindergottesdienstes Süßigkeiten oder andere „Belohnungen" erhalten.

Sachliche Verstärker: Pädagogisch besser geeignet scheinen im Vergleich dazu sachliche Verstärker zu sein, worunter man eine Form von Bekräftigung versteht, die aus dem Lerngegenstand erwächst (Gelingen eines Experiments, „Aufgehen" einer Rechnung, Züchten von Tomaten, Herstellen einer Jahresarbeit u.ä.). Der Beitrag des Lehrers beschränkt sich in diesem Prozeß der Verstärkung allein auf die sinnvolle Lernorganisation, auf die Vorstrukturierung geeigneter Lernschritte und auf das Anregen von Arbeitsformen, die genügend Anreiz über die sachliche Verstärkung enthalten. Ziel bleibt die *Selbstbekräftigung* der Schüler, d.h. daß diese sich selbst nach bestimmten Leistungen oder angemessenem Verhalten in der Schule positive Bekräftigungen geben bzw. ohne das Lob anderer befriedigende Zustände erleben.

Soziale Verstärker: Dazu gehören Maßnahmen, die geeignet sind, das Ansehen eines Schülers in der Klasse, in der Schule oder in seiner sozialen Umgebung insgesamt zu erhöhen. Die Bekräftigung erfolgt auch durch Lob, Anerkennung und Zuwendung. Typischer für soziale Verstärkung sind solche Maßnahmen, die durch Status, Prestige und Privilegien das soziale Ansehen des Betreffenden erhöhen (Besuch einer traditionsreichen Schule, Tragen einer Schuluniform – etwa der „Oxford-Schal", eine bestimmte Sitzordnung im Klassenzimmer).

Wie auch immer man diese verschiedenen Formen von Verstärkung im einzelnen einschätzen mag, mit ihren Grundintentionen scheinen sie für unseren Zusammenhang überzeugend deutlich zu machen, daß man sich als Lehrer zur Bekräftigung von Schülerleistungen keineswegs auf das verbale Lob mit all den damit verbundenen Bedenken beschränken muß. Die Wirkung läßt sich erheblich erhöhen, wenn man Anregungen aus den verschiedensten Bereichen des Verstärkungslernens aufgreift.

Für den Anfang des Trainings in dieser Trainingsdimension seien deshalb die wichtigsten Punkte zum Bekräftigungslernen noch einmal übersichtlich zusammengestellt, auf die Sie – nach Auswahl – im Training eingehen könnten.

Checkliste: Bekräftigungslernen

1. Vermeiden Sie den *mechanischen Gebrauch* des Lobes. Eine positive Auswirkung auf die Schülerleistung erreichen Sie nur, wenn Sie gleichzeitig damit Ideen von Schülern aufgreifen (vgl. 3.4.4). Erfolgt die Bekräftigung durch den Lehrer routiniert, ohne inhaltlichen Bezug zur Schüleräußerung („Richtig", „Ja", „Genau"), dann ist die Korrelation zwischen der Häufigkeit des vom Lehrer stammenden Lobes und den Leistungen der Schüler negativ (*Gage, Berliner*, Bd. 2, S. 679).
2. Akzeptieren Sie nicht nur Gedanken von Schülern, sondern verstärken Sie auch *erwünschtes Schülerverhalten.* Insgesamt wird im Unterricht zu wenig positiv bekräftigt. Sagen Sie öfter mal etwas Nettes zu Ihren Schülern! Damit drücken Sie Ihre positive Wertschätzung aus.
3. Statt unerwünschtes Verhalten zu bekämpfen, sollten Sie Ihre Aufmerksamkeit *erwünschten Verhaltensweisen* zuwenden und diese verstärken.
4. Verstärken Sie bei leistungsschwachen Schülern den *individuellen Lernfortschritt.* Alle Verhaltensweisen, die eine Vorstufe zu dem gewünschten Endverhalten darstellen, müssen verstärkt werden (z.B. ein Schüler, der nie spricht, wird verstärkt, wenn er zögernd seinen Finger hebt, um sich zu melden). Geben Sie auch konkrete Hilfsmöglichkeiten, um das erwünschte Verhalten leichter zu erreichen.
5. Verhaltensweisen, die häufiger auftreten sollen, müssen *möglichst sofort,* nachdem sie gezeigt wurden, verstärkt werden.
6. Wenn das erwünschte Verhalten gefestigt ist und häufiger auftritt, sind die Verstärkungen *langsam abzubauen.* Regelmäßige Verstärkung sollte langsam in *intermittierende Verstärkung* übergehen (zeitweise aussetzen), denn dadurch wird das Verhalten langfristig am besten gefestigt und gleichzeitig die Abhängigkeit vom verstärkenden Lehrer langsam abgebaut (*Selbstbekräftigung*).
7. Beschränken Sie sich bei der Bekräftigung nicht nur auf verbale Äußerungen, sondern machen Sie auch – wo es

paßt – dosierten Gebrauch von den *andern Formen der Verstärkung* (nonverbal, materiell, sachlich, sozial).
8. Leiten Sie die verbale Verstärkung nicht immer mit denselben Floskeln ein, sondern *variieren* Sie diese. Dadurch machen Sie sie anschaulicher (statt „Ja" oder „Richtig" besser: „Ausgezeichnet! Ich finde diese Bemerkung von ... wichtig, weil ...").
9. Verhaltensweisen, die seltener auftreten sollen, dürfen nicht verstärkt werden (statt: „Seid doch endlich mal ruhig" besser: „Ich freue mich, daß Ihr im Augenblick so konzentriert bei der Sache seid").
10. Nicht pauschal loben, sondern *nur eine Verhaltensweise* zur Zeit zum Verstärken auswählen. Dabei sollten Sie den erwünschten Zustand des Verhaltens klar benennen.
11. Die positve Verstärkung möglichst *konkret* und *einfach* aufbauen (statt: „Du hast aber sauber geschrieben" besser: „Du mußtest ja kein einziges Mal etwas durchstreichen").
12. Äußern Sie *kein verbales Lob ohne Begründung*. Dadurch zeigen Sie dem Schüler, daß Sie ihn verstanden haben. Die positive Bekräftigung liegt dann weniger im Herausgehobensein vor der Klasse (ohnehin den Schülern eher peinlich) als in dem Gefühl, vom Lehrer verstanden und damit angenommen zu sein.

3.5.2 Aktivierung stiller Schüler

Die verständliche Unsicherheit des jungen Kollegen vor bzw. im Umgang mit der Klasse wird an vielen Symptomen sichtbar. Sie treten immer wieder beinahe gesetzmäßig auf. Es wäre gar nicht notwendig, in der ohnehin psychisch belastenden Anfangsphase des Unterrichtens auf diese trainingsmäßig einzugehen, wenn nicht ebenso sicher wäre, daß sich daraus sehr schnell kaum noch veränderbare Wahrnehmungs- und Handlungskonstanten entwickeln, die dann im Laufe der Zeit wegen der damit erneut zu befürchtenden Verunsicherung kaum noch verändert werden können. Hat man mit der Zeit gelernt, auch so über die Runden zu kommen, verringert sich die Bereitschaft, an sich zu arbeiten. Bleiben Fehler wegen der zusätzlichen Verunsicherung zunächst unangesprochen, so werden sie nachher unbewußt verdrängt, um sich nicht unkontrollierbar scheinenden Verunsicherungen aussetzen zu müssen.

Dieser Wirkmechanismus trifft beinahe auf alle Aspekte zu, die für den Beginn des Trainings zum Lehrerverhalten vorgese-

Fehler schleichen sich schnell ein

hen sind. Er gilt ebenso für das „Schweigen" wie für den „Blickkontakt", das „Nachschieben von Fragen", das „mechanische Loben", das immer schnellere und lautere Sprechen im Laufe der Stunde, das „Lehrerecho" und das sofortige Aufrufen bei der ersten Schülermeldung.

Derselbe Kausalzusammenhang führt dann auch leicht dazu, daß man als Anfänger stille, zurückhaltende Schüler in ihrer Leistungsfähigkeit falsch einschätzt und demzufolge auch nicht genügend beachtet. Man konzentriert sich verständlicherweise auf solche Schüler, die sich aktiv am Unterricht beteiligen. Für die andern hat man als Anfänger noch gar keinen Blick. Wie oft haben schon Lehrer überrascht nach einer Klassenarbeit festgestellt: „Dem hätte ich eine so gute Leistung gar nicht zugetraut!" Das sind deutliche Hinweise dafür, wie leichtfertig sich Vorurteile aufgrund von Äußerlichkeiten einschleichen und dann – im Sinne der Self-fulfilling prophecy – schließlich tatsächlich auch in dieser Weise auswirken. Der als leistungsschwach eingeschätzte Schüler wird in der Tat immer schlechter (umgekehrter „Pygmalion-Effekt"). Und von gruppendynamischen Erkenntnissen wissen wir, daß wir bereits etwa 30 Sekunden, nachdem wir jemanden zum ersten Mal begegnet sind, ein relativ überdauerndes Urteil von unserm Gegenüber haben (sympathisch vs. unsympathisch). Die Wahrscheinlichkeit ist sehr groß, daß diese erste Einschätzung im Grundsätzlichen kaum noch revidiert wird, sondern im Gegenteil nur noch das selektiv wahrgenommen wird, was den ursprünglichen, sprichwörtlich „ersten Eindruck" bestätigt.

Das Training zu diesem Aspekt zielt nun daraufhin ab, die Bildung solcher Vorurteile zu erschweren. Dies scheint die pädagogisch anspruchsvollere, aber auch angemessenere Herausforderung zu sein. Das Training beginnt damit, daß Sie sich im Gespräch mit dem Mentor zunächst die Gefahr, Vorurteile ausbilden zu können, bewußt machen. Wenn Sie einem bestimmten Schüler gegenüber spontan eine gewisse Antipathie empfinden, so machen Sie sich zunächst klar, worin diese begründet ist. Zwingen Sie sich im weiteren dazu, auch etwas Positives bei dem betreffenden Schüler festzustellen. Es gibt kaum einen Menschen, bei dem dies nicht der Fall ist. Strafen Sie ihn nicht durch Mißachtung, sondern sprechen Sie so schnell wie möglich mit ihm. Sonst verfestigt sich Ihre negative Einstellung, von der Sie dann aus vordergründigen Prestigegründen („Ich habe eine gute Menschenkenntnis") nicht mehr weg können.

> *Stille Schüler werden zu Unrecht für leistungsschwach gehalten*

> *Vorurteile bauen sich schnell auf*

> *Vorurteile vermeiden, indem man sich zunächst die Gefahr bewußt macht*

Was nun stille, zurückhaltende Schüler im besondern anbelangt, so neigt man gern dazu, diesen leistungsmäßig nicht viel zuzutrauen. Um der Ausbildung derartiger Vorurteile vorzubeugen, sollten Sie von Anfang an darauf achten, möglichst viele Schüler am Unterrichtsgespräch zu beteiligen. Um stillen Schülern gerecht zu werden, muß man sich immer wieder bewußt machen, daß es zumeist nicht Feindseligkeit, Faulheit oder Bequemlichkeit ist, warum sich diese Schüler nicht beteiligen. Wenn Sie erwartungsvoll in die Klasse blicken, denken Sie spontan daran: *Schweigende Schüler sind gehemmt, nicht faul!* Gründe für die Zurückhaltung gibt es genug. Die häusliche Erziehung kann hier eine Rolle spielen („Du redest nur, wenn Du gefragt bist"), aber auch die Befürchtung, in der Klasse als Streber verschrien zu sein. Ein Grund kann auch die Angst sein, etwas Falsches zu sagen. Haben wir nicht selbst auch Hemmungen, uns in einer großen Versammlung zu Wort zu melden und uns damit aus der Geborgenheit der Masse herauszuheben? Deshalb muß der Lehrer in solchen Fällen den Anstoß geben, um den Schüler aus der Klassenanonymität herauszuholen. Sie sollten nicht erwarten, daß ein solcher Schüler von sich aus auf Sie zukommt. Als Erwachsener müssen Sie den ersten Schritt tun und damit Ihre eigene Hemmung gegenüber Schülern überwinden.

> *Merke:*
> *Stille Schüler sind gehemmt, nicht faul*

Auf die verschiedenen Möglichkeiten, stille Schüler zu aktivieren, sind wir bereits in anderem Zusammenhang eingegangen. Konzentrieren Sie sich nicht nur auf die Schüler, die sich von sich aus am Unterrichtsgespräch beteiligen. Zwingen Sie sich dazu, den Blick immer wieder über die ganze Klasse schweifen zu lassen. Nehmen Sie gerade dabei zu solchen Schülern Blickkontakt auf, die sich bislang wenig oder noch gar nicht beteiligt haben.

> *Der Lehrer muß den Anstoß dazu geben, um die Schüler aus der Klassenanonymität zu holen*

Unternehmen Sie dabei zumindest den Versuch, in jedem Gesicht etwas Positives zu entdecken, was gleichzeitig für den betreffenden Schüler charakteristisch ist („Plus-Schüler"). Nehmen Sie auf diese Weise jeden Schüler als Individuum wahr, mit individuellen Eigenschaften. Solange jemand nicht aus der Anonymität der Gruppe herausgetreten ist, gehört er für Sie unbewußt zur latent feindlichen Schülermasse.

> *Den Schüler als Individuum wahrnehmen*

Gehen Sie dann im weiteren auf zurückhaltende Schüler zu (vgl. 3.1), ohne jedoch diese zwanghaften Situationen auszusetzen. Verletzen Sie nicht die Intimdistanz, und bauen Sie sich nicht vor solchen Schülern auf, weil Sie dadurch nur das Gegenteil – nämlich ein noch stärkeres Sichzurückziehen des Schülers – bewirken.

> *Vorsicht vor Intimdistanzzonenverletzung*

Haben Sie keine Hemmungen, zurückhaltende Schüler auch einmal zur Stellungnahme direkt aufzufordern („Klaus, mich würde interessieren, was Du von ... hältst"). Oft werden Sie überrascht sein, wie gut der betreffende Schüler zugehört hat und zu welch anspruchsvoller Stellungnahme er fähig ist. Wenn Sie sich dabei ertappen, daß Sie im stillen zu sich sagen: „Warum meldet der sich bloß von sich aus nicht? Die Antwort hatte doch Niveau. Es besteht doch kein Grund für ihn, sich nicht zu beteiligen", dann sollten Sie sich das dahinterstehende, bereits ausgebildete Vorurteil bewußt machen: Schüler, die sich nicht spontan am Unterricht beteiligen, seien leistungsschwach. *Deshalb: Zurückhaltende Schüler haben Hemmungen, sich zu melden. Sie sind schüchtern, aber deswegen in der Regel nicht weniger leistungsfähig als die andern!*

Zu Stellungnahmen auffordern

Werden Sie ebenfalls sensibel dafür zu erkennen, welche Schüler die Antwort bzw. Äußerung geradezu auf den Lippen tragen, sich aber trotzdem nicht zu Wort melden. Geben Sie auch diesen Schülern den letzten Anstoß, indem Sie sie erwartungsvoll anschauen, interessiert mit dem Kopf nicken, einen Schritt auf sie zu oder eine offene Armbewegung in Richtung des jeweiligen Schülers machen.

Wer hat die Antwort auf den Lippen?

Im weiteren haben *Brophy* und *Good* (S. 295 ff.) einige nützliche Vorschläge zusammengestellt, wie Sie es vermeiden, Ihre niedrigen Erwartungen gegenüber Schülern – seien sie nun begründet oder nur Resultat eines Vorurteils – zum Ausdruck zu bringen. Auf einige könnten Sie im Training – nach Auswahl und Absprache mit dem Mentor – gezielt achten.

Niedrige Erwartungen gegenüber den Schülern nicht zum Ausdruck bringen

1. Warten Sie auf die Antwort von leistungsschwachen Schülern genauso lange wie bei leistungsstarken Schülern. Es wurde beobachtet, daß Lehrer Schülern mit hohem Leistungsniveau mehr Zeit für eine Antwort lassen als solchen mit niedrigem Leistungsniveau.
2. Seien Sie bei leistungsschwachen Schülern ebenso dazu bereit, die Frage zu wiederholen, einen Hinweis zu geben oder eine neue Frage zu stellen, wie bei leistungsstarken Schülern.
3. Bei einer falschen Antwort von einem leistungsschwachen Schüler sollten Sie die Antwort nicht selbst nennen oder sofort einen andern Schüler aufrufen. Auch wurde festgestellt, daß Lehrer mäßige Leistungen bei Leistungsschwachen akzeptieren, mit den Leistungsstarken aber arbeiten und bessere Leistungen von ihnen verlangen.

häufig gemachte Fehler bei leistungsschwach scheinenden Schülern:

4. Bei leistungsschwachen Schülern sollten Sie nicht akzeptable Antworten ebenso häufig ohne Lob lassen wie bei leistungsstarken Schülern.
5. Vermeiden Sie es auch, leistungsschwache Schüler häufiger zu tadeln als leistungsstarke. Schüler können dadurch entmutigt werden, ein Risiko einzugehen und allgemeine Initiative zu entwickeln.
6. Loben Sie richtige Antworten von leistungsschwachen Schülern ebensohäufig wie richtige Antworten von leistungsstarken Schülern.
7. Schenken Sie leistungsschwachen Schülern ebensoviel Aufmerksamkeit wie leistungsstarken Schülern. Es wurde festgestellt, daß Lehrer auf (insbesondere richtige) Antworten von schwachen Schülern so reagieren, daß sie einen andern Schüler aufriefen. Gute Schüler werden häufiger angelächelt und erhalten mehr Blickkontakt.
8. Rufen Sie leistungsschwache Schüler ebenso häufig auf wie leistungsstarke.
9. Setzen Sie leistungsschwache Schüler ebenso in Ihre Nähe wie leistungsstarke. Untersuchungen haben ergeben, daß leistungsschwache Schüler einen eher weit vom Lehrer entfernten Sitzplatz zugeteilt bekommen. Unterschiede im Lehrerverhalten sind dann am wenigsten wahrscheinlich, wenn die Sitzordnung der Schüler im Klassenzimmer nach dem Zufall erfolgt.

Gerade diesem letzten Punkt (9) sollten Sie im Training größere Beachtung schenken. Wenn es richtig ist, daß Lehrer durch Blickkontakt die Schüler zu Aufmerksamkeit und Beiträgen ermutigen, dann liegt ein großer Teil der Verantwortung auch bei Ihnen selbst, wenn sich einige Schüler im Unterricht so stark zurückziehen. Denn im allgemeinen ist es so, daß Lehrer – bedingt durch Blickrichtung, Körperstellung, Armbewegung usw. – bestimmten Teilen des Klassenzimmers mehr Aufmerksamkeit schenken als andern.

Durch Körperstellung, Blickrichtung und Armbewegung schenken Sie bestimmten Teilen des Klassenzimmers besondere Aufmerksamkeit

Aus sogenannten *feldtheoretischen Untersuchungen* weiß man, daß Lehrer – von ihnen aus gesehen – dem Mittelfeld und der rechten Fensterseite größere Aufmerksamkeit schenken, während die vorderen Sitzreihen (der Lehrer blickt über sie hinweg) und die linke Raumseite eher von ihnen vernachlässigt werden. Vielfach wählen Schüler – korrespondierend dazu – entsprechend ihren Sitzplatz aus.

Ehrgeizige und sehr selbstbewußte Schüler nehmen in den vordersten Reihen Platz, um näher im „Zentrum" zu sein, obwohl der Lehrer selbst häufig über sie hinwegblickt. Besonders kritische Schüler nehmen seitlich Platz. Wer noch unentschlossen ist, nimmt ziemlich weit hinten in der Mitte Platz, während die noch Unsicheren ihren Platz in der Nähe des Ausgangs weit hinten links oder rechts wählen.

Als Mentor könnten Sie einmal eine *Strichliste* führen, welchem Teil des Klassenfeldes der trainierende Kollege die größte Aufmerksamkeit schenkt und ob – als Konsequenz daraus – sich in diesen Teilen auch die Wortmeldungen von Schülern häufen. Anzustreben ist natürlich eine möglichst gleichmäßige Berücksichtigung des gesamten Klassenfeldes, was indirekt dann auch eine größere Aktivierung stiller, zurückhaltender Schüler einschließen würde.

Ein weiterer Grund für unbewußte Aufmerksamkeitssteuerung der Lehrer scheint zudem in *geschlechtsspezifischen Gesichtspunkten zu* liegen. Eine Untersuchung (*Wagner*, S. 86 ff.) ergab, daß Jungen im Unterricht mehr Beachtung suchen und finden als Mädchen. Jungen werden häufiger drangenommen, wenn sie sich melden und auch, wenn sie sich nicht melden. Sie werden darüber hinaus häufiger gelobt und häufiger wegen Disziplinschwierigkeiten getadelt. Sie suchen von sich aus häufiger Kontakt bei Lehrerinnen und Lehrern, und die Lehrenden initiieren auch von sich aus häufiger die Interaktion mit Jungen als mit Mädchen.

Geschlechtsspezifische Gesichtspunkte

Ferner zeigt sich, daß männliche Lehrer dazu neigen, Jungen noch stärker zu bevorzugen als Lehrerinnen dies tun. Im Fächervergleich ergab sich die stärkere Bevorzugung von Jungen vor allem in Mathematik und Sachkunde, also solchen Fächern, die traditionell mehr der Männerrolle zuzurechnen sind. Insgesamt erhielten die Jungen im Unterricht von seiten der männlichen wie weiblichen Lehrer deutlich mehr Zuwendung als die Mädchen.

Traditionelle Fächerzuordnung

Aus diesen interessanten Untersuchungsergebnissen ergibt sich die Anregung für das Training, darauf zu achten, ob die Zurückhaltung bestimmter Schüler mit einer so zu begründenden, unbewußten Aufmerksamkeitssteuerung des Lehrers zu erklären ist. Eine einfache Strichliste könnte auch in dieser Frage mehr Klarheit schaffen (Wie oft melden sich Schülerinnen? Wie oft Schüler? Wie oft werden Schülerinnen aufgerufen bzw. drangenommen? Wie oft Schüler?) und zu einer Änderung des Lehrerverhaltens in diesem Bereich beitragen.

Unbewußte Aufmerksamkeitssteuerung

3.5.3 Schüler-Schüler-Interaktion

Unbeschadet der Tatsache, daß man bei einem praxisnahen Trainingsverfahren zum Lehrerverhalten angesichts der gegenwärtigen Schulwirklichkeit von einer natürlichen Dominanz des Lehrers ausgehen muß, bleibt ein solches Trainingsprogramm nicht perspektivenlos. Auch wenn der Lehrer aus verschiedenen, schon mehrfach herangezogenen Gründen (Sachwissen, Strukturierung von Lernprozessen, Entwurf von Zielperspektiven, Altersunterschied...) eine deutlich von der Gesamtgruppe „Klasse" abgrenzbare Position einnimmt, entbindet ihn das nicht von der Aufgabe, im Lehrerverhalten so flexibel zu bleiben, daß schrittweise auch von daher die Voraussetzung für größere Eigenverantwortung und Eigeninitiative der Schüler geschaffen wird. In diesem Sinne kann ein lehrerzentrierter Trainingsansatz auch im Dienste von schülernahen Verfahren stehen, vielleicht sogar erst die realistischen, praxisgerechten Bedingungen dafür entwickeln helfen.

Förderung der Schüler-Eigenverantwortlichkeit

Natürlich gibt es gegen einen solchen eingeschränkt schülerorientierten Ansatz auch Bedenken, die teils in stark verinnerlichten Vorurteilen, teils in einer eingeengten Sichtweise vom Selbstverständnis der Schule und ihrer Funktion begründet sind. Unstrittig ist zunächst, daß es Gründe gegen eine schrittweise stärkere Einbindung der Schüler in Planung und Gestaltung des Unterrichts gibt, die in fachwissenschaftlichen oder didaktischen Bedenken zu suchen sind. Unterschiedliche Voraussetzungen und Vorüberlegungen ergeben sich jeweils von Fach zu Fach, von Thema zu Thema. Auch das Alter der Schüler spielt eine maßgebliche Rolle.

Einbindung der Schüler in die Planung vs. fachwissenschaftliche Bedenken

Wer jedoch die Auffassung vertritt, Schule sei eine Einrichtung, in der auf möglichst effektive Weise in kürzester Zeit möglichst viel Fachwissen an Schüler herangetragen werden sollte, der wird in letzter Konsequenz jede Einbeziehung der Schüler als reine Zeitvergeudung empfinden (vgl. 3.4.4). Eine solche Auffassung muß auch in historischer Perspektive gesehen werden. Noch im Jahr 1904 hat eine Konferenz deutscher Gymnasialdirektoren heftig darüber gestritten, ob im Unterricht Schülerfragen überhaupt zugelassen werden dürfen. Auch der gegenwärtig so beliebte Hinweis auf den Lehrplan, mit dem man nicht „durchkomme", wenn man nicht konsequent lehrerzentriert den Stoff vermittle, hat bisweilen auch nur den Charakter eines Alibis und ist letztlich in einem verengt funktionalistischen Selbstverständnis von Schule begründet. Und dabei gilt es als lernpsychologisches Grundwissen, daß selbst Erwachsene einem zusammenhängenden Vortrag nicht länger als maximal 15–20 Minuten konzentriert zuhören können. Aus dieser Sicht sind Unterrichtsphasen des Übens, der Selbstvergewisserung der Schüler, der selbständigen Auseinandersetzung, der Vertiefung, ja der Entspannung unverzichtbare Elemente. Einmal ganz abgesehen davon, daß die Fähigkeit, mit andern Menschen zu kooperieren, die Fähigkeit, selbständig und eigenverantwortlich eine Aufgabe zu lösen, sich nicht von alleine entwickelt, sondern allmählich, Schritt für Schritt vom Lehrer angeregt und begleitet werden muß.

Selbstverantwortlichkeit der Schüler muß vom Lehrer Schritt für Schritt angeregt werden

Von diesen gedanklichen Voraussetzungen her muß die Trainingskategorie „Schüler-Schüler-Interaktion" gesehen werden. Sie soll nicht – was einige schülerzentrierte Verfahren bewirken – dazu beitragen, daß der Schüler überfordert, konfus und orientierungslos wird. Es soll gezeigt werden, wie mit Hilfe weniger Maßnahmen eine größere Eigenverantwortung der Schüler angeregt und ein Stück weit gefördert werden kann.

Eigenverantwortlichkeit mit nur wenigen Maßnahmen förderbar

Das Training zu diesem Aspekt sollte zunächst darauf ausgerichtet sein, in jeder Stunde wenigstens ein- bis zweimal gezielt (also im Ansatz ganz lehrerzentriert) Schüler-Schüler-Interaktion zu fördern. Darunter versteht man, daß sich Schüler auf Äußerungen von Mitschülern direkt beziehen, ohne daß der Lehrer als sprachliche Brücke oder als Verstärker fungiert. Das klingt zunächst einfach, ist aber für die meisten Schüler derart ungewohnt, daß Sie sich im Training oftmals nur auf diesen einen Punkt konzentrieren müssen, um Erfolge zu sehen. Denn wenn Sie sich in gesprächsorientierten Phasen des Unterrichts als jemand, der strukturiert und kommentiert, weitestgehend zurücknehmen, dann werden Sie feststellen, wie schnell ein Gespräch sich in unwichtige Details verliert. Bereits nach zwei bis drei direkten verbalen Schüler-Schüler-Kontakten artet es oftmals in Rechthaberei und persönliche Anschuldigungen aus. Spätestens dann müssen Sie eingreifen – ob Sie wollen oder nicht –, allein schon deswegen, weil der Rest der Klasse immer erwartungsvoller zu Ihnen hinblickt. Es ist immer wieder eine Augenblicksentscheidung, wann man die Schüler mit der Selbststeuerung des Gesprächs überfordert und deshalb strukturierend eingreifen muß. Das sollte aber den Lehrer nicht davon entbinden, die Grenze immer wieder neu auszutesten und nach Möglichkeit auszuweiten, bis die Schüler ein sinnvolles Gespräch selbstverantwortlich führen können.

Schüler-Schüler-Kontakte konkret fördern

Achtung: Schüler sind mit selbstgesteuerten Gesprächen schnell überfordert

Sammeln von Schüleräußerungen ohne Lehrerkommentar

Nehmen Sie sich deshalb vor, in jeder Stunde durch bestimmte Maßnahmen ein Stück weit Schüler-Schüler-Interaktionen zu fördern. Das Bemühen setzt sich fort im *Sammeln von Schülerbeiträgen* (vgl. 3.4.3). Nehmen Sie nicht sofort dazu Stellung. Sammeln Sie erst mehrere Schülerbeiträge. Dadurch gewöhnen Sie die Schüler indirekt daran, nicht nach jeder Äußerung eines Schülers die Stimme des Lehrers zu hören. Auch ist die Gefahr des Lehrerechos dadurch geringer. Kurze verbale Impulse („Möchte noch jemand etwas dazu sagen?", „Weitere Gründe?", „Noch mehr!") und persönliches Ansprechen zurückhaltender Schüler hilft, die Sammelphase immer wieder neu zu beleben.

Damit die Sammelphase wirkungsvoll bleibt, ist nun aber auch eine echte Verhaltensänderung beim Lehrer notwendig. Wenn Sie in der Sammelphase viele Schüleräußerungen unkommentiert lassen, dann erhöhen Sie möglicherweise zwar die Anzahl der Beiträge. Jedoch werden Sie viele Schüler enttäuschen, wenn Sie später die Beiträge nicht in irgendeiner Form wieder aufgreifen. Dafür ist natürlich sehr viel Erfahrung und vor allem Übersicht notwendig. Eine Hilfe könnte es für den Anfang bedeuten, daß Sie immer ein *Konzeptpapier* bereitliegen haben, um stichwortartig *wichtige Beiträge schriftlich festzuhalten*, so daß Sie sich später leichter auf diese beziehen können, ohne zunächst die aufeinanderfolgenden Äußerungen der Schüler unterbrechen zu müssen. Wenn Sie die Schüler darüber hinaus anregen, dies – parallel zu Ihnen – auch zu tun, fördern Sie indirekt eine intensivere Auseinandersetzung mit den Beiträgen der Mitschüler.

Wichtige Beiträge schriftlich festhalten

Und eine zweite Verhaltensänderung hinsichtlich der Sammelphase scheint wichtig. Gewöhnen Sie sich an, auch schon bei Schülern eine *Rednerliste* zu führen. Sie können dies mündlich tun vor der ganzen Klasse („Jetzt haben sich mehrere gemeldet. Zunächst Inge, dann Klaus, Ute ...") und erreichen damit, daß zumindest auf diese Weise alle Schülermeldungen erst einmal registriert werden und damit aktiviert bleiben.

Rednerliste führen

Oft vergessen Schüler schnell, was sie eigentlich sagen wollten. Regen Sie deshalb immer wieder in einer kurzen Bemerkung an, daß die andern, die erst später drankommen, sich eine *kurze Notiz* über das machen sollen, was sie nachher sagen wollen. Melden sich zu viele Schüler, können Sie die Rednerliste auch schriftlich führen (oder führen lassen).

Sich als Lehrer auch in die Rednerliste einreihen

Ein nicht zu unterschätzendes Signal für Schüler ist, wenn Sie sich für die Schüler erkennbar auch in die Rednerliste einreihen und nicht sofort verstärkend mit der Kommentierung hineinplatzen, wo es Ihnen aus dem Augenblick heraus sinnvoll erscheint. Das ist nicht immer möglich. Manchmal müssen Sie sofort strukturierend und vor allem korrigierend eingreifen. Nehmen Sie aber nicht nur deswegen sofort Stellung, weil Sie befürchten, daß Sie es sonst vergessen würden. Dann verlangen Sie nämlich etwas von Schülern, wozu Sie selbst nicht fähig sind – was natürlich auch die Schüler erkennen.

Die schwierigste Aufgabe jedoch liegt für den Lehrer am *Ende der Sammelphase*. Will er die direkte Abfolge von Schüleräußerungen nicht unterbrechen und die Schüler durch Nichtbeachtung ihrer Beiträge nicht enttäuschen, muß er am Ende deren Beiträge zusammenfassend aufgreifen, gewichten, strukturieren. Nur dann hat der Schüler mit Recht den Eindruck, daß sein Beitrag verstanden wurde. Sich durch *Rück- und Querverweise* auf Schülerbeiträge zu beziehen, verlangt sehr viel Übersicht. Am Anfang wird dies kaum gelingen. Es ist ja kein Zufall, warum es viele Lehrer anders machen und die vorgeblich geringe Qualität der Schülerbeiträge als Vorwand nehmen, fast ausschließlich selbst zu sprechen. Aber wenn Sie die Intensivierung von Schüler-Schüler-Kontakten grundsätzlich für sinnvoll halten, lohnt es sich, in dieser Weise langfristig an sich zu arbeiten.

Zusammenfassen der Schülerbeiträge als schwierigste Aufgabe der Sammelphase

Das Verfahren, Schülerbeiträge unmittelbar aufeinander folgen zu lassen und erst abschließend zu kommentieren, ist jedoch nur ein erster Schritt zur Förderung von Schüler-Schüler-Interaktionen. Im weiteren wird man zu erreichen versuchen, daß Schüler sich *direkt auf andere Schülerbeiträge* beziehen und sich inhaltlich damit auseinandersetzen. Wie können Sie diesen Prozeß unterstützend begleiten? Hier noch einmal einige verbale und nonverbale Signale:

Checkliste: Schüler-Schüler-Kontakte fördern

1. Treten Sie nach einem Impuls deutlich erkennbar ein bis zwei Schritte zurück. Dies wirkt auf Schüler als Signal, daß Sie sich als dominierender Interaktionspartner im Klassenfeld für einen Augenblick zurückziehen.
2. Zeigen Sie mit einer offenen, aber nicht theatralisch wirkenden Hand- und Armbewegung einmal auf den sprechenden Schüler. Machen Sie gleichzeitig dieselbe Bewegung mit dem andern Arm, und zwar in die Richtung, von der Sie eine direkte Stellungnahme erwarten. Der Arm bleibt solange dem ersten Schüler zugewendet, bis ein anderer zu sprechen beginnt.

3. Unterstützen Sie diese Gestik durch erwartungsvollen Blickkontakt, durch aufforderndes Kopfnicken, durch kurzes Zurückwerfen des Kopfes. Führen Sie diese Bewegungen aber nicht hastig aus. Sie wirken dann aufgesetzt und unecht. Es muß ja Zeit bleiben für die Wirkung der eigentlichen kommunikativen Signale, die sich als Folge mit diesen gestischen und mimischen Maßnahmen verbinden.
4. Fordern Sie direkt einen Schüler zur Stellungnahme auf, von dem Sie annehmen, daß er eine eigene Meinung dazu haben könnte. Auf solche Schüler könnten Sie dann gezielt einen Schritt zugehen (vgl. 3.3.3).
5. Geben Sie Stellungnahmen von Schülern in Frageform sofort an die Klasse zurück („Rückfragetechnik" oder als Impuls: „Helga hat gemeint ...").
6. Suchen Sie für die Aktivierung von Schüler-Schüler-Interaktionen solche Themen aus, mit denen sich auch für Schüler interessante kontroverse Aspekte verbinden.
7. Machen Sie Gebrauch von den verschiedenen Formen verbaler Überbrückung, und zwar von der einfachen Verbalstereotype („Hm", „Weiter!") über gezieltere Impulse („Noch jemand anderer direkt dazu!") bis hin zu Formen des reflektierenden Sprechens („Ingrid, Klaus meint ... Bist Du auch seiner Ansicht?"). Achten Sie dabei darauf, daß sich nicht nur Jungen auf Jungen und Mädchen auf Mädchen direkt beziehen (vgl. 3.5.2).

> **Wichtig:**
> *Schüler-Schüler-Interaktion nicht isoliert sehen, sondern in die Unterrichtsplanung einbauen*

Phasenunterscheidung

Diese Form der Aktivierung von Schüler-Schüler-Kontakten darf natürlich nicht isoliert gesehen werden. Sie ist letztlich nur wirkungsvoll, wenn auch die *andern Planungsgesichtspunkte* von Unterricht darauf zugeschnitten sind. Binden Sie die Überlegungen zur Förderung von Schüler-Schüler-Interaktion in den Aufbau der Stunde ein.

Unterscheiden Sie konsequent Phasen der Konzentration und der Entspannung, des passiven Zuhörens und des aktiven Handelns, der Abstraktion und Konkretion und schließlich der Lehrerzentriertheit und der Schüler-Schüler-Interaktion. Nur so erreichen Sie, daß die Schüler durch einen abwechslungsreichen Unterrichtsablauf nicht gelangweilt werden. Ob man nun aus fachdidaktischer Sicht zur Förderung von Schüler-Schüler-Interaktion in dem einen Fach die Debatte bzw. Diskussion, im andern das physikalische Experiment und im dritten die Partner- bzw. Gruppenarbeit vorzieht, scheint dabei nicht von größerer Bedeutung zu sein. Mit allen Verfahren verbindet sich die

Möglichkeit, die Selbsttätigkeit und Eigenverantwortung der Schüler zu fördern.

Schülernahe Unterrichtsverfahren wurden in der Vergangenheit fast ausschließlich mit der *Gruppenarbeit (GA)* gleichgesetzt. Nicht selten war sie für gestandene Lehrer beinahe identisch mit „moderner Pädagogik" schlechthin und wurde entsprechend reserviert aufgenommen. Dabei wurden und werden noch immer bei der Einführung von Gruppenarbeit große Fehler begangen, so daß sie kaum eine faire Chance erhielt, sich durchzusetzen. Obwohl die einzelnen Planungsschritte nur in das weitere Umfeld der Förderung von Schüler-Schüler-Interaktionen gehörten, sollen abschließend wenigstens die wichtigsten Gesichtspunkte kurz angeführt werden, die man bei der Einführung der Gruppenarbeit (GA) beachten sollte.

Mehr Eigenverantwortlichkeit durch Gruppenarbeit?

Checkliste zur Gruppenarbeit

1. *Thema, Zeit, Protokollführer:* Das Thema (Aufgabenstellung), die zur Verfügung stehende Zeit und das Wort „Protokollführer" sollten an der Tafel stehen, bevor die Gruppen auseinandergehen. Das Thema ist wichtig, weil die Gruppen, wenn sie sich gebildet haben, zumeist ratlos zusammensitzen und nicht genau wissen, was sie tun sollen. Steht das Thema an der Tafel, ist dies für Schüler eine wichtige Orientierung, auch noch während der Arbeit. Die vorgesehene Zeit sollte deswegen angegeben werden, damit sich die Schüler von vornherein die Arbeit besser einteilen können. Und das Wort „Protokollführer" soll die Schüler daran erinnern, daß sie einen solchen benennen sollen, der nachher die Ergebnisse vorstellt. Oft ist die GA schon daran gescheitert, daß während der GA das Gespräch zwar lebhaft war – auch zur Sache –, nachher sich aber niemand mehr in der Integrationsphase meldete.

– Festlegen von Thema, Zeit, Protokollführer

2. *Gruppeneinteilung:* Die Gruppen können gebildet werden nach dem Alphabet, nach der Sitzordnung (zwei Tische zusammenschieben), nach Los (alle Schüler, die eine 1, 2 oder 3 ziehen, sind in einer Gruppe), nach eigener Wahl, nach einem Plan des Lehrers oder nach thematischen Gesichtspunkten (Schüler tragen sich an der Tafel in die entsprechende Gruppe ein). Jedes Verfahren hat Vor- und Nachteile. Es hängt letztlich auch davon ab, welche Intentionen man mit der GA verbindet. Bei anspruchsvollen sozialen Lernzielen wird man auch mehr Sorgfalt auf die Zusammensetzung der einzelnen Gruppen legen.

Zusammensetzung der Gruppe

Sinnvolle Gruppenstärke festlegen	3. *Gruppenstärke:* 4-6 Schüler. Sind die Gruppen größer, könnten sich einige wieder in die Anonymität zurückziehen, was man ja gerade vermeiden möchte. Sind die Gruppen kleiner als 4 Schüler, könnten sich manche während der GA unwohl fühlen, weil sie ganz unvermittelt zur Zusammenarbeit gezwungen sind, ohne sich auch nur für einen Augenblick zurückziehen zu können.
Lehrerverhalten während der Gruppenarbeit	4. *Lehrer:* Der Lehrer sollte während der GA vorne am Tisch sitzen und inhaltlich das gleiche tun wie die Schüler. So entsteht nicht der Eindruck, er wolle es sich bequem machen. Andererseits stört er die Gruppen nicht bei der Arbeit durch „Kontrollgänge".
Wenn die einzelnen Gruppen einen Besuch des Lehrers wünschen, steht er natürlich zur Beratung zur Verfügung. Das Lehrerverhalten sollte man auch mit genau diesen Argumenten den Schülern zuvor erklären.
Themenfestlegung	5. *Themengleich/Themenverschieden:* Themengleiche GA erleichtert die Integration der Ergebnisse. Sie schafft aber unter Umständen Motivationsprobleme, weil die Schüler sich fragen, warum sie etwas bearbeiten sollen, was man genausogut im Plenum behandeln könnte. Entsprechend schwierig und vor allem zeitaufwendig ist dagegen die Integration der Ergebnisse bei themenverschiedener GA. Diese Form entspricht aber eigentlich eher dem Prinzip der GA. Am besten scheint es, mit themengleicher GA zu beginnen und erst allmählich, wenn es auch inhaltlich sinnvoll ist, zu themenverschiedener GA überzugehen.
Zeitliche Festlegung	6. *Dauer:* Hat die GA die begrenzte Funktion, etwa nach einem längeren Lehrervortrag als Ausgleich Schüleraktivität zu fördern, dann darf sie nicht länger als *15 Minuten* dauern, damit man sich in einer 45-Minuten-Stunde anschließend noch mit den Ergebnissen beschäftigen kann. Selbstverständlich gibt es auch Formen der GA, die sich über mehrere Unterrichtsstunden erstreckt.
Aufgabenstellung	7. *Art der Aufgabenstellung:* Die größten Fehler bei der Einführung der GA werden dadurch gemacht, daß man den Schülern zu Beginn zu schwierige Aufgaben stellt, durch die sie überfordert sind. Planen Sie die Einführung der GA langfristig (über 6 Monate). Beginnen Sie mit Phasen der *Still-* und *Partnerarbeit.* Erst dann lassen Sie zwei Tische zusammenschieben und stellen der Gruppe eine Aufgabe, die im Prinzip auch jeder für sich alleine lösen könnte (*Suchaufgaben*). So werden die Schüler allmählich daran gewöhnt,

zwanglos mit andern zusammenzuarbeiten (Lösen einer Rechenaufgabe, Suchen von bestimmten Wörtern in einem Text, Ausmalen einer Landkarte ...).

Die nächstschwierigere Form nach den Suchaufgaben bilden *Analyseaufgaben* (Textanalyse, Übersetzungen, Bildbeschreibung ...), weil sie eine anspruchsvollere kognitive Struktur voraussetzen. Die Schüler müssen bereits an GA gewöhnt sein, dürfen also durch die neue Sitzordnung nicht mehr allzusehr abgelenkt sein, um die anspruchsvollere Aufgabenstellung bewältigen zu können.

– *Analyseaufgaben*

Den Abschluß der Einführung in die GA bilden *Konstruktionsaufgaben* (Konstruieren von Schaltplänen, Herstellen von Kollagen, Anfertigen bzw. Vervollständigen von Reden und Gedichten). Am Ende steht also ein vorzeigbares Ergebnis. Um bis dahin zu gelangen, müssen zuvor viele Schwierigkeiten überwunden werden. Aber aus genau diesen Gründen ist schließlich diese Form der GA dann auch am befriedigendsten. Sie sollte deshalb aber auch erst am Ende stehen, will man nicht erreichen, daß die Schüler mit der Aufgabenstellung überfordert sind und sich nach kurzer Zeit über das gestrige Fußballspiel im Fernsehen unterhalten.

– *Konstruktionsaufgaben*

3.5.4 Wärme/Wertschätzung

Innerhalb der Trainingsdimension „Der Lehrer im Umgang mit der Klasse" beginnt mit der Kategorie „Wärme/Wertschätzung" ein Trainingsabschnitt, bei dem wiederum in der Zusammenarbeit zwischen Mentor und trainierendem Kollegen persönlichere, sensiblere, aber gleichzeitig auch komplexere Fragen angesprochen werden müssen. All das bedingt zugleich, daß es auch zunehmend schwieriger wird, allgemeinverbindliche Anregungen für das äußere Lehrerverhalten zu geben. Um es vorwegzunehmen: Die konkrete inhaltliche Ausfüllung dessen, wie sich ein Lehrer verhält, der „Wärme" und „Wertschätzung" gegenüber Schülern zeigt, ist eben von Person zu Person verschieden. Der Schwerpunkt muß deshalb zunächst in der einfühlenden Beobachtung durch den Mentor liegen. Auch unsere Hinweise sind in erster Linie – und darin am ehesten vergleichbar mit der Kategorie „Sicherheit" – Hinweise zur Beobachtung und erst sekundär dann auch Orientierung für das jeweilige Training. Die Möglichkeiten für konkrete Anleitungen sind jedoch von vornherein begrenzt.

Allgemeinverbindliche Anregungen für äußeres Lehrerverhalten sind schwer zu treffen

Beobachtung durch den Mentor

175

Tugenden sind nur begrenzt lehrbar

Von diesem Bereich her lassen sich auch die wichtigsten Argumente für eine alles überragende Persönlichkeitskonstante im Lehrerverhalten ableiten („Entweder man hat's, oder man hat's nicht"). Auch die dargelegten Tugendkataloge eines idealen Lehrers haben hier ihren Platz (S. 15 ff.). „Toleranz", „Humor", „Echtheit", "Takt" im Umgang mit Schülern sind eben nur begrenzt lehrbar oder in einzelne Lehrfertigkeiten aufschlüsselbar. Und trotzdem gehören sie mit in das Spektrum des Trainings zum Lehrerverhalten, sei es auch nur in der Form, daß man sich vor dem Hintergrund der hier dargelegten Orientierung im Gespräch mit dem Mentor Klarheit über sich selbst und die Wirkung der eigenen Person verschafft. Daß dies auch eine Veränderung im Selbstverständnis des beratenden Kollegen in seiner Rolle als Mentor einschließt, ist selbstverständlich. Noch wichtiger als zuvor ist es also jetzt, daß er die Subjektivität seiner Einschätzung sich selbst und damit auch dem trainierenden Kollegen bewußt macht („Sie haben auf mich so gewirkt ...").

> **Wichtig:**
> Klarheit über sich selbst erlangen

Beispiel "Echtheit"

Um es am Beispiel der „*Echtheit*" noch einmal zu verdeutlichen. Sie hat mit Recht einen hohen Stellenwert in der Lehrer-Schüler-Beziehung. Es macht eben schon einen erheblichen Unterschied, ob ein Lehrer vor der Klasse einen Schüler nur scheinbar freundlich anlächelt („Lächeln aufsetzt" oder formelles Lehrerlob ausspricht), ihn aber außerhalb des Klassenzimmers oder der Schule gar nicht weiter beachtet. Jedoch wo hat Echtheit ihre Grenze? Schon in dem Augenblick ist „Echtheit" nicht mehr uneingeschränkt vorhanden, wo der Betreffende nicht mehr als Privatmann, sondern als Funktionsträger agiert. Wenn ein Lehrer im Unterricht gähnt, die Beine hochlegt u.ä., dann mag dies für einige schon eine Beeinträchtigung der Echtheit bedeuten. Offenbar kommt der Lehrer aus der widersprüchlich scheinenden Doppelrolle nicht heraus: Er muß sich als Funktionsträger in jedem Augenblick kontrolliert verhalten. Und doch hat eine positive Klassenatmosphäre absolut zur Voraussetzung, daß der Lehrer als Person spürbar und darüber glaubwürdig wird. So wichtig also die Personwirkung des Lehrers einerseits ist (S. 20 ff.), so unverkennbar bleibt doch auch, daß persönliche und professionelle Identität nicht deckungsgleich zu machen sind. Weder der Arzt oder der Psychotherapeut in Bezug auf die Vielzahl der Patienten noch der Lehrer in Bezug auf die Vielzahl der Schüler könnte dies lange durchhalten, ohne selbst Schaden zu nehmen. Echtheit muß also auch an professionelle Verhaltensweisen gebunden bleiben. An ihnen sollte sich das

Grenzen der Echtheit

> *Persönliche und professionelle Identität sind nicht deckungsgleich zu machen*

Professionelles Verhalten ist nötig

Beratungsgespräch auch primär orientieren. Dafür sollen im folgenden einige argumentative Bezugspunkte angeboten werden. Damit allerdings – davon gehen wir aus – werden die entscheidenden individuellen Qualitäten nicht erreicht.

Was immer dies im Einzelfall konkret auch bedeuten mag: Zahlreiche Untersuchungen belegen, daß unterrichtliches Lehrerverhalten dann am erfolgreichsten ist, wenn ein Lehrer persönliche Wertschätzung und Wärme mit einem sachbezogenen Engagement verbindet und sich geistvoll-anregend verhält (*Döring*). Wertschätzung sollte also nicht mit einer „Watteverpackung" der Schüler, mit einem Zuckerguß allgemeiner Freundlichkeit verwechselt werden. Gerade Anfänger haben oft Hemmungen, klare *Grenzen* zu setzen, zumal sie selbst nicht wissen, wo diese liegen sollten. Deshalb decken sie die Schüler mit Lob, Wärme und Zuwendung zu und tun dies eigentlich nur, um jeder möglichen Schülerkritik von vornherein die Spitze zu nehmen. So soll die eigene Unsicherheit kaschiert werden, wie dies übrigens vielfach auch bei exemplarischer Strenge („Rumpelstilzchenverhalten") der Fall ist. Beides ist nicht in einer souveränen Selbstgewißheit, wo die Grenzen liegen, begründet.

Wärme gepaart mit Engagement

Aus demselben Grund halten wir es auch nicht für hilfreich, Schüler zu *duzen*. Damit wird eine Vertraulichkeit vorgetäuscht, die keinen Bestand haben kann. Das „Du" stellt den zweifelhaften Versuch dar, die Spannung zwischen Privatperson und Funktion des Lehrers aufzulösen und sozusagen „professionelle Wertschätzung" zu signalisieren. Ein solcher Versuch ist früher oder später zwangsläufig zum Scheitern verurteilt. Dabei muß das „Du" keineswegs in Kumpanei ausarten. Es suggeriert jedoch einen Anspruch, den der Lehrer auf Dauer nicht durchhält und der es ihm möglicherweise mit der Zeit gerade erschwert, Echtheit und Wertschätzung weiterhin zu zeigen. Im heutigen Interaktionsstil zwischen Lehrer und Schüler muß das „Du" aufgesetzt und als Anbiederung wirken. Die reine Äußerlichkeit des „Du" – und mehr ist es zumeist ja auch nicht –, erschwert es jedenfalls, ein ausgewogenes Intimitäts-Distanz-Niveau zu den Schülern aufrechtzuerhalten.

Duzen...

... erschwert, ein ausgewogenes Intimitäts-Distanz-Niveau aufrechtzuerhalten

Welches sind nun aber die Orientierungspunkte, an denen sich das Beratungsgespräch zu diesem Themenbereich ausrichten könnte? Zunächst einmal könnten Sie sich selbst als trainierender Kollege erst einmal *Klarheit* verschaffen, wie es um Ihre Wärme und Wertschätzung Schülern gegenüber grundsätzlich bestellt ist. In einer Untersuchung hat *Silberman* (nach *Brophy*,

Sich eigene Klarheit verschaffen

Fragen zur Selbstkontrolle nach Silberman:

Good, S. 187) Lehrerinnen folgende Interviewfragen vorgelegt, um deren Einstellungen gegenüber Schülern zu testen:

„1. *Zuneigung:* Wenn Sie einen Schüler ein weiteres Jahr behalten könnten, wen würden Sie aussuchen?
2. *Gleichgültigkeit:* Wenn ein Elternteil unangekündigt zu einer Unterredung vorbeischauen würde, zu einem Gespräch über welches Kind wären Sie am wenigsten vorbereitet?
3. *Sorge:* Wenn Sie all Ihre Aufmerksamkeit einem Kind widmen könnten, um das Sie sich sehr gekümmert haben, welches würden Sie auswählen?
4. *Ablehnung:* Wenn Ihre Klasse um ein Kind reduziert werden sollte, über die Entfernung welchen Kindes wären Sie erleichtert?"

Einige mehr mögen als andere

Auch wenn man dem weiteren Gang der Untersuchungen *Silbermans* nicht folgt, wäre es doch schon sehr wichtig, sich durch die Beantwortung dieser Fragen über Kriterien der Wertschätzung und bereits verinnerlichte Vorurteile Klarheit zu verschaffen. So besteht eine echte Chance, den sonst unbewußt wirksamen Vorurteilen rational zu begegnen und unter Umständen diese darüber ein wenig zu verringern. Daß man einzelne Schüler mehr mag als andere, ist gar nicht zu vermeiden. Auch darin liegt ein Stück Echtheit. Aber wenn man sich als Lehrer seiner Sympathien oder Antipathien gegenüber bestimmten Schülern und vor allem der Gründe dafür mehr bewußt würde, dann könnte einem dies helfen, die Gefahr, ungerecht zu werden, etwas abzuschwächen.

> Sich Sympathien und Antipathien bewußt werden, um Ungerechtigkeiten abzuschwächen

Auf welchen individuellen Voraussetzungen vorhandene oder fehlende Wärme und Wertschätzung beruhen, muß jeweils neu im vertraulichen Gespräch geklärt werden. Damit Sie sich als Mentor dabei nicht ausschließlich von subjektiv beliebigen Eindrücken leiten lassen, sollen nun auch einige Anhaltspunkte für die Beobachtung zusammengestellt werden. *Tausch, Tausch* (S. 215 ff.) haben in Form von Einschätzungsskalen Verhaltensweisen vorgelegt, die in Teilen zunächst einmal wertfrei als Grundlage zur Beobachtung dienen könnten und erst dann im anschließenden Gespräch zwischen Mentor und trainierendem Kollegen jeweils neu inhaltlich gefüllt werden müßten. In Anlehnung an *Tausch, Tausch* dazu einige Anhaltspunkte:

Checkliste : Echtheit und Wärme

1. Er gibt sich so, wie er wirklich ist, denkt und fühlt (vs. gibt sich anders, als er wirklich ist, denkt und fühlt).
2. Er verhält sich ungekünstelt, natürlich, spielt keine Rolle (vs. verhält sich gekünstelt, mechanisch, spielt Rolle).
3. Er ist ohne professionelles, routinemäßiges Gehabe (vs. gibt sich amtlich, professionell, routinemäßig).
4. Er ist er selbst, er lebt ohne Fassade und Panzer (vs. lebt hinter einer Fassade, hinter einem Panzer).
5. Er verhält sich in individueller, origineller, vielfältiger Weise (vs. zeigt häufig ein stereotypes Verhalten in Gesten und Worten).
6. Er ist aufrichtig und heuchelt nicht (vs. täuscht andere und will sie manipulieren, heuchelt).
7. Er offenbart sich anderen und gibt sich mit seinem Ich zu erkennen, er verleugnet sich nicht (vs. Äußerungen, Handlungen, Mimik und Gestik dienen der Verteidigung der Fassade, damit der andere sein wirkliches Ich nicht kennenlernt).
8. Er ist durchsichtig (vs. undurchsichtig).
9. Er drückt tiefe gefühlsmäßige Erlebnisse aus (vs. drückt keine tiefen gefühlsmäßigen Erlebnisse aus).
10. Er ist freundlich, geht mit andern herzlich um und ist nachsichtig mit ihnen (vs. ist unfreundlich, geht herzlos um, ist unnachsichtig, demütigt andere).
11. Er ist rücksichtsvoll, ermutigt andere, vertraut ihnen (vs. ist grob, entmutigt andere, mißtraut ihnen).
12. Er hilft andern, steht ihnen bei, tröstet sie (vs. läßt sie fallen, stellt sie kalt, jagt ihnen Angst ein, verletzt sie).
13. Er öffnet sich andern gegenüber (vs. verhält sich distanziert, bleibt verschlossen).
14. Er sieht im Schüler einen Mitmenschen, ohne prinzipiellen Unterschied zum Erwachsenen (vs. sieht im Schüler jemand, der ohne Einkommen, Einfluß und deshalb ohne Macht ist).

Beginnen Sie die Stunde nicht auf einem zu hohen Reizlevel. Fangen Sie betont ruhig und sachlich an, was im übrigen auch für den Unterricht in einer neu übernommenen Klasse grundsätzlich gilt. Bauen Sie erst allmählich eine *Spannungskurve* auf, so daß Sie gegen Ende den emotionalen Höhepunkt erreichen. Beginnen Sie die Stunde nicht aus Ihrer persönlichen Nervosität heraus hektisch, mit künstlichen Witzchen oder verkrampfter Herzlichkeit, sondern lassen Sie die Dinge sich in Ruhe ent-

Ergänzende Anregungen

Natürliche Spannungskurve

> **Merke:**
> Keine Ironie, wenn Sie auf Wertschätzung von Seiten der Schüler Wert legen

wickeln. Je mehr Sie sich in die natürliche Steigerungskurve von Wärme und Zuwendung hineinfühlen, um so echter und damit überzeugender wirken Sie.

Wenn Sie auf Wertschätzung von Seiten der Schüler Wert legen – und wer tut das nicht? –, sollten Sie unbedingt auf *Ironie* verzichten. Durch nichts können Sie Schüler mehr treffen als durch unüberlegte, ironische Bemerkungen („Für einen Sportler war das schon ganz gut"). Insbesondere Schüler der Mittelstufe, die ja manchmal äußerlich ein beinahe unerträgliches Verhalten zeigen, sind entwicklungsbedingt zumeist innerlich sehr unsicher. Wenn Sie solchen Schülern ironisch begegnen, ist das zwar recht wirksam, da Sie damit den leicht verletzbaren Personkern des einzelnen treffen. Aber gerade für diese Altersstufe gilt: Wer andern ironisch begegnet, stellt sich selbst künstlich

> **Wer anderen ironisch begegnet, zeigt keine Offenheit**

auf eine höhere Stufe, baut Distanzen auf, wirkt verletzend und ist unfair, weil er selbst in dem Augenblick am wenigsten Offenheit zeigt, wo er andere durch Ironie total bloßstellt. Ironie mag für manche Lehrer auch nur eine letzte Verzweiflungstat sein. Jedoch ist sie ganz und gar nicht geeignet, wie einige wenig einfühlsam annehmen, eine positive Atmosphäre aufzubauen, etwa im patriarchalischen Sinne. Wenn Schüler ironisch behandelt worden sind, werden Sie dies dem Lehrer oftmals ein Leben lang nicht vergessen, daß er die damals noch unsichere Persönlichkeit vor allen andern bloßgestellt hatte. Gerade wer glaubwürdig Grenzen setzen will, muß die Persönlichkeit des andern respektieren, auch die der Schüler.

In ergänzender Weiterführung zu dem, worauf am Ende der Trainingskategorie „Schüler-Schüler-Interaktion" (vgl. 3.4.3) im Zusammenhang mit der Gruppenarbeit hingewiesen wurde, sollen nun auch jetzt abschließend im Rahmen des Gesamtkomplexes „Der Lehrer im Umgang mit der Klasse" einige Anhaltspunkte für das *Unterrichtsgespräch* gegeben werden (nach *Becker*, S. 20 ff.). So wie im weiteren Umfeld die Gruppenarbeit zur Schüler-Schüler-Interaktion gehört, haben „Wärme" und „Wertschätzung" des Lehrers ihren Bezugspunkt verstärkt in der Aktionsform des Unterrichtsgesprächs.

Checkliste: Unterrichtsgespräch

1. Nennen Sie nicht nur das Thema. Schreiben Sie es auch an die Tafel, damit es den Schülern immer vor Augen ist als Orientierung. Greifen Sie das Gesprächsthema selbst auf („Ich schlage vor, daß wir uns heute mal über ... unterhalten"), und sprechen Sie die Zielsetzung an („Als Ergebnis dieses Gesprächs stelle ich mir vor, daß ...").

2. Übertragen Sie die Gesprächsleitung regelmäßig auch mal an Schüler. Wie anders als durch Übung sollen Schüler lernen, sich ungehemmt vor Gruppen zu bewegen („M. hat sich in der letzten Stunde bereit erklärt, heute die Gesprächsleitung zu übernehmen".)?
3. Führen Sie zunächst in das Gesprächsthema ein, damit sich die Schüler orientieren können, die eigene Position erkennen und auch zum Widerspruch durch eine provozierende These angeregt werden („Damit Ihr Euch besser vorstellen könnt, was mit dem Thema gemeint ist, gebe ich Euch ein paar Erläuterungen dazu ...").
4. Führen Sie eine Rednerliste („Zuerst hat sich Fritz gemeldet, dann Monika und Erich").
5. Fordern Sie zu Beiträgen auf („Wer möchte sich dazu äußern?").
6. Lassen Sie die Schüler ausreden. Wenn Sie einen Vielredner unterbrechen müssen, dann entschuldigen Sie sich und begründen Ihr Eingreifen.
7. Halten Sie Teilergebnisse fest („Wer kann noch einmal das, was wir bisher besprochen haben, zusammenfassen?").
8. Erinnern Sie zwischendurch an die Zielsetzung des Gesprächs („Wir sind jetzt ziemlich weit von der Ausgangsfrage weggekommen").
9. Geben Sie einen strukturierenden oder weiterführenden Hinweis („Ich meine, wir sollten auch noch mitberücksichtigen").
10. Stellen Sie einzelne Beiträge gezielt zur Diskussion („Wer möchte speziell hierzu noch Stellung nehmen?").
11. Lassen Sie Beiträge klären, oder erklären Sie diese selbst („Ich habe Dich noch nicht richtig verstanden; kannst Du es noch einmal mit andern Worten sagen?").
12. Regen Sie zur Beteiligung am Gespräch an („Von denen, die sich noch nicht geäußert haben, würde ich auch gern ihre Meinung hören").
13. Fassen Sie das Gesprächsergebnis zusammen, oder lassen Sie es zusammenfassen („Könnt Ihr mir helfen, die wichtigsten Ergebnisse dieses Gesprächs zusammenzutragen?").

3.5.5 Disziplinieren

Von der ersten Stunde des Unterrichtens an können Ihnen Disziplinprobleme begegnen, auf die Sie in irgendeiner Form reagieren müssen. Entsprechend groß ist deshalb gerade auch bei Anfängern die Nachfrage nach konkreten Handlungsanleitungen speziell zu diesem Bereich. Von daher wäre es auch sinnvoller gewesen, diese Trainingskategorie an den Anfang dieser Trainingsdimension und damit an den Beginn der Lehrtätigkeit zu stellen.

Keine Handlungskonzepte

Nach unserer Konzeption die Trainingskategorie „Disziplinieren" an den Anfang zu stellen, hätte jedoch auch eine inhaltliche Vorentscheidung eingeschlossen, nämlich sie vornehmlich auf der Ebene von konkreten, mechanisch anwendbaren, in jeder Situation schnell wirksamen Handlungsrezepten abzuhandeln. Vielleicht würde dies sogar dem Interesse von vielen entgegenkommen, obwohl die meisten Rezepte als zu vordergründig vehement ablehnen. Überspitzt formuliert: Für primär fachwissenschaftlich motivierte Kollegen reduziert sich vielfach das Interesse an Schülern auf die passende Antwort auf eine Lehrerfrage. Ansonsten ist derjenige ein sympathischer Schüler, der nicht weiter durch individuelle Eigenschaften in Erscheinung tritt. Zeigt jedoch ein Schüler abweichendes Verhalten, das also nicht der Erwartungsnorm entspricht, reduziert sich das Interesse zumeist darauf, wie man derartige Auffälligkeiten schnell und wirkungsvoll „abstellen" kann, natürlich ohne die eigene Person einbringen zu müssen oder sich gar eine nachhaltige Verhaltensänderung selbst abzuverlangen.

> **Achtung:**
> *Disziplinprobleme nicht auf der Ebene schnell wirksamer Handlungsanleitungen reflektieren*

Wir jedoch gehen davon aus, daß speziell im Bereich der Disziplin ein solcher rezeptologischer Ansatz unbedingt zu kurz greifen, den Problemkern also nicht berühren würde und darüber auf längere Sicht auch kein Erfolg beschieden wäre. Zu diesem Trainingszeitpunkt wählen wir deshalb den Einstieg bewußt auf einer andern Ebene, nämlich bei der oft gehörten *Bemerkung*: „Ich habe bei dem Kollegen X hospitiert, der in der berüchtigten Klasse ... unterrichtet. Aber es war eigenartig, die Klasse verhielt sich bei ihm mustergültig, und dabei hat er eigentlich gar nichts Besonderes getan." Es ist durchaus glaubwürdig, wenn einige Kollegen meinen: „Disziplinprobleme kenne ich gar nicht."

Andererseits wissen wir auch von solchen Kollegen, die nur jeden erdenklichen „Trick" anwenden, vor keiner der „klassischen" Schulstrafen zurückschrecken, und trotzdem sind sie der

Lächerlichkeit preisgegeben und können sich nicht durchsetzen. Wer Disziplinprobleme ausschließlich auf der Ebene schnell wirksamer Handlungsanleitungen reflektiert, wird über kurz oder lang enttäuscht werden müssen. Der Erfolg wird nur von kurzer Dauer sein, so sehr man es angesichts einiger tragisch verlaufender Lehrerschicksale manchmal auch wünschen möchte, es gäbe solche mit Sicherheit wirksame Methoden, um Schüler in bestimmter Weise zu „manipulieren". Und vorausgesetzt, es gäbe sie, dann wüßte man nicht, worüber man mehr erschrecken sollte: über das gewiß tragische Einzelschicksal des Lehrers oder über die Manipulierbarkeit des Menschen mit Hilfe von Maßnahmen, die in einem mechanischen Denken begründet sind. Lernen Sie Disziplinkonflikte als „verschlüsselte Botschaften" für andere Ursachen einzuschätzen.

Disziplinkonflikte als verschlüsselte Botschaften für andere Ursachen

Deshalb regen wir an, das Beratungsgespräch zunächst darauf zu konzentrieren, welche Elemente des Unterrichts im weitesten Sinne Einfluß darauf haben könnten, ob sich eine Klasse diszipliniert verhält oder nicht. Dazu einige Anregungen. Von Bedeutung könnten sein:

Checkliste: Wovon Disziplin abhängig sein kann

1. Einfluß des Elternhauses auf die Kinder (Erfahrungen der Eltern in ihrer eigenen Schulzeit).
2. Stellung der Schule und soziales Ansehen des Lehrers in der Gesellschaft.
3. Ruf der jeweiligen Schule in der Stadt. Identifizieren sich die Schüler mit *ihrer* Schule?
4. Ruf der Klasse innerhalb der Schule, aber auch das tatsächliche Klassenklima (Feindseligkeiten, Rivalitäten, Spannungen, außerschulische Treffen, Freundschaften).
5. Strenge der andern Lehrer, die sonst noch in der Klasse unterrichten.
6. Ruf des Lehrers an der Schule.
7. Das Selbstverständnis der Schule hinsichtlich der Disziplin (Hausordnungen): Funktionsdisziplin contra Disziplin als Selbstzweck (Ordnungsfetischismus).
8. Die Persönlichkeit des Lehrers: seine Autorität, Aussehen, Echtheit, Glaubwürdigkeit, Fachkompetenz, Engagement, Sicherheit, Konsequenz im Verhalten, Vorbildverhalten, Humor, Ausstrahlung ...
9. Die psychische Verfassung des Lehrers: depressiv, resigniert, lustlos, optimistisch, mag Menschen, kontaktfreudig, kontaktarm, Freude am Beruf, schwere Krankheiten, familiäre oder finanzielle Schwierigkeiten ...

10. Renommee des Faches, das der Lehrer unterrichtet: Wie stark zählt es? Welche Anforderungen werden gestellt? Hohes Sozialprestige? Welche Begabungen werden vorausgesetzt für befriedigende Leistungen?
11. Berücksichtigt der Unterricht augenblickliche Bedürfnisse und Interessen von Schülern? Werden nicht nur kognitive Inhalte, sondern auch erlebnishafte Dimensionen im Unterricht erschlossen? Trägt der Unterricht zur augenblicklichen Identitätsfindung der Schüler bei?
12. Ist der Unterricht spannend?
13. Entwicklungslage des Schülers: Welche Zukunftschancen hat er? Das Verhältnis von psychischen (Bildung von Werten und Einstellungen, Ängste, Einsamkeitsgefühle, Sterblichkeit, soziale Isolation) und sozialen (Außenseiter, Freund/in, Schwierigkeiten mit den Eltern, Vereine, Cliquen) Entwicklungsprozessen einerseits und schulischen Leistungsanforderungen andererseits.
14. Das Bedürfnis der Schüler, aus welchen Gründen auch immer auf sich aufmerksam zu machen („negative Verstärkung"): Klassenclown, notorische Störer ...
15. Aufbau der Unterrichtsstunde: Werden konsequent Phasen der Konzentration und der Entspannung, der Schüleraktivität und -passivität, der Abstraktion und Konkretion, des Hörens, Sehens oder Sprechens eingehalten? (*Heidemann*, 1982).
16. Über- oder Unterforderung der Schüler durch den jeweiligen Inhalt bzw. durch die Art der Vermittlung.
17. Eingehen des Lehrers auf die Schüler. Vergewissert er sich, ob er verstanden worden ist?
18. Ist der Lehrer erst Referendar und damit ohne reale Macht?
19. Sonstige Einflüsse: Wetter, Bau- und Straßenlärm, überfülltes Klassenzimmer, Zuschnitt des Klassenzimmers (schlauchförmig, steril, ungemütlich, dunkel), Klassenarbeit in der vorigen Stunde, Sitzordnung ...

Große Komplexität veranlaßt oft dazu, Disziplinkonflikte mit bewährten Strafen zu lösen

Auf manche dieser maßgeblichen Bestimmungs- und Einflußgrößen für undiszipliniertes Verhalten der Schüler hat der Lehrer unmittelbar Einfluß und trägt dafür auch die Verantwortung, auf manche weniger und wiederum auf andere gar keinen. Sieht man richtigerweise das Problem der Disziplin in dieser Komplexität, könnte manch einer schnell resignieren. Wo immer man anfängt, an irgendeiner Stelle konkret Maßnahmen zu ergreifen, stehen dem möglicherweise so viele widerstrebende Faktoren entgegen, daß sich viele überfordert fühlen und es dann doch lieber gleich bei der symptomatischen Bewältigung von Disziplinkonflikten mit Hilfe von bewährten Schulstrafen belassen („Hauptsache ist, man hat Ruhe im Klassenzimmer"). Manchmal allerdings werden auch diese komplexen Zusammenhänge nur als Rechtfertigung mißbraucht, selbst nichts tun zu können bzw. nichts tun zu brauchen.

Ein anderer oft gehörter Einwand gegen eine so differenzierte Konfliktanalyse ist, daß ein solches Unterfangen zwar gut und schön sei. In der konkreten Situation jedoch müsse man sofort handeln und benötige dafür ein brauchbares Handlungsrepertoire. Wir halten eine solche Auffassung aus der Sicht des unmittelbaren Handlungsdrucks für sehr verständlich, aber auch für nicht ungefährlich. Denn hat sich jemand erst einmal eine so recht und schlecht wirksame Verhaltensstrategie zurechtgelegt, ist er kaum noch bereit, Disziplinkonflikte von Grund auf zu analysieren. Aber nur so wäre eine längerfristig befriedigende Konfliktbewältigung und vor allem -prävention vorstellbar.

> *Analysierte Disziplinkonflikte machen befriedigende Konfliktbewältigung vorstellbar*

Dennoch sollen im Stil einer praxisnahen Handlungsanleitung einige konkretere Möglichkeiten aufgeführt werden, mit denen man als Alternative zu den offiziellen Schulstrafen (Eintrag ins Klassenbuch, Strafarbeit, Nachsitzen, vor die Tür stellen ...) für sich selbst wenigstens Erfahrungen sammeln könnte. Diese Hinweise haben freilich nichts mit emotionslosen, unpersönlichen Verfügungen zu tun, sondern sind untrennbar verknüpft mit dem, was bislang über Wertschätzung, Echtheit, Glaubwürdigkeit und Vorbildfunktion gegenüber Schülern herausgestellt wurde. Als wichtigster Grundsatz bleibt: *Schüler machen mit, wenn Sie selbst vormachen!* Auf diese Weise können Sie glaubwürdig jedes Verhalten einfordern und überzeugend Grenzen setzen (Stühle hochstellen, Papier aufsammeln, Tische rücken, bei Stillarbeit flüstern, sorgfältig schreiben, vorbereitet sein ...). Das Vormachen ist um so wirksamer, je konsequenter Sie dabei nach dem „Prinzip der kleinsten Schritte" vorgehen, also nicht – vorbildhaft – das Papier im Klassenzimmer aufsammeln, sondern absichtlich nur eine begrenzte Menge und den Rest von der Klasse einfordern.

> *Grundsatz: Schüler machen mit, wenn Sie es selbst vormachen*

> *Prinzip der kleinsten Schritte*

Nicht jeder der folgenden Punkte wird Sie überzeugen. Dafür sind sie zu komplex, deshalb vielleicht auch nicht in einer Person vereinbar. Darum wäre es gut, wenn Sie sich selbst erstmal vor dem Training ein genaues Urteil bilden würden. Schreiben Sie spontan hinter jeden kurz- und mittelfristigen Verhaltens-

Checkliste: Praxisnahe Handlungsanleitung

vorschlag, was Sie davon halten. Verwenden Sie dabei die Zahlen 1 (stimme nicht zu) bis 6 (stimme sehr zu). Fünf bis zehn Vorschläge, die Sie mit der Zahl 5 oder 6 gekennzeichnet haben, sollten Sie dann systematisch zum Gegenstand des Trainings machen.

Wechsel der Unterrichtsphase

1. *Wechsel der Unterrichtsphase*: Wenn Schüler – insbesondere in der Unterstufe – anfangen, zu schwätzen oder unruhig auf den Stühlen hin- und herzurutschen, liegt das oft daran, daß Sie zu lange gesprochen haben (länger als 15 Minuten). Wechseln Sie dann die Sozialform, indem Sie eine entlastende Unterrichtsphase systematisch einplanen (Stillarbeit, Partnerarbeit, Hektogramm ausfüllen, Fenster öffnen, körperliche Ausgleichsübung über 3–5 Minuten, Singen, „Schweigeübung", sehr wirksam, aber auch unbeliebt: etwas ins Heft diktieren, Kopfrechnen, Kreuzworträtsel lösen, kleine geistige Wettkampfübungen, Belohnungen: Wer hat in der Disziplin in den letzten 4 Wochen die größten Fortschritte gemacht?).

Lob

2. *Loben*: Loben Sie Schüler, wenn diese erwünschtes Verhalten zeigen. Verstärken Sie nicht unerwünschtes Verhalten durch verbale Ermahnungen oder andere Formen der Zuwendung.

Grenzen

3. *Grenzen*: Entscheidend sind die ersten Stunden. Setzen Sie von Anfang an klare Grenzen. Besprechen und begründen Sie diese, damit man „Grenzen setzen" nicht mit „Zügel straff halten" verwechselt. Bauen Sie zu diesen Grenzen systematisch Vorsignale ein („Prinzip der kleinsten Schritte"), die die Schüler an die Grenzen erinnern. Durch das Setzen von klaren Grenzen zeigen Sie auch den Schülern, daß Sie nicht aus Schwäche oder Unsicherheit auf die konventionellen Schulstrafen verzichten.

Hinweissignale

4. *Hinweissignale*: Gewöhnen Sie Schüler bei kleineren Disziplinverstößen an bestimmte Hinweissignale, durch die Sie auf Disziplinverstöße aufmerksam machen, ohne den Unterrichtsfluß unterbrechen zu müssen.
5. *Hinweissignal*: Halten Sie mitten im Satz inne.
6. *Hinweissignal*: Halten Sie intensiveren Blickkontakt zu den störenden Schülern.
7. *Hinweissignal*: Verändern Sie Tempo und Lautstärke während des Sprechens.
8. *Hinweissignal*: Signalcharakter können bestimmte Klopf- und Handzeichen haben (Heben des rechten Arms bei

gleichzeitiger Aufforderung, ruhig zu sein. Später genügt das Heben des Arms).

9. *Individualisierung:* Treten Sie unmerklich etwas näher an störende Schüler heran, ohne das Unterrichtsgespräch zu unterbrechen.

   Individualisierung

10. *Störende Schüler einbeziehen:* Beziehen Sie – ohne Ironie – im Augenblick abgelenkte Schüler wieder mit ins Gespräch ein: „Petra, der Klaus hat eben behauptet ... Wie findest Du denn das?" Helfen Sie ihm, damit er möglichst sinnvoll antworten kann.

    störende Schüler

11. *Störungen registrieren:* Wenn Sie Ihren Blick über die ganze Klasse schweifen lassen, geben Sie durch kaum merkliche Signale (leichtes Lächeln, kurzes Zucken mit dem Kopf) zu verstehen, daß Sie die Störung sehr wohl bemerkt haben, den Schüler aber nicht bloßstellen möchten („auch hinten Augen haben").

    Störungen registrieren

12. *Nicht persönlich reagieren:* Bei Unruhe hinter dem Rücken des Lehrers (Tafelanschrieb) reflexhaft daran denken: „Die Schüler tuscheln nicht über mich." Diese Formel kann Ihnen helfen, nicht spontan emotional und persönlich betroffen zu reagieren.

    Reaktionen

13. *Ruhe:* Erst dann mit dem Unterricht beginnen, wenn alle Schüler ruhig geworden sind. Warten Sie aber nicht bloß ab, sondern wirken Sie durch nonverbale Signale in dieser Zeit intensiv auf die Klasse ein („aktives Schweigen").

    Ruhe

14. *Stimme leiser:* Wenn die Klasse unruhig wird, mit der Stimme immer leiser werden. Wirkt jedoch leider nur am Anfang. Auf jeden Fall mit der Stimme nicht unkontrolliert lauter werden.

    Stimmstärke

15. *Aufstehen:* Stehen Sie auf, wenn es in der Klasse laut wird. Das erhöht die Autorität.

    Aufstehen

16. *Individualisierung:* Beschimpfen Sie nie die ganze Klasse, da sich so niemand persönlich angesprochen fühlt. Sie beeinflussen die Klassenatmosphäre insgesamt dadurch nur negativ. Nehmen Sie Kontakt – in welcher Form auch immer – nur zu einzelnen Schülern auf. Allgemeine Absprachen sind natürlich mit der ganzen Klasse zu treffen.

    Individualisierung

17. *Unterrichtsbeginn:* Achten Sie auf pünktlichen und zügigen Unterrichtsbeginn. Störendes Verhalten nimmt oft seinen Anfang in Leerlaufphasen des Unterrichts. Leerlauf ist etwas anderes als eine bewußt geplante Entlastungsphase.

    Unterrichtsbeginn

Sprünge	18. *Keine Sprünge:* Vermeiden Sie gedankliche Sprünge, häufige Wiederholungen, langatmige Erklärungen. Das fördert Langeweile und damit störendes Verhalten.
Regeln	19. *Regeln:* Stellen Sie längerfristig mit den Schülern Regeln auf, die allerdings für Sie selbst genauso gelten wie für die Schüler (bei Stillarbeit nur flüstern; andere ausreden lassen; jeder verläßt seinen Platz aufgeräumt. Man soll dem andern nichts zuleide tun, was man selber auch nicht haben möchte. Man soll sich gegenseitig helfen, wenn einer etwas nicht verstanden hat oder mal krank ist. Wenn man etwas angestellt hat, soll man's wieder gutmachen. Darf man jederzeit aufs Klo gehen? Oder muß man vorher den Lehrer fragen? Oder darf man nur in der Pause gehen? Darf man im Unterricht essen? ...). Erarbeiten Sie mit der Klasse eine *Regelliste*, die im Klassenzimmer ausgehängt wird.
Ignorieren	20. *Ignorieren:* Ignorieren Sie kleinere Störungen, weil diese sonst im Hinblick auf die ganze Klasse ein zu großes Gewicht bekommen.
Kritik	21. *Kritik sachlich*: Formulieren Sie Kritik sachlich und nicht persönlich gekränkt.
Gedanken	22. *Angenehmes denken:* Bei großem Durcheinander in der Klasse: Beruhigen Sie sich dadurch, daß Sie spontan an etwas Angenehmes denken (schönes Essen am Abend, Fahrradtour, Einkauf, Wochenende, Konzert ...). Das kann Ihnen helfen, gelassener zu reagieren und Kontrollverlust zu vermeiden.
Gefühle	23. *Gefühle von Schülern:* Haben Sie Verständnis, wenn Schüler Gefühle äußern (Wut, Ärger, Enttäuschung). Schüler können sich noch nicht so in der Gewalt haben, wie man es vom Lehrer erwarten sollte.
Hilfen	24. *Hilfen:* Ersetzen Sie „negative Instruktionen" („Du bist auf der falschen Seite, wie immer") durch „positive Instruktionen" („Wir sind auf Seite 47"). Geben Sie Informationen, statt auf Fehlleistungen hinzuweisen.
Anweisungen	25. *Neutrale Anweisungen:* Formulieren Sie Ihre Anweisungen neutral, ohne Ablehnung („Fang bitte an, Isolde" statt „Hör endlich mal auf zu träumen und fang an zu arbeiten").
Planung	26. *Gemeinsame Planung:* Planen Sie mit den Schülern gemeinsam. Stellen Sie so einen Jahresplan auf. Dadurch wird der Unterricht für die Schüler transparent. Diese können erkennen, welche Funktion ein möglicherweise lang-

weilig erscheinender Teilaspekt im Hinblick auf das Ganze hat. So können sich Schüler besser orientieren und mit dem Unterricht identifizieren.

27. *Keinen Ordnungsfetischismus:* Vermeiden Sie, Ordnung als Selbstzweck durchsetzen zu wollen. Orientieren Sie sich an der Funktionsdisziplin: Nicht in jedem Augenblick der Stunde ist absolute Ruhe unbedingt notwendig. Dort aber, wo sie geboten ist, sollten Sie auch darauf bestehen. *Ordnung*

28. *Flüstern:* Flüstern Sie einem störenden Schüler ins Ohr, daß alle andern schon wieder arbeiten. *Flüstern*

29. *Angenehmes in Aussicht stellen:* Überbrücken Sie eine langweiligere oder anstrengendere Phase dadurch, daß Sie etwas Angenehmes in Aussicht stellen: „Ich stelle Euch zunächst noch die fehlenden 6 Punkte vor. Ich denke, daß ich dafür 15 Minuten benötige. Ich bitte Euch, dabei konzentriert mitzuschreiben. Anschließend machen wir dann noch eine kleine Übung zum autogenen Training." *Aussichten*

30. *Schwere Konflikte:* Reagieren Sie bei schweren Konflikten nicht sofort. Setzen Sie dafür eine Extra-Stunde an. Lassen Sie u.U. anonym auf einem Zettel aufschreiben, was den Schülern am Lehrer oder am Unterricht nicht gefällt. Dieses Verfahren ist zwar sehr effektiv, setzt aber von seiten des Lehrers viel Mut voraus. *Konflikte*

31. *Hauptstörer:* Versuchen Sie, den Hauptstörer für sich zu gewinnen, indem Sie außerhalb der Stunde mit ihm gemeinsam eine Stunde planen und ein Stück Verantwortung für den Ablauf der Stunde auf ihn übertragen. Machen Sie – wieder ohne Ironie! – den ernsthaften Versuch, ihn in die Klasse einzubinden, indem Sie ihm positive Beachtung schenken. *Hauptstörer*

32. *Chaotische Phase:* Setzen Sie sich in chaotischen Phasen an den Lehrertisch und arbeiten für sich etwas, bis sich die Klasse wieder beruhigt hat. Dieses Verfahren jedoch sollte man nicht zu häufig in einer Klasse einsetzen (höchstens einmal im halben Jahr). *chaotische Phasen*

33. *Auf Verbalinjurien reagieren:* Und noch einmal (S. 149 f.), wie Sie sich bei Verbalinjurien von seiten der Schüler verhalten können: *Verbalinjurien*
    – *Überhören*
    – *Verschieben* („Ich komme darauf später noch einmal zurück")
    – *Rückfragen:* Lassen Sie sich die Aussage nochmals wiederholen. Bei der Wiederholung schwächt der Schü-

ler mit Sicherheit seine Aussage ab. Sie gewinnen Zeit und können sich innerlich ruhiger darauf einstellen.
- *Ja-aber-Taktik*: „Da stimme ich Ihnen zu, doch haben Sie folgendes auch bedacht ...?"
- *Verdienste anerkennen*: Versuchen Sie, das Wohlwollen des Schülers zu gewinnen und seine Gefühle anzusprechen. Erkennen Sie seine Verdienste an.
- *Gemeinsamkeiten*: Betonen Sie das Gemeinsame. Zeigen Sie, daß Sie in vielen Punkten mit den Schülern einig sind.
- *Frage*: Beenden Sie Ihre Ausführungen mit einer Frage („Meinen Sie nicht auch?").
- *Umkehrungs-Methode*: „Sind Sie wirklich sicher, daß ...?"

> *Wichtig:*
> *Sich in Geduld üben, denn Disziplin stellt sich nicht von heute auf morgen ein*

Und abschließend: Seien Sie nicht verzweifelt, wenn sich die erwünschte Disziplin in der Klasse nicht von heute auf morgen einstellt. Dafür sind die eigentlichen Ursachen viel zu komplex. Sammeln Sie in aller Ruhe Erfahrungen, und haben Sie vor allem auch Geduld mit den Schülern: „Es bedarf mindestens ebenso vieler Monate planvoller Arbeit, einen falschen Charakterzug an einem Kind zu beseitigen, wie es Jahre planvoller Mißhandlung bedurfte, ihn auszuprägen" (*Redl*, S. 202).

3.5.6 Flexibilität

Es wird wohl kaum jemanden geben, der vom Grundsatz her die Wichtigkeit von Flexibilität des Lehrers im Umgang mit Schülern anzweifelt. Aber gerade jüngere und oftmals dann auch wieder ältere Kollegen haben damit häufig Schwierigkeiten, wenn auch aus ganz unterschiedlichen Motiven. Während bei den älteren die Bereitschaft zur Flexibilität abnimmt wegen der damit verbundenen Notwendigkeit, von vertrauten, bergenden assoziativen Handlungs- und Argumentationsketten abzulassen, fühlen sich jüngere Kollegen damit zunächst überfordert. Die meisten sind froh, wenn sie vor dem Hintergrund ausgefeilter Vorplanung des Unterrichts überhaupt erstmal die Stunde stofflich und von der Disziplin der Klasse her einigermaßen bewältigen. Angesichts der allgemeinen Orientierungslosigkeit am Anfang reicht es meist dann nur dazu, starr am Konzept entlang die Stunde irgendwie „durchzuziehen". Flexibilität kann man aber zunächst nur von jemand erwarten, der bereits einen eigenen geistigen und sozialen Standort gefunden hat und dabei zugleich

> *... setzt Sicherheit voraus...*

> *Kann nur von demjenigen erwartet werden, der bereits einen eigenen sozialen Standpunkt gefunden hat*

so souverän geworden ist zu erkennen, daß die eigene Einsicht niemals die einzige wahre ist.

Beide Aspekte scheinen wichtig. Wer Flexibilität ohne eigene feste Grundsätze oder ohne eigenen geistigen Standort praktiziert, bei dem verkümmert das Bemühen darum schnell zu opportunistischer Anpassung oder Anbiederung. Dann ist sie letztlich nur in Schwäche oder Bequemlichkeit begründet gewesen („Weg des geringsten Widerstandes"). Wer Flexibilität so mißversteht, kann Schülern gegenüber glaubwürdig auch keine Grenzen setzen. Wer andererseits Flexibilität ablehnt, weil er „Rückgrat haben" und konsequentes Verhalten für sich sehr hoch einschätzt – hoffentlich nicht nur bei Rangniederen –, der droht in Starrsinn oder Sturheit zu vereinsamen. Nicht zufällig sind ja Schwäche und Unsicherheit oft mit Starrsinn gepaart und damit das scheinbar konsequente Durchhalten einer eigenen Auffassung nur Fassade, hinter der sich in Wahrheit Ängste verbergen. Flexibilität aus einer souveränen Haltung heraus lebt vom Respekt gegenüber der Auffassung anderer, lebt davon, daß man Nachgeben gerade auch bei Rangniederen – nicht als Niederlage oder „Gesichtsverlust" empfindet. Wer sich in diesem Sinne seiner selbst gewiß ist, kann auch andere loben, andere Meinungen respektieren, andern recht geben, tragfähige Kompromisse finden, ja er kann auch eigene Fehler zugeben. Echte Sicherheit ist letztlich nur in einer solchen souveränen Haltung begründet, und nur eine solche Sicherheit hält auch Belastungen stand. Und sie macht im Kern das Wesen einer starken Persönlichkeit aus (Autorität).

All das sind Überlegungen, mit denen man eigentlich noch nicht den jungen Kollegen trainingsmäßig konfrontieren darf – auch noch nicht zu diesem späteren Zeitpunkt. Die Zurückhaltung ist nicht nur deswegen geboten, weil in der Tat recht persönliche Eigenschaften angesprochen werden müßten, sondern weil auch erst wirklich viel individuelle Erfahrung notwendig ist, um die erforderliche Sicherheit und Flexibilität im Umgang mit der Klasse zu erwerben. Die vordringliche Aufgabe des Trainings kann deshalb auch zu diesem Bereich nur darin liegen, als Mentor das Lehrerverhalten gezielt zu beobachten und die Beobachtungsergebnisse grundsätzlich zum Gegenstand des Beratungsgesprächs zu machen. Jedoch auch schon auf diese indirekte Weise könnte dem trainierenden Kollegen bewußt werden, in welchen Versatzstücken des Unterrichts mehr Flexibilität notwendig bzw. anzustreben wäre. Schon allein das Aufmerksamwerden auf solche

Opportunistische Anpassung

kein Starrsinn

Merke:
Echte Sicherheit ist in einer souveränen Haltung begründet, die Belastungen stand hält

Mentor muß bewerten, wo mehr Flexibilität möglich gewesen wäre

Checkliste: Worauf ist bei Flexibilität zu achten

Altersstufe

Fach

Unterrichtsgestaltung

Zwischenergebnisse

Versatzstücke trägt dazu bei, Erfahrungen nicht planlos und damit oft unter schmerzlichen Begleitumständen sammeln zu müssen. Das Beratungsgespräch könnte aber auch dazu beitragen, daß die anfänglich verständliche, unzureichende Flexibilität nahtlos übergeht in selbstgefällige Rechthaberei. Auf welche Gesichtspunkte könnte sich die Beobachtung des Mentors bzw. das Gespräch im Anschluß daran konzentrieren?

1. *Altersstufe:* Zeigt der junge Kollege Flexibilität hinsichtlich der Altersstufe der Schüler, indem er Sprache (Abstraktionsniveau, Anzahl der Beispiele, Satzlänge, Wortwahl), sein Rollenverständnis (mehr Vater- bzw. Mutterrolle bei den Jüngeren, mehr Partner bei den Älteren), Planung der Stunde (Länge der Unterrichtsphasen, Medieneinsatz, Sozialformen, Tafelanschrieb) und Auswahl der Unterrichtsinhalte (soweit sie der Lehrplan nicht verbindlich macht) auf die altersmäßigen Voraussetzungen der Schüler einzustellen in der Lage ist? Versteht er im weiteren Sinne, auf die besonderen Probleme und Möglichkeiten einzugehen, die Jugendliche im Unterschied zu Erwachsenen haben?

2. *Fach:* Jedes Unterrichtsfach macht eigene didaktische und methodische Überlegungen erforderlich. Zu klären ist, welchen Einfluß der Unterrichtsraum, das Renommee des Faches an der Schule, der jeweilige Inhalt auf das Lehrerverhalten haben. Verhält sich der Lehrer in jedem Fach gleich? Stellt er sich auf die anders gearteten Anforderungen eines jeden Faches ein?

3. *Unterrichtsgestaltung:* Stellen Sie sich bei der Unterrichtsvorbereitung darauf ein, daß technische Geräte defekt sein können. Halten Sie vorher schon Ausschau nach einem Ersatzgerät. Überlegen Sie auch, wie Sie Schüler beschäftigen, wenn ein Gerät plötzlich ausfällt. Flexibilität bedeutet hier, sich auf Unvorhersehbares schnell einstellen zu können, weil Alternativen zuvor gründlich durchdacht wurden. Das gilt auch für den Fall, daß ein Schüler krank wird, der ein Referat oder ähnliches übernommen hatte.

4. *Zwischenergebnisse:* Sehr wichtig ist, daß Sie im Laufe der Unterrichtsstunde Zwischenergebnisse festhalten oder festhalten lassen (alle 15 Minuten etwa). Das ist deshalb so wichtig, weil dadurch der Aufbau der Stunde wesentlich klarer wird, besser strukturiert ist und damit die Behaltensleistung wesentlich vergrößert wird.

5. *Auf Schülerbeiträge eingehen:* Dasselbe gilt für die Fähigkeit, nicht am eigenen Unterrichtskonzept zu kleben und Schülerbeiträge spontan als konstitutiven Bestandteil des Unterrichts mit einzubeziehen. Dabei besteht die Gefahr, daß man als Lehrer den roten Faden verliert, von einem Thema zum andern springt und die Stunde damit zu sehr aufgesplittert wird. Die Fähigkeit, Schülerargumente einzubeziehen, ist also eng verknüpft mit der andern Fähigkeit, einen Gedanken konsequent und klar im Unterricht herauszuarbeiten.   *Schülerbeiträge*

6. *Rück- und Querverweise:* Die Fähigkeit, sowohl Schülerbeiträge einzubeziehen als auch gedankliche Sprünge zu vermeiden, wird daran konkret, inwieweit es Ihnen gelingt, Schülerbeiträge zunächst zurückzustellen, sie aber zu einem späteren Zeitpunkt erneut aufzugreifen. Das zeigt nicht nur Übersicht, sondern gibt dem Schüler auch das Gefühl, daß der Lehrer ihm zugehört, sich in seine Gedankengänge eingefühlt hat (Empathie) und daß der eigene Beitrag wesentlich war. Rück- und Querverweise fallen Ihnen am Anfang um so leichter, je konsequenter Sie sich angewöhnen, sich selbst auf Konzeptpapier einige kurze Stichworte aufzuschreiben, ohne den Fluß des Unterrichts zu unterbrechen.   *Rück- und Querverweise*

7. *Leere Blicke von Schülern:* Je ausgefeilter Ihre Stunden vorbereitet sind, je detaillierter Ihre Aufschriebe sind, um so weniger sind Sie in der Lage, sich im Verlaufe der Stunde auf die Schüler einzustellen. Damit ist allerdings keineswegs gesagt, daß man nun ganz auf die Stundenvorbereitung verzichten könnte. Aber wenn die Schüler mit der Zeit leere Blicke bekommen oder sich anderweitig beschäftigen, dann sollten Sie dafür sensibel werden und flexibel darauf reagieren können, sei es durch Wechsel der Sozialform oder durch Veränderung der Stimme oder der Sprechgeschwindigkeit oder durch Variation des Lehrerverhaltens (Gestik, Mimik, Mobilität). Insofern sind das Training von mehr handwerklichen Lehrfertigkeiten in der Anfangsphase des Trainings und das Bemühen um Flexibilität kein Widerspruch. Je umfangreicher Ihr Ver-haltensrepertoire ist, je mehr Verhaltensalternativen zur Verfügung stehen, zwischen denen Sie in bestimmten Situationen wählen können, um so flexibler können Sie auf unerwartete Anforderungen reagieren.   *Leere Schülerblicke*

193

Parallelklasse

8. *Parallelklasse:* Das Maß an Flexibilität läßt sich auch dadurch testen, wie unterschiedlich ein inhaltlich gleich geplanter Unterricht in verschiedenen Klassen verläuft. Die Stunden werden sich um so mehr voneinander unterscheiden, je mehr der Lehrer auf die jeweils anders gelagerten Interessen der Schüler einzugehen in der Lage ist. Ist der Unterrichtsverlauf völlig identisch, so ist dies ein Anzeichen dafür, daß der Lehrer den Unterricht stark von sich aus mit ausgeprägten Denk- und Verhaltensstereotypen steuert.

Veränderung

9. *Bereitschaft zur Veränderung:* Flexibilität ist nicht vorstellbar, ohne die Bereitschaft und Fähigkeit, sein eigenes Verhalten zu verändern. Wer Unterrichten als immer neues Experimentieren versteht, wird kaum in Sturheit oder Routine abgleiten, sondern dessen Phantasie wird immer neu angeregt – auch von Seiten der Schüler. Das setzt allerdings voraus, zeitweilig auch Widersprüche aushalten zu können, Schüler nicht sofort zu unterbrechen, auch wenn sie unerwartet reagieren. Wer sich auf diese Weise offen hält, dem wird es auch immer leichter fallen, zukünftige Überlegungen von Schülern vorwegzunehmen, sich in deren Vorwissen und Empfindungen einzudenken und dies vorweg planerisch zu berücksichtigen.

3.5.7 Führungsstil

Den Abschluß der dritten Trainingsdimension „Der Lehrer im Umgang mit der Klasse" bilden grundsätzliche Überlegungen zum „Führungsstil" des Lehrers. Seit den inzwischen vielzitierten Untersuchungen von *Lewin, Lippitt* und *White* (1939, *White* und *Lippitt,* 1968) hat sich durchgesetzt, nach drei Führungsstilen (autoritär, demokratisch, laissez-faire) zu unterscheiden. Es gibt zwar noch eine Reihe anderer begrifflicher Bestimmungen („dominant" vs. „integrativ", „lehrerzentriert" vs. „schülerzentriert", „direkt" vs. „indirekt"), jedoch sind die gedanklichen Vorstellungen, die damit verbunden sind, den Klassifizierungen von *Lewin* ziemlich ähnlich.

autoritär/laissez-faire/demokratisch

Die Arbeiten von *Lewin* u.a. haben innerhalb der pädagogischen Psychologie eine Flut empirischer Untersuchungen ausgelöst, mit dem Ziel nachzuweisen, daß allein mit dem „demokratischen" Führungsstil das wünschenswerte Lehrerverhalten angemessen zu beschreiben sei. Weder die Kategorien des „autoritären" (Strenge, Erregung, Befehlen, Strafe, Rigidität) noch des

„Laissez-faire"-Stiles (Gleichgültigkeit, Verzicht auf Strafe) seien geeignet, den Merkmalen effektiven Lehrerverhaltens gerecht zu werden. Folglich gab es auch kaum einen Lehrer, der nicht wenigstens vorgab, nach dem demokratischen Führungsstil zu unterrichten, was auch immer jemand darunter im einzelnen verstehen mochte. Wer wollte schon im Kollegenkreis mit dem Etikett eines autoritären oder desinteressierten Lehrers behaftet sein?

So gern man sich also damit schmückte, einen „demokratischen" Unterrichtsstil zu praktizieren, so groß blieb doch auch die Unsicherheit darüber, welche Verhaltensweisen man nun konkret darunter fassen sollte. Auch die vielen Merkmalslisten, die in der Folgezeit als praktische Orientierungshilfen angeboten wurden (Güte, Einfühlungsvermögen, Optimismus, Ruhe, Freundlichkeit, Bitten, Achtung, Verständnis, Erziehung zur Selbstverantwortung), waren insgesamt nur wenig geeignet, dem Anfänger praktikable Verhaltensanregungen zu geben. Allzusehr klafften Anspruch und Wirklichkeit, erwünschtes und tatsächliches Lehrerverhalten auseinander. Insgeheim also war dieser Begriff eher negativ besetzt, weil man sich überfordert fühlte, gemäß dieser Leitlinien zu unterrichten. Eigene Versagensängste wurden zunehmend auch dadurch sublimiert, daß man den demokratischen Führungsstil ins Lächerliche zog.

keine kategoriale Erfassung...

Aus all dem wurde immer deutlicher, daß offenbar keiner dieser angebotenen Führungsstile das tatsächliche Lehrerverhalten kategorial vollständig erfaßte, so daß sich daraus Orientierungshilfen hätten entwickeln lassen. Die Untersuchungen zu den Führungsstilen haben insgesamt eher dogmatisch verengend gewirkt, als daß sie die Einsichten in Zusammenhänge erweitert hätten. Nach wie vor besitzt deshalb die Kritik an den Unterrichtsstilen von *Thiersch* (S. 483) Gültigkeit:

Gefahr dogmatischer Verengung

Thiersch's Kritik

„Die Kategorien sind primär sozial, zudem politisch-ideologisch belastet und nicht auf die der Schule gestellte spezifische Aufgabe des Lernens bezogen; sie suggerieren, daß Unterdrückung, Unfreundlichkeit und Sachstrenge ebenso zusammengehören wie Spontaneität und Leistung, geben also zu pauschale Verhaltenssyndrome und postulieren, wieder zu pauschal, nur ein durchgehend wünschenswertes Lehrerverhalten."

Andererseits ist dieser Themenkomplex „Führungsstil" im Rahmen des Lehrertrainings so zentral, daß man auf die Erörterung dieser Frage im Beratungsgespräch nicht verzichten sollte. Letztlich münden ja alle vorausgegangenen Überlegungen zu einem praxisnahen Trainingsverfahren darin ein. Wir schlagen deshalb vor, sich besser an den Untersuchungen von *Tausch* und

Statt globaler Typisierung: Verhaltensdimensionen

Tausch zu orientieren, die an die Stelle einer globalen Typisierung die Analyse einzelner zentraler Bereiche des Lehrerverhaltens (z.B. Lenkung, Wertschätzung) setzten. Sowohl für die Beobachtungsphase als auch für das anschließende Beratungsgespräch zwischen Mentor und trainierendem Kollegen wäre es hilfreich, sich nicht auf einen bestimmten „Führungs-Typ" zu fixieren, sondern sich besser auf einzelne Verhaltensdimensionen zu konzentrieren, die ohne die anfängliche Festlegung dann doch im weiteren einen bestimmten Führungsstil umrißhaft skizzieren helfen. Durch eine solche Aufschlüsselung – wie sie ja auch unserer ganzen Konzeption zugrunde lag – wird die Beobachtung selbst nicht nur differenzierter, sondern es erwachsen daraus auch leichter konkrete Trainingshilfen, die zudem auch besser verknüpfbar bleiben mit den jeweiligen situationsspezifischen Voraussetzungen im Handlungsfeld „Klasse". Auf folgende *fünf Bereiche* (nach *Tausch/Tausch*) könnten Sie als Mentor und trainierender Kollege Ihre Aufmerksamkeit lenken:

Checkliste: Aufmerksamkeitsbereiche

Emotionaler Bereich

1. *Emotionaler Bereich:* In welchem Maß gelingen positive emotionale Zuwendung, Liebe, Wertschätzung, emotionale Wärme, Verständnis, soziale Reversibilität, Ermutigung emotional ruhiges Verhalten, Optimismus, Freundlichkeit, Höflichkeit? Ein solches Verhalten wird im allgemeinen Sozialbewußtsein als wünschenswert eingeschätzt, zumal es zur Angstminderung und „Stärkung des Selbstkonzeptes" beiträgt.

   Negativ einzuschätzen sind im emotionalen Bereich: distanzierte Abweisung, Feindseligkeit, emotionale Kälte, Geringschätzung, Verständnislosigkeit, Entmutigung, emotionale Erregung, Pessimismus, Unfreundlichkeit.

Bereich der Lenkung

2. *Bereich der Lenkung:* Starke Lenkung drückt sich aus in häufigen Befehlen, in häufig kontrollierenden Fragen, in einengenden Maßnahmen, in monologartigen Reden. Ferner gehören dazu häufige Anordnungen, Verbote, Vorschriften, Belehrungen, Überprüfungen, Unterbrechungen, starke Verplanung.

   Als wünschenswertes Verhalten erscheint ein mittleres Maß an Lenkung, das dem Schüler das Gefühl der eigenen Freiheit des Verhaltens gibt, ihm eigene Möglichkeiten zum Entdecken gibt, ohne ihn zugleich durch zuviel Freiraum orientierungslos zu machen (Grenzen setzen!).

Bereich der Aktivität

3. *Bereich der Aktivität:* Ist das Verhalten des Lehrers engagiert, stimulierend, schwungvoll, enthusiastisch, entschluß-

freudig, abwechslungsreich? Oder sind die hervorstechenden Merkmale Desinteresse, Gleichgültigkeit, Schwunglosigkeit, Zögern, Langweiligkeit? Aber auch das entgegengesetzte Extrem ist abzulehnen: Hektik, aufgesetzte Aktivität, nervöses Hin- und Herspringen, gespielte Begeisterung. Wünschenswert ist flexibles Verhalten: Bei erlahmender Mitarbeit der Klasse selbst mehr Aktivität zeigen. Bei großem Engagement der Klasse oder Unruhe selbst als Lehrer in der Aktivität zurücktreten.

4. *Bereich der Echtheit:* Befinden sich die verschiedenen seelischen Bereiche zu gleicher Zeit in Übereinstimmung? Ist das Verhalten frei von erkennbaren Spannungen? Besteht keine Differenz zwischen dem, was einer sagt, und dem, was er tut? Vor allem: Wirken auf der Beziehungsebene Signale der Freundlichkeit, Zuwendung, Wertschätzung echt oder nur gespielt?

Bereich der Echtheit

5. *Bereich der Klarheit des Verhaltens, des Sprechens:* Dazu gehören die Klarheit im Aufbau der Stunde, die Eindeutigkeit der getroffenen inhaltlichen Aussagen, die Gliederung des Stoffes in überschaubare Teilziele, das Festhalten von Zwischenergebnissen, die Konzentration auf Wesentliches, die Prägnanz des Sprechens und des Verhaltens, die Eindeutigkeit der Arbeitsaufträge.

Bereich der Klarheit des Verhaltens

Beim Training könnte man so vorgehen, daß der trainierende Kollege für die verschiedenen Bereiche wiederum zunächst für sich selbst eine Selbsteinschätzung vornimmt mit Hilfe einer Einschätzungsskala (z.B. 1 = geringe Lenkung, 6 = sehr starke Lenkung). Auf diese Weise verschafft er sich selbst auf der Grundlage dieser Verhaltensdimensionen begründete Klarheit über seinen „Führungsstil". Im Beratungsgespräch am Ende der Stunde können die Ergebnisse mit der Einschätzung durch den Mentor verglichen werden. Bei unterschiedlichen Ergebnissen ist zu klären, aufgrund welcher Merkmale der Mentor zu seiner abweichenden Einschätzung gelangte, oder ob nicht vielleicht die Abweichungen durch den speziellen Verlauf der Beobachtungsstunde zu erklären sind.

Einschätzungsskala schafft Klarheit über den eigenen Führungsstil

Wie schon mehrfach festgestellt, ist es nach diesem Trainingsaufbau in diesem fortgeschrittenen Stadium kaum noch möglich, leicht handhabbare Handlungsanleitungen zu geben. Der Schwerpunkt liegt jetzt eindeutig auf der nachgehenden, einfühlsamen Analyse des jeweils gezeigten Lehrerverhaltens. Der individuellen Persönlichkeit des Lehrers ist dabei in hohem Maße Rech-

Führungsstil ist eng verbunden mit der Persönlichkeit

nung zu tragen. Die Besprechung des Führungsstils ist danach mehr zu verstehen als ein überblicksartiges Gespräch über die gesamte Trainingsdimension „Der Lehrer im Umgang mit der Klasse", zumal ja einzelne Bereiche, die sich leichter in überschaubare Teilfertigkeiten aufschlüssen ließen, zu einem früheren Trainingszeitpunkt bereits angesprochen wurden. Dieses Abschlußgespräch könnte beiden – Mentor und trainierendem Kollegen – noch einmal Klarheit darüber verschaffen, welcher Führungsstil mit seinen jeweiligen Vor- und Nachteilen als wünschenswert anzusehen wäre. Als Orientierungshilfe für dieses Gespräch seien abschließend die wichtigsten Ergebnisse einer Untersuchung von *Solomon, Rosenberg* und *Bedzek* skizziert, in der das Unterrichtsverhalten von Lehrern mit dem Lernerfolg ihrer Studenten verglichen wurde:

1. Den höchsten Gewinn in bezug auf das Erfassen, Durchdenken und Verstehen des dargebotenen Unterrichtsstoffes hatten die Studenten, die von Lehrern mit ausgeprägt tatkräftigem Verhalten sowie mit gemäßigt permissivem und gemäßigt kontrollierendem Verhalten unterrichtet worden waren.
2. Den größten Zuwachs in bezug auf das Faktenwissen aber hatten die Studenten, die von Lehrern mit ausgeprägter Klarheit, Deutlichkeit und Ausdrucksfähigkeit unterrichtet worden waren.
3. Bei den Studenten war die Zufriedenheit mit dem eigenen Lernen, mit dem Kursverlauf und ihrem Lehrer dann am größten, wenn sie von Lehrern unterrichtet worden waren, bei denen der Faktor Klarheit, Deutlichkeit und Ausdrucksfähigkeit stärker ausgeprägt war.
4. Dagegen spielte der Faktor emotionale Wärme bei den erbrachten unterrichtlichen Leistungen kaum eine Rolle, wohl aber bei der Wertschätzung des Lehrers als eines persönlichen Freundes.

Anhang:
Beobachtungs- bzw. Trainingsbogen

Zum Abschluß nun die Beobachtungs- bzw. Trainingsbögen, die die Grundlage des Trainings „vor Ort" bilden sollen. Der Mentor sollte sie zur schriftlichen Fixierung seiner Beobachtungsergebnisse heranziehen, die wiederum die Grundlage für das anschließende Beratungsgespräch sein könnte. Die vorausgegangenen Ausführungen sind dafür als eine erste Orientierung, aber nicht als eine Art Kochbuch zu verstehen. Zur Erinnerung nur noch einmal so viel (vgl. S. 75 ff.): Jeder der sieben Beobachtungsbögen bildet das Material für eine Trainingseinheit, die sich über mindestens drei Unterrichtsstunden erstreckt. Die Beobachtungsbögen begleiten den jungen Kollegen während seiner Ausbildung, wobei es beliebig ist, ob die Schule, der Mentor oder der Betreffende selbst die Bögen zur Verfügung stellt bzw. aufbewahrt. Wenn dies die Schule tut, ist die Wahrscheinlichkeit am größten, daß das Training des Lehrerverhaltens auch tatsächlich zum festen Bestandteil der schulpraktischen Ausbildung wird. Andererseits könnte dann die Befürchtung vieler wachsen, es handele sich hierbei doch nur um einen verkappten Beurteilungsbogen, was der eigentlichen Intention ja absolut widerspricht.

Jeder Beobachtungsbogen setzt sich aus drei Kategorien zusammen, wobei jeweils alle drei Trainingsdimensionen berücksichtigt sind (3.3.1/3.4.1/3.5.1). Bei unseren schulpraktischen Versuchen mit diesem Trainingsprogramm wurde vielfach der Wunsch geäußert, auch in den Beobachtungsbogen selbst noch einige kurze inhaltliche Hinweise aufzunehmen, weil die ausführlichen Erläuterungen während der Beobachtungsphase doch nicht so präsent seien. Selbst bei sorgfältiger Lektüre könne man sich nicht an alles erinnern. Wir fügen der jeweiligen Trainingskategorie deshalb eine *Kurzkommentierung* hinzu, wobei es sich fast von allein versteht, daß dies nur noch stichwortartig geschehen und die genaue Lektüre der vorigen Ausführungen natürlich nicht ersetzt. Die Stichworte sind eine Erinnerungshilfe, nicht mehr.

Obwohl die Anzahl der Trainingskategorien absichtlich auf jeweils drei begrenzt ist, fällt es verständlicherweise vor allem dem trainierenden Kollegen schwer, sich zusätzlich zum Unterrichten alle Anregungen im Detail zu merken. Deshalb regen wir an, im Vorgespräch mit dem Mentor eine Auswahl innerhalb jeder Trainingskategorie festzulegen, was trainiert werden soll. Und damit Ihnen die wenigen Punkte gegenwärtig bleiben, empfehlen wir, den jeweiligen Beobachtungsbogen für Sie gut sichtbar auf den Lehrertisch zu legen, z.B. neben das auch immer bereitliegende Konzeptpapier. So können Sie sich durch einen Blick immer wieder neu orientieren. Manchmal helfen auch zusätzliche farbliche Hinweisreize auf dem Beobachtungsbogen.

Auch soll noch einmal daran erinnert werden, daß die vorgeschlagenen 21 Trainingskategorien und die hinzugefügten Erläuterungen ergänzungsbedürftig sind, je nach den speziellen Voraussetzungen des Faches, der Klasse oder der Schule. Verstehen Sie diese Kategorien und Hinweise nicht normativ, sondern als Anregung für eigene Erfahrungen, die letztlich allein den Erfolg dieses Trainingsprogramms ausmachen.

1. Trainingsbogen

Name: _____

Klasse: _____

Mentor: _____

3.3.1 Blickkontakt

Beobachtungsergebnisse:	ja	nein
Schülerblicke aufsammeln		
Mindestabstand eingehalten		
„Plus-Mann" gesucht		
Anstarren vermeiden		
Intensiver Blickkontakt zu einzelnen		
„Scheibenwischerblick"		

Kommentar:

3.4.1 Schweigen

Beobachtungsergebnisse:	ja	nein
Lehrer schweigt nach Lehrerfrage		
Eingesetzt, um Spannung zu erzeugen		
... unterstreicht wichtige Aussagen		
Absichtsvolles Schweigen		
... bei Disziplinverstößen		
... bei einer Schülerantwort		

Kommentar:

3.5.1 Lob/Zustimmung

Beobachtungsergebnisse:	ja	nein
Mechanisches Loben		
Stereotype Redewendungen		
Schwache Schüler positiv bekräftigen		
Nur eine Verhaltensweise gelobt		
Sofort gelobt		
Erwünschtes Verhalten verstärkt		
Mit Begründung gelobt		

Kommentar:

2. Trainingsbogen

Name: _____

Klasse: _____

Mentor: _____

3.3.2 Körperstellung

Beobachtungsergebnisse:	ja	nein
Unruhig Hin- und Hergegangen		
Übersprungshandlungen ausgeführt		
Freies Stehen am Lehrertisch		
In ganzer Körperbreite sichtbar		
Beziehungssperren aufgebaut		
Unsicheres Auftreten		

Kommentar:

3.4.2 Fragen

Beobachtungsergebnisse:	ja	nein
Einfache, präzise Formulierungen		
Ausgearbeitete Schlüsselfragen		
Schüler haben Zeit zum Nachdenken		
'Privatdiskussionen' mit einzelnen Schülern		
Sprechtempo und Stimmstärke kontrolliert?		
Arbeitsaufträge erläutert, dann Arbeitsblatt?		

Kommentar:

3.5.2 Aktivierung der Schüler

Beobachtungsergebnisse:	ja	nein
Blickkontakt hergestellt?		
Offene Armbewegungen		
Fragen wiederholen?		
Auf Schüler geachtet, die die Antwort auf den Lippen haben?		
An stille Schüler herangetreten?		

Kommentar:

3. Trainingsbogen

Name: _____

Klasse: _____

Mentor: _____

3.3.3 Proxemisches Verhalten

Beobachtungsergebnisse:	ja	nein
Distanzzonen eingehalten		
Individualisierung der Schüler durch Annäherung		
Vor den Schülern aufgebaut?		
Wahrung der persönlichen Distanz		

Kommentar:

3.4.3 Lehrer- bzw. Schülerecho

Beobachtungsergebnisse:	ja	nein
Erst Fragen stellen, dann aufrufen		
Stilmitteleinsatz		
Auf „Unisono-Antworten" geachtet		
Aktives Zuhören geübt		
In Sammelphase Schüleräußerungen nicht wortwörtlich wiederholt		

Kommentar:

3.5.3 Schüler-Schüler Interaktion

Beobachtungsergebnisse:	ja	nein
Als Gesprächsleiter sich zurückgenommen		
Kommentarlos Schülerbeiträge gesammelt		
Unterrichtsphasen unterschieden		
Schülerbeiträge zusammengefaßt		
Rück und Querverweise		
Offene Armbewegungen von Schüler zu Schüler		

Kommentar:

4. Trainingsbogen

Name: _____

Klasse: _____

Mentor: _____

3.3.4 Körperhaltung

Beobachtungsergebnisse:	ja	nein
Keine Barrieresignale		
Auswahl aus der Checkliste (S. 102 f.) beachtet?		
Freies Stehen im Raum		
Überlegenheitssignale?		
Aufmunternde Bewegungen?		
Aktivieren des ganzen Körpers?		

Kommentar:

3.4.4 Reflektierendes Sprechen

Beobachtungsergebnisse:	ja	nein
Auf „Ja"-Antworten verzichten?		
Zusammenfassende Verbalisierungen?		
Entschlüsselung der Schülerantworten		
Aktives Zuhören durch nonverbale Signale		
Echo-Antworten?		

Kommentar:

3.5.4 Wertschätzung

Beobachtungsergebnisse:	ja	nein
Echtheit des Lehrers?		
Auf Ironie verzichtet?		
Anhaltspunkte ausgewählt?		
Spannungskurve eingehalten?		
Aufschlüsselbare Verhaltensweisen?		

Kommentar:

5. Trainingsbogen

Name: _____

Klasse: _____

Mentor: _____

3.3.5 Gestik/Mimik

Beobachtungsergebnisse:	ja	nein
Selbstkontakte mit Händen		
Armhaltung		
Weite, offene Kontaktgesten		
Geste vor Wort?		
Fassadenhafte Mimik		
Lächeln?		

Kommentar:

3.4.5 "Wir-wollen..." Bemerkung

Beobachtungsergebnisse:	ja	nein
Konfrontationsbotschaften?		
Negatives positiv ausgedrückt?		
Füllwörterverwendung		
„Wir"-Formel durch „ich" ersetzt?		
Unpersönliches Ansprache		

Kommentar:

3.5.5 Disziplinieren

Beobachtungsergebnisse:	ja	nein
Wechselnde Unterrichtsphasen		
Grenzen gesetzt?		
Hinweissignale gegeben?		
Zügiger Unterrichtsbeginn?		
Schülermeinungen akzeptiert?		
Neutrale Anweisungen?		
Auf Verbalinjuieren reagiert?		

Kommentar:

6. Trainingsbogen

Name: _____

Klasse: _____

Mentor: _____

3.3.6 Sicherheit

Beobachtungsergebnisse:	ja	nein
Autonome Unsicherheitssignale		
Unvollständige Sätze		
Ausgestrahlte Selbstüberzeugung		
Einsatz von Hilfsmitteln?		
Lampenfieber		

Kommentar:

3.4.6 Fragetechnik

Beobachtungsergebnisse:	ja	nein
Weite Fragestellungen?		
Erst Frage, dann Namensaufruf?		
Klar formulierte Fragen?		
Fragetechnik als Impuls?		
Widerspruchsfreiheit aller Impulse		
Fragen selbst beantwortet?		

Kommentar:

3.5.6 Flexibilität

Beobachtungsergebnisse:	ja	nein
Auf Schülerbeiträge eingegangen?		
Bereitschaft zur Veränderung vorhanden?		
Rück- und Querverweise?		
... bezüglich der Altersstufe		
... zwischen Anbiederei und Starrsinn		

Kommentar:

7. Trainingsbogen

Name: _____

Klasse: _____

Mentor: _____

3.3.7 Kleidung ...

Beobachtungsergebnisse:	ja	nein
Der Zielgruppe angemessen		
Zugeknöpfte Kleidung		
Pünktlichkeit als Ausdruck der Wertschätzung		
Äußeres Erscheinungsbild als Bestandteil der rhetorischen Technik		

Kommentar:

3.4.7 Sprachstil

Beobachtungsergebnisse:	ja	nein
Sprechtempo angemessen		
Modulationsfähigkeit		
Artikulationsfähigkeit		
Ankerbegriffe		
Lebendige Ausdrucksweise		
Keinen Jargon		

Kommentar:

3.5.7 Führungsstil

Beobachtungsergebnisse:	ja	nein
Autoritärer Stil		
Laissez-faire Stil		
Demokratischer Stil		
Verhalten engagiert		
Verhalten echt		
Klarheit im Aufbau der Stunde und im Verhalten		

Kommentar:

Literaturverzeichnis

Allport, G. W.: Attitudes. In: Murchison, C. (Hrsg.): Handbook of social psychology. Mass. 1935

Amidon, E., Hunter, E.: Verbal Interaction in the Classroom: The Verbal Interaction Category System. In: Amidon, Hough Interaction Analysis, Mass. 1967, S.141–149

Argyle, M., Trower, P.: Signale von Mensch zu Mensch, Weinheim 1981

Bachmair, G.: Unterrichtsanalyse, 2. A., Weinheim 1976

Bachmann, C.H. (Hrsg.): Kritik der Gruppendynamik, Frankfurt 1981

Bandura, A.: Lernen am Modell, Stuttgart 1976

Barnes, D.L.: Language in the Secondary Classroom. In: Barnes, D. u.a.: Language, the Learner and the School, Harmondsworth 1969, S.9–77

Baumann, H.U.: Methoden zur quantitativen Erfassung des Unterrichtsverhaltens, Bern 1974

Becker, G.E.: Optimierung schulischer Gruppenprozesse durch situatives Lehrtraining, Heidelberg 1973

Becker, G.E. u.a.: Unterrichtssituationen III, Üben und Experimentieren, München 1976

Becker, G.E.: Unterrichtssituationen, 2. A., München 1980

Beckmann, H.K.: Unterrichten und Beurteilen als Beruf. In: Quadriga Funkkolleg: Erziehungswissenschaft, Nr. 10, Frankfurt a.M. 1969

Bierly, M. u.a.: Teacher training products: The state of the field. Stanford Center for Research and Development in Teaching, Stanford University 1974

Birdwhistell, R.L.: Kinesik. In: Gruppendynamik, 5. Jg., H. 1, 1974, S.2–11

Birkenbihl, V.F.: Signale des Körpers und was sie aussagen, München 1979

Blankertz, H.: Theorien und Modelle der Didaktik, München 1969

Block, J.: Some Enduring and Consequential Structures of Personality. In: Rabin, A.J. u.a. (Hrsg.): Further Explorations in Personality, Wiley-Interscience 1981

Bollnow, O.F.: Existenzphilosophie und Pädagogik, 3. A., Stuttgart 1965

Borg, W.R. u.a.: The minicourse: a new tool for the education of teachers. In: Stones Morris (Hrsg.): Teaching practice, London 1972

Brim, O., Kagan, J. (Hrsg.): Constancy and Change in Human Development, Harvard University Press 1980

Brophy, J.E., Good, T. L.: Die Lehrer-Schüler-Interaktion, München 1976

Brunner, R.: Lehrertraining, München 1976

Caselmann, C.: Wesensformen des Lehrers, Stuttgart 1949

Cohn, R.: Zur Grundlage des themenzentrierten interaktionellen Systems. In: Gruppendynamik, 5. Jg., H. 3, 1974, S. 150–159

Collett, P.: Der Europäer als solcher ... ist unterschiedlich, Hamburg 1993

Cooper, J. M., Allen, D.W.: Microteaching: History and present status. In: Cooper, J.M. u.a. (Hrsg.): Microteaching: Selected papers. ATE Research Bulletin 9, 1971, S. 1–32

Döring, K.W.: Lehrerverhalten: Theorie – Praxis – Forschung, Weinheim 1980

Donnert, R.: Am Anfang war die Tafel ... Prakt. Leitfaden für Vortrag, Lehrgespräch, Moderation, Seminar u. Unterweisung, München 1990

Eibl-Eibesfeldt, I.: Die Biologie des menschlichen Verhaltens. Grundriß der Humanbiologie, München 1984

Eisler-Mertz. Chr.: Selbstsicherheit durch Körpersprache, München 1988

Fast, J.: Körpersprache, Hamburg 1973

Faust-Siehl, G. u.a.: Mit Kindern Stille entdecken. Bausteine zur Veränderung der Schule, Frankfurt 1990

Fitzner, T.: Expressives nichtverbales Lehrerverhalten, Frankfurt a.M. 1984

Flanders, N.A.: Analyzing Teaching Behavior. Reading Mass. 1970

Frech, H.W.: Interaktionsanalyse in Schulforschung und Lehrerbildung – Beobachtung von Unterricht nach dem Verfahren von Flanders. In: Roth, Petrat (Hrsg.): Unterrichtsanalysen in der Diskussion, Hannover 1974

Fromm, E.: Die autoritäre Persönlichkeit. In: Röhrs, H. (Hrsg.): Die Disziplin in ihrem Verhältnis zu Lohn und Strafe, Frankfurt a. M. 1968, S.132–136

Gage, N.L., Berliner, D.C.: Pädagogische Psychologie, 2 Bde, 2. A., München 1979

Gaudig, H.: Die Schule im Dienste der werdenden Persönlichkeit, Leipzig 1917

Gaudig, H.: Didaktische Präludien, Leipzig 1923

Geissler, Kh. (Hrsg.): Gruppendynamik für Lehrer, Reinbek 1979

Glänzel, H.: Lehren als Beruf, Hannover 1967

Gonobolin, F.N.: Zum Problem der Fähigkeiten des Lehrers. In: Probleme und Ergebnisse der Psychologie 34, 1970, S.79–82

Gordon, Th.: Lehrer – Schüler – Konferenz, Hamburg 1977

Goulding, R.: Neue Richtungen in der Transaktionsanalyse. In: Sager, Kaplan (Hrsg.): Handbuch der Ehe-, Familien- und Gruppentherapie, München 1973, S.131 ff.

Grell, J.: Techniken des Lehrerverhaltens, 6. A., Weinheim 1976

Gudjons, H., Reinert, G.-B. (Hrsg.): Lehrer ohne Maske? Königstein 1981

Heidemann, R.: Gruppenarbeit als Unterrichtsform. In: Reflektierte Schulpraxis,12. Lieferung 1978

Heidemann, R.: Trainingsprogramm zum Lehrerverhalten. In: Lehren und Lernen, H. 9, 1980, S.1–24

Heidemann, R.: Jugend in der Wertkrise? In: Furian, M. (Hrsg.): Ursachenorientierte Prophylaxe süchtigen Verhaltens, Heidelberg 1981 (a), S.46–58

Heidemann, R.: Erziehung in der Zeit der Pubertät, 2. A., Heidelberg 1981 (b)

Heidemann, R.: Artikulationsmodelle und Planungsbeispiele. In: Frommer, H. (Hrsg.): Handbuch – Praxis des Vorbereitungsdienstes, Bd. 1, 2. A., Düsseldorf 1982, S.247–273

Heidemann, R.: Körpersprache des Lehrers vor der Klasse. In: Heitkämper, P. (Hrsg.): Mehr Lust auf Schule, Paderborn 1995, S. 301 - 320

Hofstätter, P.R.: Einführung in die Sozialpsychologie, Stuttgart 1966

Hopf, V.: Lehrer im Psychoboom. In: betrifft: erziehung, H. 5, 1982, S.28–39

Ingenkamp, K. u.a. (Hrsg.): Handbuch der Unterrichtsforschung, 2. A., Weinheim 1970

Jung, C.G.: Psychologische Typen, Zürich 1921

Keller, G. u.a.: Praktische Schulpsychologie. Vorbeugung und Erste Hilfe im Schulalltag, Heidelberg 1990

Kerschensteiner, G.: Die Seele des Erziehers und das Problem der Lehrerbildung, München 1921

Klinzing-Eurich, G., Klinzing, H.G., Kreuz, B.: Computerprogramme zur Interaktionsanalyse. In: Klinzing, H.G. u.a.: Microteaching und Interaktionsanalyse, Weil der Stadt 1980

Koeck, P.: Praxis der Beobachtung. Eine Handreichung für den Erziehungs- und Unterrichtsalltag, 2. A., Donauwörth 1990

Költze, H. u.a.: Lehrertraining, Bad Heilbrunn/Obb. 1990

Koskenniemi, M.: Elemente der Unterrichtstheorie, München 1971

Kounin, J. S.: Techniken der Klassenführung 1970, deutsch: Stuttgart 1976

Kretschmer, E.: Körperbau und Charakter, Berlin 1921

Kupffer, H.: Das fragwürdige Erzieherbild der deutschen Pädagogik. In: Die Dtsch. Schule, 61. Jg., H.4, S.197–206

Kurtz, R.: Botschaften des Körpers, 5. A., München 1988

Lersch, Ph.: Gesicht und Seele, München 1971

Lewin, K, Lippitt, R., White, R.K.: Patterns of aggressive behaviour in experim. created „social climates". In: Journ. of Social Psych. 1939, Nr. 10, S.271–299

Lippitt, R. u.a.: The Teacher's Role in Social Science Investigation, Chicago 1969

Lowen, A.: Körperausdruck und Persönlichkeit, 3. A., München 1988

Maurer, F.: Unterrichtsbeobachtung und didaktische Kasuistik. In: Dohmen, G. u.a. Unterrichtsforschung und didaktische Theorie, München 1970

Measel, W., Mood, D.W.: Teacher Verbal Behavior and Teacher and Pupil Thinking in Elementary School. In: The Journal of Educational Research, Vol. 66, Nr. 3, 1972 S. 99–102

Medley, D.M., Mitzel, H.E: Verhalten im Unterricht. Seine Erfassung durch Beobachtungsverfahren. In: Gage, N.L: Handbuch der Unterrichtsforschung, Bd.1, Weinheim 1970, S.633ff.

Miller, R.: Schilf-Wanderung. Wegweiser für d. prakt. Arbeit in der schul. Lehrerfortbildung, Weinheim 1990

Molcho, S.: Partnerschaft und Körpersprache, München 1990

Mucchielli, R.: Das nicht-direktive Beratungsgespräch, Salzburg 1972

Müller-Fohrbrodt, G.: Wie sind Lehrer wirklich? Stuttgart 1973

Nagel, U., Ellgring, H.: Vorstellungen und Augenbewegungen (Mimeo), München 1985

Nicklis, W.S.: Handbuch der Unterrichtsforschung, Bad Heilbrunn 1973

Olivero, J.L., Brunner, R.: Microteaching – ein neues Verfahren zum Training des Lehrverhaltens, München 1973

Pallasch, W.: Pädagogisches Gesprächstraining. Lern- und Trainingsprogramm zur Vermittlung therapeutischer Gesprächs- und Beratungskompetenz, Weinheim 1990

Petersen, E.: Kleine Anleitung zur Pädagogischen Tatsachenforschung und ihrer Verwendung, Marburg 1951

Petersen, P.: Führungslehre des Unterrichts, Langensalza 1937,7. A., Braunschweig 1963

Piaget, J.: Das Erwachen der Intelligenz beim Kind. Ges. Studienausgabe, Bd.1, Stuttgart 1975

Redl, F.: Erziehung schwieriger Kinder, München 1971

Redlich, A., Schley, W.: Kooperative Verhaltensmodifikation, München 1978

Reineke, W.: Signale im Gespräch, Kommunikationsleitfaden, 3. A., Heidelberg 1989

Remmers, H.H.: Rating methods in research on teaching. In: Gage, N.L. (Hrsg.): Handbook of research on teaching, Chicago 1963, S.329–378

Rogers, C.R.: Die klient-bezogene Gesprächstherapie, München 1973

Rosenbusch, H.S. (Hrsg): Körpersprache in der schulischen Erziehung, Baltmannsweiler 1986

Rosenshine, B.: Evaluation of classroom instruction. In: Review of Educational Research, 40, 1970, S.279–300

Rückle, H.: Körpersprache verstehen und deuten, Niedernhausen 1987

Rumpf, H.: Sachneutrale Unterrichtsbeobachtung? In: Ztschr. f. Päd., 15. Jg. 1969, H.3, S.293–314

Rumpf, H.: Scheinklarheiten, Braunschweig 1971

Rutter, M. u.a.: Fünfzehntausend Stunden, Weinheim 1980

Sartre, J.P.: Das Sein und das Nichts, Hamburg 1966

Schaal, H.: Zur Wiederentdeckung des Lehrers als Person. In: Kümmel, F. u.a. (Hrsg.): Vergißt die Schule unsere Kinder? München 1978, S.83–114

Scheller, I.: Lehrerverhalten und das, was andere daran wahrnehmen. In: Westermanns Pädagogische Beiträge 6/1981, S. 416ff

Schober, O.: Körpersprache. Schlüssel zum Verhalten, München 1988

Schorb, A.O.: Unterrichtsmitschau. Fernsehanlagen im Dienste pädagogischer Ausbildung und Forschung, Bad Godesberg 1965

Schorb, A.O.: Unterrichtsmitschau. In: Heinrichs, H. (Hrsg.): Lexikon der audio-visuellen Bildungsmittel, München 1971, S.327–330

Seitz, O.: Problemsituationen im Unterricht, Regensburg 1991

Signer, R.: Verhaltenstraining für Lehrer, Weinheim 1977

Simon, A., Boyer, E.G.: Mirrors for Behaviour IIA u. B: An Anthology of Observational Instruments Classroom Interaction Newsletter, Special Edition 1970

Slotta, G.: Die pädagogische Tatsachenforschung Peter und Else Petersens, Weinheim 1962

Solomon, D. u.a.: Teacher behaviour and student learning. In: Journ. educ. Psych. 1964, 55, S.23–30

Spranger, E.: Lebensformen, 7. A., Halle 1930

Spranger, E.: Der geborene Erzieher, Heidelberg 1958

Stangl, A. u.a.: Die Sprache des Körpers, Düsseldorf 1977

Stöcker, K.: Neuzeitliche Unterrichtsgestaltung, München 1957

Straub, H.H.: Was ist Psychodrama? In: Redaktion Psychologie heute (Hrsg.), Neue Formen der Psychotherapie, Weinheim 1980, S.123–130

Tausch R., Tausch, A.: Erziehungspsychologie, Göttingen 1963, gänzlich neu bearbeitet: 8. A., 1978

Terhart, E.: Neuer Optimismus in der empirischen Unterrichtsforschung? In: Ztschr. f. Päd., 26 Jg. 1980, H. 4, S.609–614

Thiel. E.: Die Körpersprache verrät mehr als tausend Worte, München 1986

Thiersch, H: Lehrerverhalten und kognitive Lernleistung. In: Roth, H. (Hrsg.): Begabung und Lernen, Stuttgart 1969, S.482–490

Vohwinkel, E.: Pädagogische Typenlehre, München 1923

Wagner, A.C.: Schülerzentrierter Unterricht, München 1976

Wagner, A.C.: Auf Jungen achtet man einfach mehr. In: betrifft: erziehung Juli-Heft 1982, S.86–89

Walter, H.J.: Gestalttherapie und Psychotherapie, Darmstadt 1977

Watzlawik, P. u.a.: Menschliche Kommunikation, Bern 1969

Wellendorf, F: Soziale Konflikte in der Schule. In: Weinert, F.E. u.a. (Hrsg.): Funk-Kolleg „Pädagogische Psychologie", Bd. 1, Frankfurt 1974, S.453–472

Wex, M.: „Weibliche"und „männliche"Körpersprache als Folge patriarchalischer Machtverhältnisse, 2. A., Frankfurt 1980

Winnefeld, F. u.a.: Päd. Kontakt und päd. Feld, München 1957

Ziefuß, H.: Methoden der Unterrichtsbeobachtung, Braunschweig 1978

Zielke, W.: Sprechen ohne Worte – Mimik, Gestik, Körperhaltung, München 1975

Zifreund, W.: Zur Problematik von Lehrertypologien und typisierenden pädagogischen Stillehren. In: Ztschr. f. Päd., 13. Jg. 1967, S.116–134

Zifreund, W.: Training des Lehrverhaltens mit Fernseh-Aufzeichnungen. In: betrifft: erziehung, H. 3, 1970, S.15–19

Zifreund, W.: Verlaufsdarstellungen der Interaktionsanalyse als Instrument für unterrichtliches Verhaltenstraining und zur Präzisierung von Unterrichtsmethoden überhaupt. In: Programmiertes Lernen, Unterrichtstechnologie und Unterrichtsforschung 8, 1971, S.129–132

Zifreund, W. (Hrsg.): **Training des Lehrverhaltens und Interaktionsanalyse,** Weinheim *1976*

Sachregister

Amtsautorität 27
Arbeitsauftrag 131
Ausdruckspsychologie 72, 100

Barrieresignal 105
Begegnung (Ich-Du) 15
Beobachtung, freie 54 ff.
Beratungsgespräch 20, 74, 77f., 116
Beziehungsaspekt 11, 30, 66f, 158, 197
Beziehungssperren 18, 91 f., 94, 111
Bezug, personaler 23, 31
Bildung, formale 13
Blickkontakt 86 ff.
Botschaften, verschlüsselte 138

Dialekt 130
Distanzzonen 88, 96 f.
Disziplinieren 182 ff.
duzen 177

Echo-Antwort 136
Echtheit 176, 197
Ego-Kult 39
Empathie 41, 118, 136, 142, 154, 193
Erzieher (der Lehrer als E.) 25 ff.
Erzieher, geborener 12, 13 f., 29, 32
Erziehungsziele 26
Existenzpädagogik 14, 20, 30

Feinsignale, autonome 101, 113
Flexibilität 190ff
Fluchtreaktionen 107
fragend-entwickelnder Unterricht 144, 147
Fragen nachschieben 125 ff.
Fragetypen 145 f.
Fragetechnik 121 ff.
Führungsstile 194 ff.
Füllwörter 144
Funktionsdisziplin 189

Gesprächstherapie 40 f., 136
Gestalttherapie 42, 44
Gestik 106 ff., 151, 193
Grenzen setzen 176, 185, 186, 191, 196
Gruppenarbeit 173 ff.
Gruppentherapie 114
Gruppentherapie, analytische 40

hermeneutisch-kritische Methodik 13 f.

Ich-Botschaften 141 f.
Ich-Stärke, mangelnde 39
Ignorieren 188
Impuls-Technik 150
Individualisierung 97, 187
Innerlichkeit, neue 38
Interaktionsanalyse, systematische 53 f.
Interaktionssignale 104
Interferenzen 127
Intimdistanz 96 f.
Ironie 180, 189

Jargon 154

Kinesik 70, 72, 100
Kleidung 116 f.
Körperhaltung 100 ff.
Körperstellung 90 ff.
Kontra-Technik 134

Lachen 112
Lehrerbildung, geisteswissenschaftliche 12ff.
Lehrerecho 131 ff.
Lehrerfortbildung 81 ff.
Lehrerpersönlichkeit 16, 19 ff., 29
Lehrersprache 119 ff.
Lehrertraining, systematisches 29 ff.
Lehrertypologien 15 ff.
lehrerzentrierter Unterricht 74, 84
Lehrfertigkeiten 16, 31, 45, 47 f.

Lehrtraining, situatives 46, 51, 79
Lenkung 196
Lerntheorien 50 f.
Lob 157 ff., 186

„man" 142 f.
Mediatoren 134
Microteaching 36, 46 f., 64, 79, 81
Mimik 106 ff., 151, 193
Modellernen 28 f., 30, 43, 51

Narzißmus 38 f.

Objektivität 34 f.

Pädagogik, geisteswissenschaftliche 12 ff., 14, 17, 20, 29, 34
Pantomime 49
Persönlichkeit (d. Lehrers) 20 ff.
Persönlichkeitsentwicklung 34 ff.
Persönlichkeitsforschung 21 ff.
Personalismus, pädagogischer
„Plus"-Mann 88
proxemisches Verhalten 96 ff.
Psychoanalyse 39 f.
Psychodrama 41
psychotherapeutisches Verfahren 39 ff.
Pünktlichkeit 116, 118
Pygmalion-Effekt 158, 163

Rednerliste 170
Reliabilität 34
Reversibilität (der Sprache) 154 f.
Rhetorik 72
Rollenspiel 41

Satzbau 152
Scheinfragen 126
Schlüsselfragen 126
Schüler, stille 162 ff.
Schülerecho 131 ff.
Schüler-Schüler-Interaktion 168 ff.
Schweigen 120 ff.

Schweigen, aktives 121, 132, 151, 187
Selbstbekräftigung 160, 161
Sicherheit 113 ff.
„Sie"-Standpunkt 142
Simulationstraining 45, 49, 140
Skill Training 36, 45 ff., 61, 63, 71, 80
Spannung erhalten 133
Spielbein 109
Sprachstil 152 ff.
Sprechanteil (des Lehrers) 131
Sprechen, reflektierendes 135 ff., 150, 152
Sprechtechnik 128 ff.
Sprechtempo 128
Sprichworttechnik 134
Steigerungstechnik 135
Stimmlage 129 f.
Stimmstärke 129, 152

Tafelanschrieb 93 ff, 131
Tatsachenforschung, empirische 12
Territorium, tragbares 96
Themenzentrierte Interaktion (TZI) 42
time line display 57
Tokenökonomien 159
Trainingskonzepte, systematische 12 ff., 20, 24 f., 30 f., 36
Transaktionsanalyse 42
Tugendkataloge 15, 17, 29, 47

Überlegenheitssignale 105
Überraschungstechnik 134
Übersprungshandlungen 91, 113
Unstetige Formen (d. Erziehung) 14 f.
Unterrichtsbeobachtung, systematische
Unterrichtsforschung, empirische 53 ff., 64
Unterrichtsgespräch 180 f.
Unterrichtsmitschau 45, 61
Unterrichtsphasen 186

Validität 34
Verbalinjurien 189 f.
Verbalisierung 136 f.
Verhaltenstherapie 39, 42 f.

Verstärker (materielle, sachliche, soziale) 159 ff.
Verstärkungslernen 50 f., 76
Verstummungstechnik 134
„vielleicht"-Floskeln 143
Vorbild 26 ff., 143, 185
Vorleben 26 ff.

Wärme (d. Lehrers)
Wagnis

Wertbewußtsein, gewandeltes 37
Wertschätzung (d. Lehrers) 175 ff., 196, 198
Wiederholungstechnik 133
Wissenschaftsmethodik, empirisch-analytische 34 f., 53
Wortspiele 134

Zuhören 138 ff., 151
Zusammenfassungen 131
Zweidrittelgesetz 121

QUELLE & MEYER VERLAG

Bernhard Rathmayr

Die Rückkehr der Gewalt

Faszination und Wirkung medialer Gewaltdarstellung

Sind Gewalt und Gewaltdarstellungen im Fernsehen oder auf der Leinwand mitverantwortlich für die zunehmende Brutalisierung der Gesellschaft? Oder bieten Massenmedien nur das Abbild einer gewalttätigen Realität? Kritisch betrachtet der Autor den Prinzipienstreit über den Zusammenhang zwischen medialer und realer Gewalt und analysiert das Phänomen zunächst von historisch-kultureller Seite: Die Faszination der Gewalt reicht von antiken Heldenmythen und römischen Circusspielen bis zum „Rambo"-Film der Gegenwart.

Anhand vieler Beispiele zeigt Rathmayr das komplexe Verhältnis zwischen realer Gewalt, psychischem Gewaltbedürfnis und medialer Gewaltpräsentation. Dabei nimmt er nicht nur die modernen Massenmedien, sondern auch die Medienpädagogik und Medienwirkungsforschung kritisch unter die Lupe.

Ein aktuelles Thema!

1. Aufl. 1996.
168 S., 14 Abb., Kt, 34,80 DM
ISBN 3-494-01256-3
Bestell-Nr. 494-01256

Frederic Vester/Günter Beyer/Malte Hirschfeld

Aufmerksamkeitstraining im Unterricht

Versagen in der Schule, Angst vor Klassenarbeiten und Arbeitsunlust sind häufig Folge von Konzentrationsmangel. Diesen Problemen stehen Eltern, Lehrer und Schüler oft hilflos gegenüber.

Die Ursachen, die zum Leistungsabfall führen, sind individuell verschieden. Ein durchgehendes Phänomen ist jedoch die Unfähigkeit vieler Schüler, konzentriert dem Unterricht zu folgen, über längere Zeit aufmerksam zu sein, Unterrichtsstoff zu behalten sowie Lern- und Arbeitstechniken sinnvoll anzuwenden.

Dieses Buch bietet dem Lehrer Hilfen an, wie er mit einfachen Mitteln versuchen kann, Aufmerksamkeit in der Schule unter pädagogischen Gesichtspunkten zu trainieren.

Eine Sammlung von Denkspielen, um die geistige und motorische Ebene zu schulen, ohne wenig Umstand in der Durchführung.

Jetzt mit praktischer Spezialbindung und übersichtlicher Griffleiste!

3., überarb. Aufl. 1996.
121 S., Kt, 22,- DM
ISBN 3-494-01255-5
Bestell-Nr. 494-01255

Preisänderungen vorbehalten

VERLAGSGEMEINSCHAFT
LIMPERT
QUELLE & MEYER
AULA

Bestellen Sie jetzt bei:
QUELLE & MEYER VERLAG • POSTFACH 4747 • D-65037 WIESBADEN